新注和歌文学叢書 22

発心和歌集 極楽願往生和歌 新注

岡﨑真紀子 著

青簡舎

極楽願往生和歌（極楽願往生歌）　東京国立博物館蔵

Image: TNM Image Archives

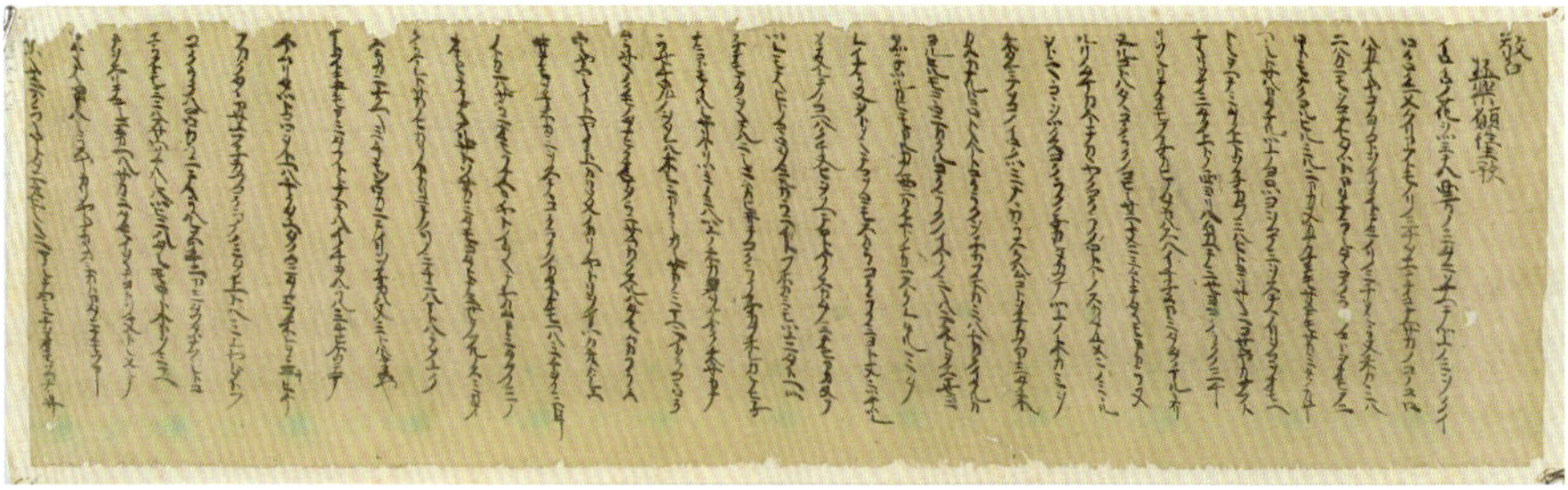

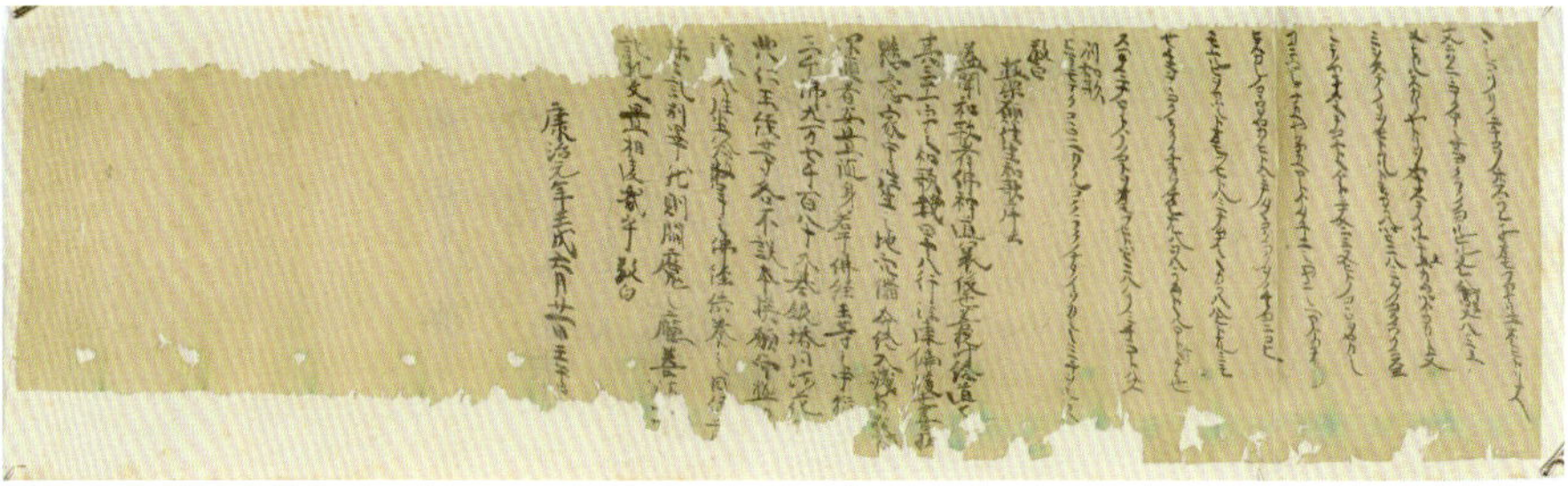

紺紙金泥供養目録　東京国立博物館蔵
Image: TNM Image Archives

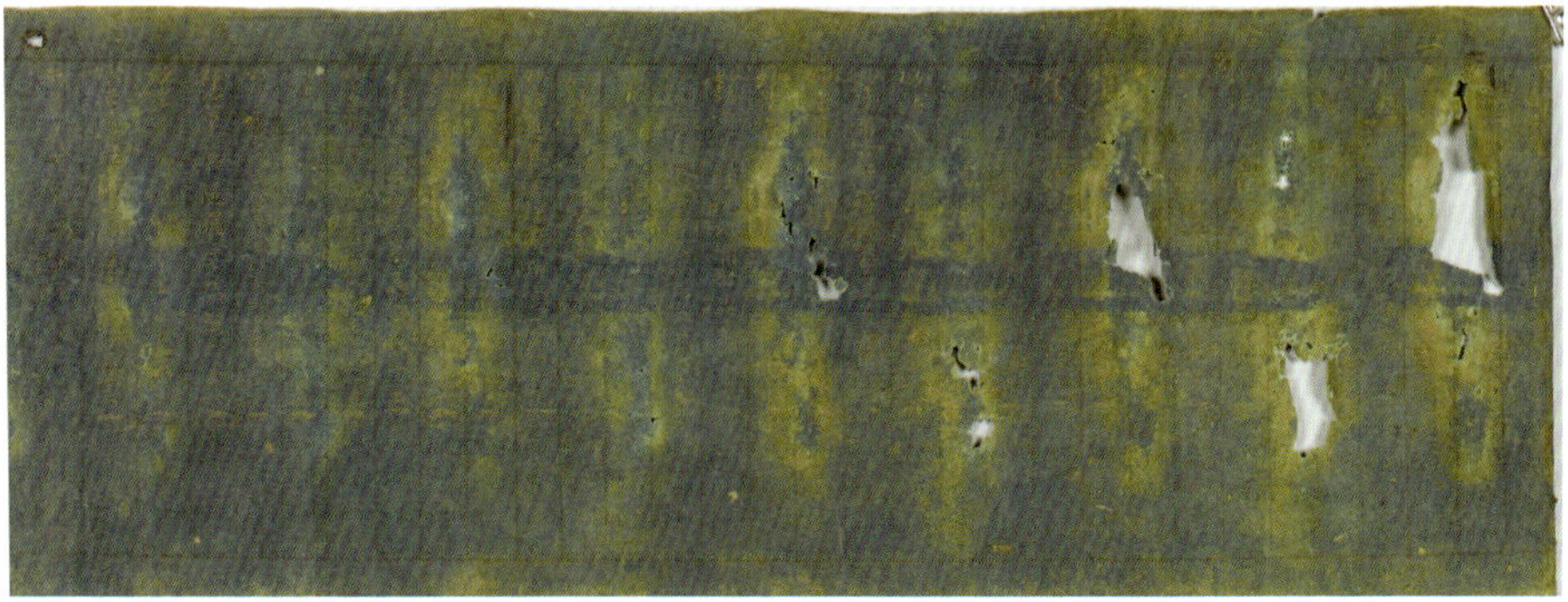

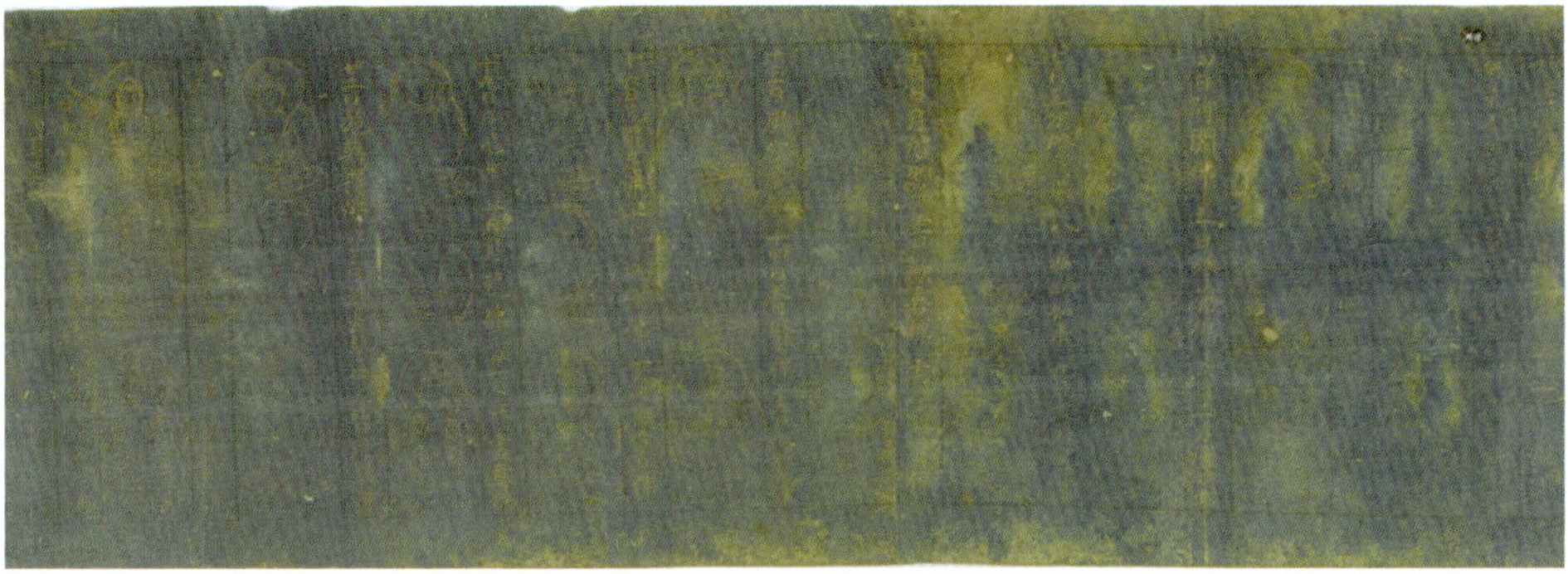

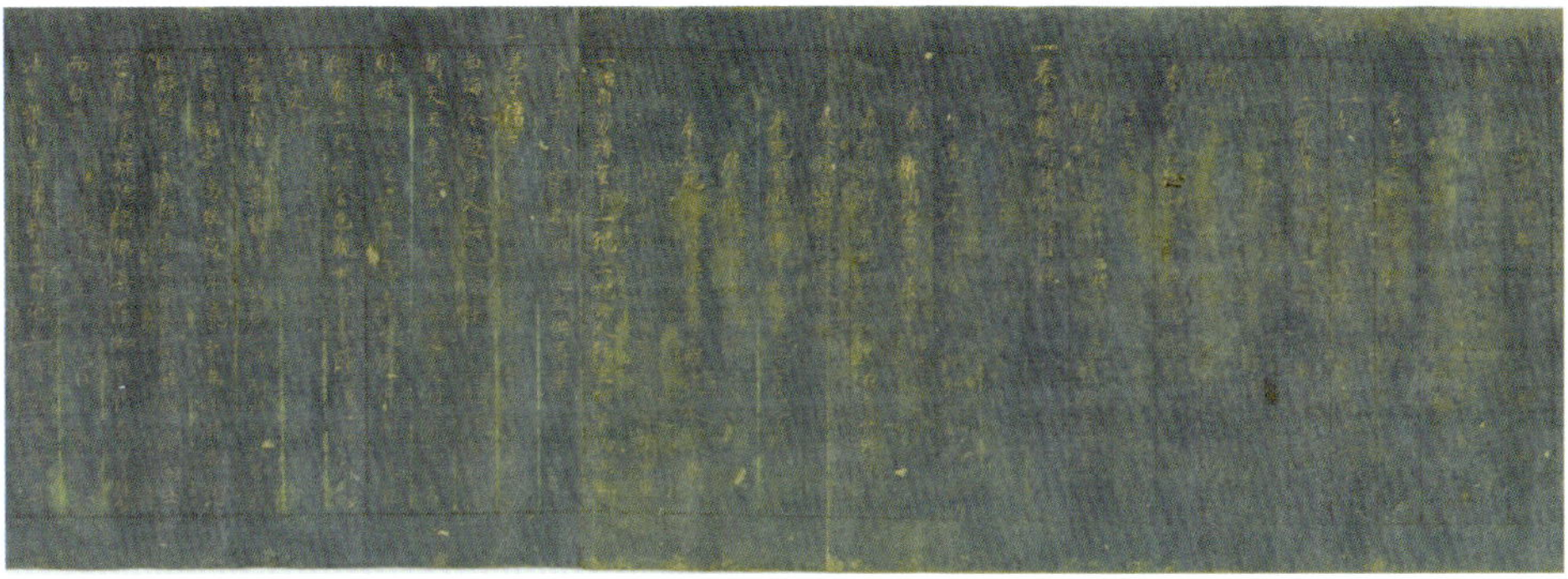

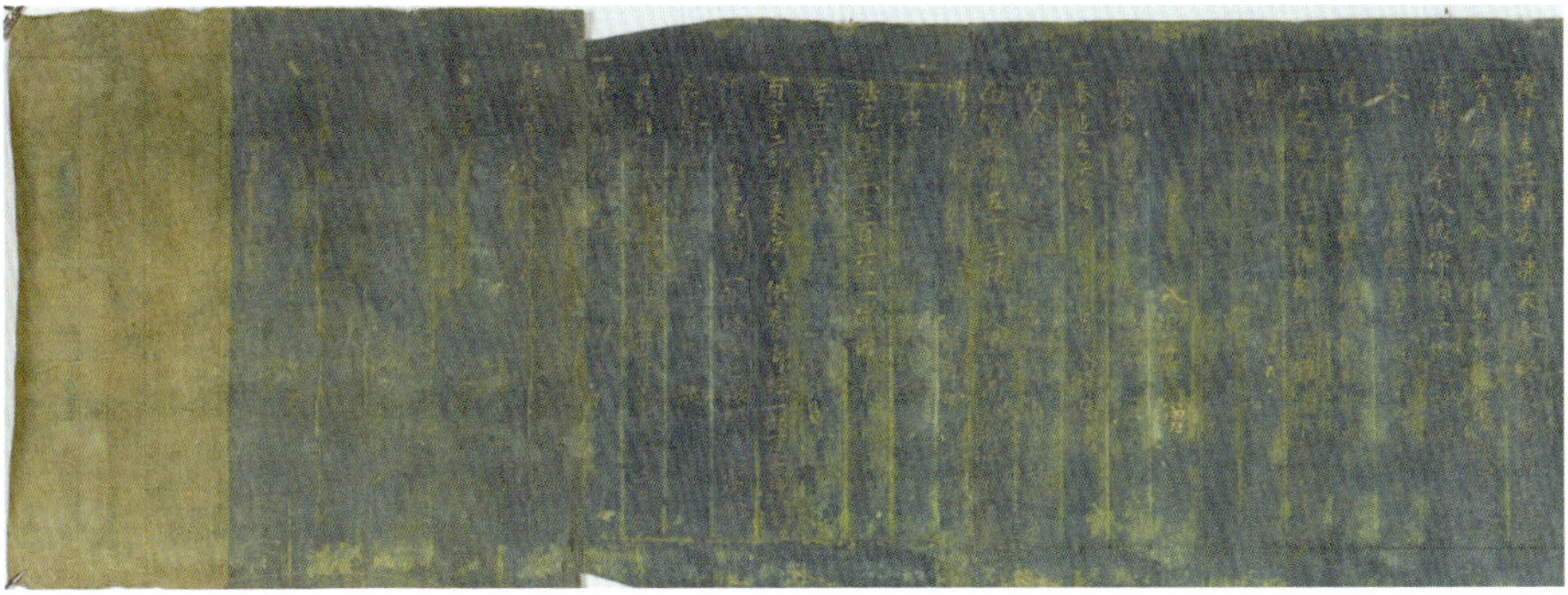

経　軸

〈部分〉

白紙墨書供養目録　東京国立博物館蔵

Image: TNM Image Archives

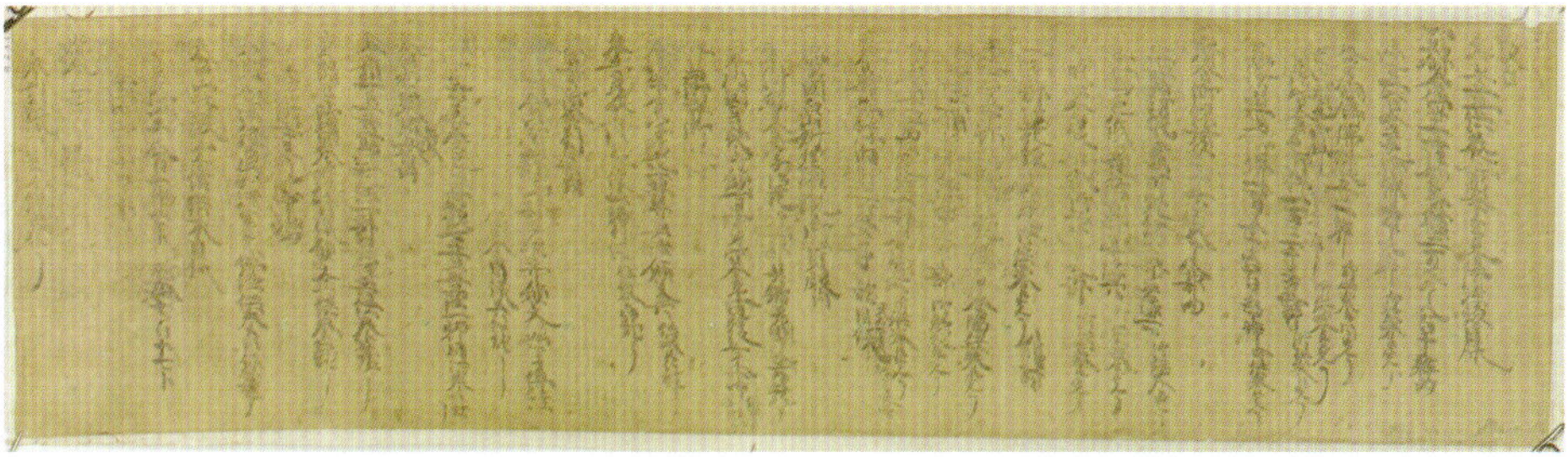

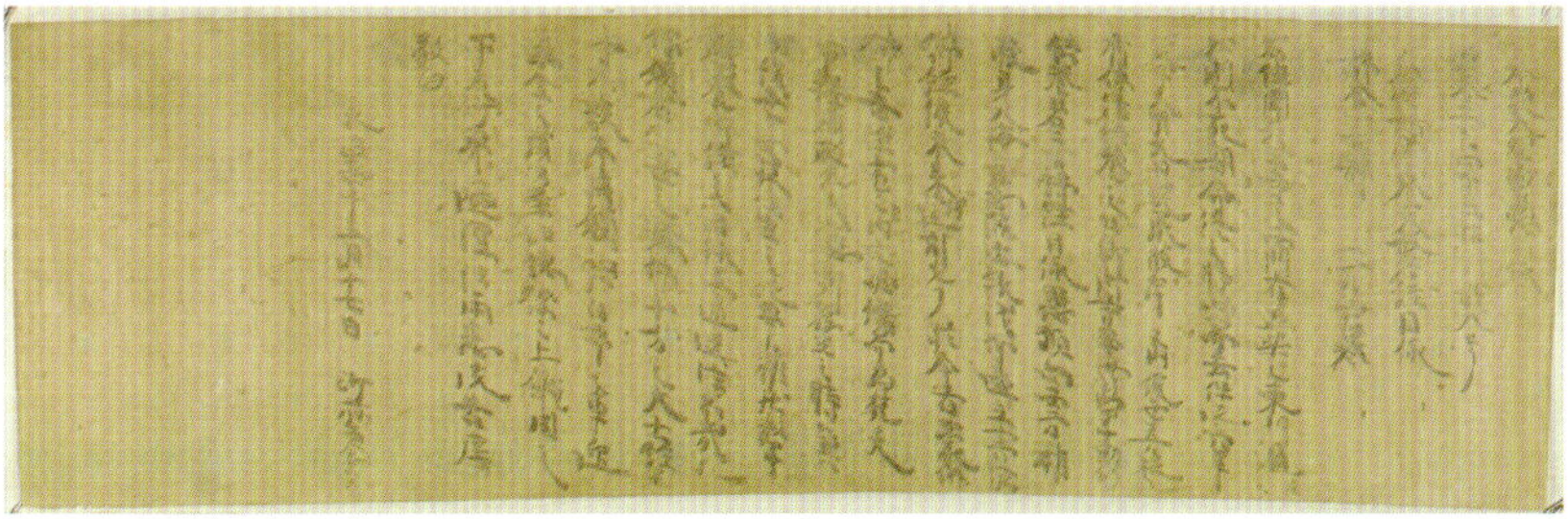

磬（残欠　銅・鋳造）　東京国立博物館蔵
Image: TNM Image Archives

〈表面〉

〈裏面〉

目次

凡　例

発心和歌集

一、本注釈は、冷泉家時雨亭文庫蔵『発心和歌集』（冷泉家時雨亭叢書『平安私家集四』所収の影印による）を底本とし、同集に注釈をつけて、解説と索引を付したものである。

一、『発心和歌集』は序と和歌からなる。序の注釈にあたっては、左記の項を設けた。それぞれの項に記した内容とその方針は次の通りである。

〔底本翻刻〕の項では、底本本文の翻刻を、句読点および濁点を付したうえで、旧字・異体字は原則的に通行の字体に改めて掲出した。ただし「與」「与」は底本のままとした。底本に空白がある箇所は、「□（一字分空白）」のようにして、それを示した。

〔校異〕の項では、底本と他本との本文の異同を示した。漢字仮名の別や表記の異同については、語句の意味上の違いを伴わないかぎりは掲出しなかった。対校した諸本の略号は次のとおりである。

冷泉家時雨亭文庫蔵本…（底）

宮内庁書陵部蔵本（函号一五〇―五四二）…（宮一）

宮内庁書陵部蔵本（函号五〇一―八三三）…（宮五）

肥前島原松平文庫蔵本…（松）

群書類従本（国会図書館蔵本、請求記号一二七―一）…（群）

〔校訂本文〕の項では、漢文で書かれた序の対句や文章構成を分かりやすく示すために、適宜改行したり行頭をさげたりした形式によって、序の本文を掲出した。

〔訓読〕の項では、校訂本文にもとづいて、書き下し文を掲出した。

〔現代語訳〕の項では、本文の現代語訳を記した。

〔語釈〕の項では、本文に用いられている語句の注釈を記した。

〔補説〕の項では、右の各項に記したことがらに加え、さらに述べるべきことがらがある場合に、補説としてそれを記した。

一、和歌の注釈にあたっては、左記の項を設けた。それぞれの項に記した内容とその方針は次の通りである。

本文は、次の方針にもとづいて、校訂本文を掲出した。

1、底本においては、歌題の出典である経典等の名称は、和歌の行頭からおおむね一字下げ、歌題は、和歌の行頭と同じ高さに書写されている。本注釈の校訂本文では、ともに和歌の行頭から二字下げとした。また、歌題である経典等の要文は、句と句の間を一字分空けて掲出した。

2、旧字・異体字は通行の字体に改め、「ん」「む」は「む」に統一した。底本の本文に誤写や誤脱が想定される箇所は、語釈等でその旨を明記したうえで、校訂をほどこした場合がある。

3、歴史的仮名遣いとし、必要に応じて仮名に漢字をあて、漢字を仮名に改め、踊り字はひらくなどして、読みやすい表記とした。もとの底本の表記は、校訂本文の右に付すふりがなによって示した。底本に無い字は校訂本文の字の右に傍点を付した。

例：底ひ《そこゐ》　心《こゝろ》の

〔校異〕の項では、まず底本に合点・集付等がある場合は、※のあとにそれを示した。次に、底本と他本との本文の異同を示した。その方針と対校した諸本は、序に同じである。

〔題〕の項では、歌題の出典である経典等の名称を示し、ついで歌題の経文を、句読点・返り点を付して掲出した。必要に応じて、歌題に採られた部分だけではなく、もとの経典でその前後に記されている経文も掲出した場合がある。

〔題意〕の項では、歌題として掲出されている経文の、主旨や内容等を記した。必要に応じて、歌題に採られた部分だけではなく、もとの経典で前後に記されていることがらも含めて概要を示す。

〔現代語訳〕の項では、校訂本文にもとづいて、和歌の現代語訳を記した。

〔他出〕の項では、『発心和歌集』所収の被注歌が、他の歌集に採録されている場合に、その歌集名および歌番号と入集本文を掲げた。

〔参考歌〕の項では、『発心和歌集』所収の被注歌と特に関わりが深いと思われる和歌がある場合に、その歌を掲出した。

〔語釈〕の項では、歌題・和歌本文において用いられている語句の注釈を記した。

〔補説〕の項では、右の各項に記したことがらに加え、さらに述べるべきことがらがある場合に、それを記した。

極楽願往生和歌

一、本注釈は、東京国立博物館蔵『極楽願往生和歌』を底本とし、和歌本文と「極楽願往生和歌序」・紺紙金泥供養目録所収願文・白紙墨書供養目録所収願文に注釈をつけ、解説と索引を付したものである。

一、和歌の注釈にあたっては左記の項をもうけた。それぞれの項に記した内容とその方針は以下の通りである。

はじめに掲出する本文は、原則としてできるかぎり底本の表記のまま翻刻した。濁点等も付さない。ただし、「キ」「セ」「ネ」「ホ」「マ」「ワ」の古体の片仮名は、現行の片仮名の字体に改めた。

〔校訂本文〕の項では、適宜表記を読みやすくし、漢字片仮名交じり文にした本文を掲出した。すなわち、片仮名に漢字をあて、濁点を付し、漢字の表記を通行のものに改め、仮名遣いは原則的に歴史的仮名遣いに統一した。もとの底本の表記は、校訂本文の右にふりがなの形で示した。底本の表記が歴史的仮名遣いと異なる場合は、ふりがなにおいては（ ）内に底本の表記を掲出した。特に、この『極楽願往生和歌』においては、沓冠歌のきまりに従って、歌頭や歌末に定まった文字を使用することを意識した結果、通行とは異なる仮名遣いとなったと思われる場合がある。次の例のような方針で校訂本文をたてた。

例：二番歌「オコナヘ」（底本）→「行《オコナ》へ」（校訂本文）

例：四番歌「ヲコナヒ」（底本）→「行《オ(ヲ)コナ》ヒ」（校訂本文）

例：二五番歌「ミチヲノミトヰ」（底本）→「道ヲノミ問ヒ《ヰ》」（校訂本文）

なお、底本の本文に不審のあるところは、その旨を語釈等で明記したうえで校訂をほどこした場合がある。底本に無い字を校訂により補った場合は〔 〕を付してそれを示す。

例：一二番歌「コ、」（底本）↓心《コ、〔ロ〕》（校訂本文）

〔現代語訳〕の項では、校訂本文にもとづいて各歌の現代語訳を記した。

〔語釈〕の項では、本文に用いられている語句の注釈を記した。語釈に掲出する被注語句は、校訂本文にもとづく漢字片仮名交じり表記とした。ただし、語釈の文中に『極楽願往生和歌』所収歌の語句を引用する際に、分かりやすさを考慮して、漢字平仮名交じり表記によって掲げた場合がある。また、語釈の文中に引用する仏典・漢詩文には、句読点と返点を付した。

〔補説〕の項では、右の各項に記したことがらに加え、さらに述べるべきことがらがある場合に、それを記した。

一、「極楽願往生和歌序」と紺紙金泥供養目録所収願文・白紙墨書供養目録所収願文の注釈にあたっては、〔底本翻刻〕、〔校訂本文〕、〔訓読〕、〔現代語訳〕、〔語釈〕の項目をもうけた。〔校訂本文〕の項では句読点を付した本文を、〔訓読〕の項では書き下し文を掲出する。

一、注釈の末尾に付録として、紺紙金泥供養目録・白紙墨書供養目録の翻刻を掲げた。

注釈

〔底本翻刻〕

発心和歌集

妾久係念於仏陀、常寄情於法宝、為菩提也。釈尊説法華一乗、歌詠諸如来之善。爰知歌詠之功高、為仏事焉。猶梵語者天竺之詞、流沙遥隔、漢字者震旦之迹、風俗各殊。弟子誕生皇朝、受身婦女。不兼邯鄲之歩、偏染桑梓之情。是故素戔之新詠卅一字歌、学而述其義、飢人之始献卅一字様、習而以其詞。始四弘願海乎十大願、惣五十五首勒為一巻。名曰発心和歌集。是則所以十方浄土之際、遍発往生之心、九品蓮台之上、終殖化生之縁也。何必傾力営堂塔、教主懇誓願之誠。何必剃髪入山林、経王新讃歎之徳耶。不知出此和歌之道、□（一字分空白）彼阿字之門矣。唯願若有見聞者、生々世々、与妾値遇、□（一字分空白）多宝如来之願、定有誹謗者、在々所々、与妾結縁、同不軽菩薩之行。一心至実、三宝捨諸。嗟乎秋風吹□（一字分空白）之声、是告老也。晩日銜山之景、非偸命哉。泣恩照鑒乎執此時。于時寛弘九載南呂也。

〔校異〕○係念―保念（群）○於法宝―法宝（宮五）○流沙―依沙（松）○各殊―殊（宮一）○以其詞―次其詞

（群）○四弘願海―曰弘願海（宮五）、曰仏願海（松）、四弘願泊（群）○蓮台之上―蓮台之（宮五・松）○何必傾力―女傾力（宮五・松）、何以傾力（群）○誓願之誠―誓願誠（宮五・松）○経王―経生（宮五・松・群）○新讃歎―讃歎（宮五）、諧歎（松）○□（一字分空白）彼阿字之門―（空白ナシ）彼阿字之門（宮五・松）、入彼阿字之門（群）○□（一字分空白）多宝―（空白ナシ）多宝（宮五・松）、□（空白を示す四角を墨書）多宝（群）○与妾結縁―妾結縁（松）○至実―至宝（群）○捨諸―於諸（松）○秋風吹□（一字分空白）之声―秋風吹之声（空白ナシ）（宮一・宮五・松）、秋風吹□（空白を示す四角を墨書）之声（群）○是告老也―是苦老（松）○衜山―啣山（群）○寛弘―宣弘（松）

〔校訂本文〕

妾久係念於仏陀、
　常寄情於法宝、為菩提也。
釈尊説法華一乗、歌詠諸如来之善。爰知歌詠之功高、為仏事焉。
猶梵語者天竺之詞、流沙遥隔、
　漢字者震旦之迹、風俗各殊。
弟子誕生皇朝、
　受身婦女。
不兼邯鄲之歩、
偏染桑梓之情。
是故素戔之新詠卅一字歌、学而述其義、
　飢人之始献卅一字様、習而以其詞。
始四弘願海乎十大願、惣五十五首勒為一巻。名曰発心和歌集。

是則所以十方浄土之際、遍発往生之心、
　九品蓮台之上、終殖化生之縁也。
何必傾力営堂塔、教主懇誓願之誠、
何必剃髪入山林、経王新讃歎之徳耶。
不知出此和歌之道、
　入彼阿字之門矣。
唯願若有見聞者、生々世々、与妾値遇、□多宝如来之願、
　定有誹謗者、在々所々、与妾結縁、同不軽菩薩之行。
一心至実、
三宝捨諸。
嗟乎秋風吹樹之声、是告老也。
　晩日銜山之景、非偸命哉。
泣恩照鑑乎執此時。于時寛弘九載南呂也。

〔訓読〕

妾久しく念を仏陀に係け、常に情を法宝に寄するは、菩提の為なり。釈尊、法華一乗を説き、諸如来の善を歌詠す。爰に知りぬ、歌詠の功高くして仏事と為すことを。猶、梵語は天竺の詞、流沙遥かに隔たり、漢字は震旦の迹《あと》、風俗各《おのおの》殊なり。弟子皇朝に誕生し、身を婦女に受けたり。邯鄲の歩みを兼ねずして、偏へに桑梓の情に染む。是の故に、素戔の新たに詠みたりし三十一字の歌、学びて其の義を述べ、飢人の始めて献じたりし三十一字の様、習ひて其の詞を以てす。四弘願海十大願より始めて、惣じて五十五首、勒して一巻と為す。名づけて発心和歌集と曰ふ。是れ則ち十方浄土の際、遍く往生の心を発し、九品蓮台の上、終に化生の縁を殖《う》

うる所以なり。何ぞ必ずしも力を傾けて堂塔を営み、教主の誓願の誠を懇ろにせむ、何ぞ必ずしも髪を剃りて山林に入り、経王の讃歎の徳を新たにせんや。知らず、此の和歌の道を出でて、彼の阿字の門に入ることを。唯《ただ》願はくは、若し見聞すること有らば、生々世々、妾と値遇して多宝如来の願（を仰ぎ）、定めて誹謗すること有らば、在々所々、妾と結縁して、不軽菩薩の行を同じくせむ。一心に実を至し、三宝に諸を捨つ。嗟乎、秋風樹に吹くの声、是れ老を告ぐるなり。晩日山を銜むの景、命を偸むに非ずや。泣きて照鑒に恩《めぐ》まれんや此の時を執らむ。時に寛弘九載南呂なり。

〔現代語訳〕

わたくしが長い間仏に心をかけて、常に思いを仏法に寄せてきたのは、さとりに至るためである。釈尊は法華一乗の法を説き、諸仏の善行を歌にお詠みになった。これによって、歌詠の功徳は大きく、仏事となることが分かる。やはり梵語とは天竺の言語で、砂漠を遥かに隔てた遠いものであり、漢字とは唐土の言語をしるした文字の跡であって、国々によって風俗はそれぞれ異なる。仏弟子であるわたくしは我が国に生まれ、女の身を受けた。邯鄲の人の歩き方を真似しようとして自分の歩き方も忘れたという喩えのように、異国の風俗を兼ねそなえることはできないので、ひとえに故郷である我が国の情に思いを寄せるのである。このゆえに、素戔嗚尊が初めて詠んだ三十一文字の歌を学んで教義を述べ、飢人が聖徳太子に三十一文字の歌を初めて献じた趣に倣って、歌のことばをもって表現するのである。四弘誓願や普賢十願から始めて、総じて五十五首を録して一巻とし、発心和歌集と名付けた。これは、十方浄土の末端まで、衆生があまねく往生を願う心をおこし、九品の蓮台の上において、最後には極楽浄土へ生まれかわる縁をはぐくもうとするからである。どうして力をつぎ込んで堂塔を造営し、仏がすべての衆生を救う誓願に誠を尽くす必要があろうか、どうして剃髪して山林に入り、経典が仏を讃歎する徳を新たにする必要があろうか。この和歌の道を出て法門に入るということを、わたくしは知らない。ただ願うことには、もし見聞することがあるならば、生々世々にわたってわたくしと出会い、多宝如来の願いを仰ぎ、誹謗することがあるならば、あちらこちらでわたくしと仏縁を結び、常不軽菩薩の行いと同じくしよう。一心に実を至して、三宝のために諸々のことを捨てよう。ああ、秋風が樹木に吹く声は、老いを告げるものである。夕陽が山に沈んでゆく光景は、いたずらに生き長らえるさまを暗示するものではないのか。泣いて御覧になってくださる恩恵にあずからんとこの時をさだめた。時に寛弘九年八月である。

〔語釈〕 **○妾** わたくし。女性が自らを謙退していう自称。**○仏陀** 梵語 Buddha の音写。覚者、さとりを得た者の意で、仏のこと。とくに釈尊を指す。**○法宝** 法という宝。仏の教えを宝に喩えた語。仏宝・法宝・僧宝の三宝の一。**○菩提** 梵語 bodhi の音写。正しいさとりをひらくこと。**○釈尊** 釈迦を敬っていう語。釈迦は、仏教の開祖。釈迦牟尼仏。**○法華一乗** 一乗の法を説く『法華経』(妙法蓮華経)。「一乗」とは、すべてのものを救い、さとりへと導くたった一つの教え。『法華経』はこれを特に強調して説く。「十方仏土中、唯有二一乗法一、無レ二亦無レ三」(法華経・方便品)。**○歌詠** うたうこと、歌を詠むこと。『法華経』をはじめとする仏教経典は、散文の経文のなかに、韻文の形式で教説を重ねて述べる偈(偈頌)が含まれる。従って、「釈尊」も教えを説く際には「歌詠」を行った、と理解したもの。**○諸如来之善** 諸仏の善行。「如来」は修行を完成した者の意味で、諸々の仏をいう。**○歌詠之功高** 歌を詠むことの功徳は大きく。**○為仏事焉** 「仏事」は仏教のあらゆる行事、仏を供養する行い。「乃至普入二一切塵刹一、作二諸仏事一、修二普賢行一、不二亦楽一乎」(往生要集・大文第二欣求浄土「随心供仏楽」)などとある。歌を詠むという行為がそのまま仏事となるという発想は、「願以二今生世俗文字之業狂言綺語之誤一、翻為二当来世世讃仏乗之因転法輪之縁一」(和漢朗詠集・仏事・五八八・白居易)にも通底する。**○梵語** 古代インドの言語であるサンスクリット語。仏教発祥の地の言語。「天竺之詞」はこれを言い換えたもの。**○流沙遥隔** 砂漠を遥かに隔てて。「流沙」は広大な砂漠。砂が水のように流れることから言う(『水経注』など)。特に、中国北西部のタクラマカン砂漠およびゴビ砂漠を指すことが多い。「天竺、震旦のことも、流沙、葱嶺遥かに隔たりたれば知らず」(栄花物語・巻十六もとのしづく)とあるような、天竺は「流沙」を遥かに隔てた西域にあるとの地理的認識による表現。**○漢字**

者震旦之迹　漢字は唐土の言語を記した文字の跡である。「震旦」は唐土、中国。**○風俗各殊**　風俗は国や地方によってそれぞれ異なる。ここでの「風俗」は、ならわし。特に、その土地土地でうたわれる詩歌。「美二教化一、移レ風易レ俗」（詩経・大序）。「和歌者我国風俗也。世治者此興起、時質者此思切也。故感二動神明一、交二和人倫一、莫レ近二於斯一矣」（賀陽院水閣歌合・於二住吉社一述レ懐和歌一首并序）。**○弟子**　自分自身を仏弟子と捉えた呼称。**○皇朝**　我が国の朝廷の意。本朝、日本のこと。このあたり「天竺」「震旦」「皇朝」という三国の世界観にもとづいて叙述されている。**○受身婦女**　女性の身として生を受けた。『法華経』提婆達多品その他の仏教経典に、女性はそのままの身では成仏できないという考えが説かれる。一六・三六・四七番歌参照。**○邯鄲之歩**　昔、燕の国の者が、趙の都邯鄲の人々の歩き方を真似しようとしたが身につかず、自分の歩き方も忘れ、腹ばいになって帰ったという故事による（荘子・秋水篇）。むやみに人の真似をすると、真似もできず、自分本来のやり方もできなくなり、結局ものにならないことの喩え。ここでは、日本に生まれた自分が、天竺や震旦を模倣することを「邯鄲之歩」と喩え、そうではなく我が国の言語によって歌を詠むのだと述べている。**○桑梓之情**　「桑梓」は、垣根に桑と梓を植えて子孫の暮らしのために残した故事から、父母を敬って故郷を思うこと。転じて、ふるさと、故郷の意。「維桑與レ梓、必恭敬止、靡二瞻匪レ父、靡二依匪レ母」（詩経・小雅・小弁）。ここでの「桑梓之情」は、故郷である我が国の心情。具体的にはその心情を表現する和歌のことを指す。**○素戔之新詠卅一字歌**　素戔嗚尊が詠じた「八雲立つ出雲八重垣妻籠めに八重垣つくるその八重垣を」が、三十一文字の定型の歌の始まりであるとされていること。「逮三于素戔烏尊到二出雲国一、始有二三十一字之詠一。今反歌之作也」（古今集・真名序）、「人の世となりて、素戔嗚尊よりぞ三十文字あまり一文字は詠みける」（古今集・仮名序）。**○学而述其義**　「其義」は仏の教義のことか。あるいは和歌の道理のことか。前者とすれば、三十一文字の歌を学んで、和歌によって仏の教義を述べる、の意となる。**○飢人之始献卅一字様**　聖徳太子が道端に臥す飢人に衣を脱いで被せた際に詠みかけた歌に対して、飢人が応じた返歌と伝える「いかるがや富緒川の絶えばこそ我が大君の御名を忘れめ」（拾遺集・哀傷・一三五一）のこと。「至レ如下難波津之什、献二天皇一、富緒河之篇、報中太子上、或事関二神異一、或興入二幽玄一」（古今集・真名序）。この太子と飢人の唱和歌にまつわる説話は、『日本霊異記』上、『三宝絵』中、『日本往生極楽記』、『今昔物語集』巻十一その他に見られ、『俊頼髄脳』などの歌学書では、太子を救世観音、飢人が文殊菩薩の化身とする。**○習而以其詞**　飢人が観音の化身である太子に和歌を詠みかけたことに倣って、和歌のことばをもって表現する、ということか。**○四弘願海**　四弘誓願のこと。四弘誓願は、あらゆる仏菩薩がおこすとされる誓願。1番歌〜4番歌の歌題である。1番歌の補説参照。「願海」は、仏菩薩がおこす誓願が深く広いことを海に喩えた表現。「聞二一実道一、入二普賢之願海一」（往生要集・大文第二欣求浄土「蓮華初開楽」）などとある。**○乎**　このままでは訓読しづらい。三角注に「あるいは「乎」は「与」の誤りか」とある。**○十大願**　普賢菩薩の十の誓願、いわゆる普賢十願のこと。普賢十願は、6番歌〜15番歌の歌題である。6番歌の語釈・補説参照。**○惣五十五首**　本集の総歌数を示す。**○勒為一巻名曰発心和歌集**　ここでの「勒」は録に同じ。とどめ残す、書き記すの意。「勒為二二十巻一、名曰二古今和歌集一」（古今集・真名序）。**○十方浄土**　十方にかぎりなく存在する仏の浄土。十方は、東・西・南・北、東南・西南・東北・西北、上・下の十の方角で、それぞれに衆生が住む所（十方世界）があり、そのそれぞれに諸仏の浄土があるとされた。「今宵の灯火の光、十方浄土の仏の世界に至るらんと見えて」（栄花物語・巻十九御裳ぎ）。**○際**　時間・空間・程度などが、きわまる果て。かぎり、辺際。**○発往生之心**　極楽浄土に往生したいという思いをおこすこと。**○九品蓮台**　九品とは、九つの段階、種類。人が生きている間に積んだ功徳の違いによって九段階の異なる往生のしかたをすること。上品・中品・下品をそれぞれ上生・中生・下生に分ける。九品の違いによって、死後迎えられる蓮華の台が異なるとされ、それを九品蓮台という。ここでは「九品蓮台之上」と「十方浄土之際」が対。「十方仏土之中、以二西方一為レ望、九品蓮台之間、雖二下品一応レ足」（和漢朗詠集・仏事・五九〇・慶滋保胤）による。**○殖**　「殖化生之縁」は「発往生之心」と対句。ここでの「殖」は浄土に往生する縁をはぐくむの意か。**○化生**　母胎または卵殻などによらず忽然と生まれ出ること。また、極楽浄土に往生するありかたもいう。諸経典に頻出する仏教語であるが、たとえば『往生要集』所引「観仏経」（仏説観仏三昧海経）に、「後時命終、悉生㆓東方宝威徳上王仏国㆒、大蓮華中結跏趺坐、忽然化生」（往生要集・大文第七念仏利益「引例勧信」）とある。**○宮堂塔**　堂や塔を造営して仏に供養すること。**○教主**　教えを開いた人。仏教では仏（釈尊）をいう。「不軽菩薩ハクダレルカタチナリ。ウチノリシ人、未来ノ教主也ト思ハザリキ」（三宝絵・下巻・序）。**○懇誓願之誠**　教主（仏）がたてた誓願に、誠を尽くしてのぞむ。ここでの「誓願」とは、主に阿弥陀仏がすべての衆生を救済するためにたてた四十八願（無量寿経・巻上）を念頭に置くか。**○経王**　底本・宮一本は「経王」と読める字体。他本は「経生」。「経王」は経典中で最も尊いものの意。**○入彼阿字之門**　「入」は底本無く一字分空白だが、「出此和歌之道」と対句であることから「入」を補った。「阿字之門」は、仏門、仏道のこと。「阿字」は梵語のａの字。ａは梵語の字母表ですべての母音・子音の最初に位置することから、すべての文字の源、仏の真言の根源とされた。**○生々世々**　生まれかわりをくりかえして経過する多くの世。永遠。経典等に頻出する仏教語。「慇懃受㆓持是法華経㆒。為㆑衆広説令㆑入㆓仏道㆒。以㆓此功徳㆒生生世世得㆑値㆓無量諸仏㆒」（法華義疏・常不軽菩薩品第十九）など。**○値遇**　前世からの宿縁によって出会うこと。**○□多宝如来之願**　底本一字分空白で、他本も空白または字を欠く。意によって「仰」を補うべきか。「同不軽菩薩之行」と対。「多宝如来」は『法華経』見宝塔品に登場する仏。地から七宝塔が涌き出て、塔の中から多宝如来が『法華経』が真実であることを讃歎したという。**○誹謗**　和歌によって仏教経典の主旨を詠むことで仏事と為さんとする営みを、人は誹謗するかもしれない、ということ。**○在々所々**　あちらこちら。いたるところ。「在々所々常ニ三宝ニ値遇シタテマツル」（三宝絵・下巻・仏名）。**○不軽菩薩**　常不軽菩薩のこと。『法華経』常不軽菩薩品に登場する菩薩。すべての衆生を成仏するものとして尊び、いかなる誹謗をうけても決して相手を軽んじず礼拝したという。**○一心至実三宝捨諸**　「一心至実」と「三宝捨諸」の対句であるが、解釈が定めがたい。**○吹樹之声**　底本「吹」のあと一字分空白。他本も字を欠く。「衙山之景」と対句なので、空白部分に何らかの字を補って校訂すべきである。石原注が「吹樹之声」かとし、三角注も、「樹欲㆑静而風不㆑停、子欲㆑養而親不㆑待」（往生要集・大文第二欣求浄土「引接結縁楽」）を例に掲げてそれに従う。本注釈もその説によった。**○晩日銜山之景**　底本の表記「衔」。字意を詳らかにしないが「銜」かとする石原注・三角注に従う。群本の「啣」は「銜」の俗字。「銜」にふくむの意があることから、夕陽が山に沈む情景を、まるで夕陽が山をふくむようだと喩えた表現と解しておく。夕陽を「銜」と表現した漢詩に「半嶺残陽銜レ樹落、一行斜雁向レ人来」（李群玉「九日」）、山を「銜」と表現した例に、「青山欲レ銜半辺日」（李白「烏棲曲」）がある。**○偸命**　生命をぬすむ。死ぬべき時に死なず、いたずらに生き長らえる。漢語「偸生」と同義であろう。**○泣恩照鑑**　ここでの「恩」は、仏から慈しみを恵まれるの意か。「照鑑」は照らし合わせること、神仏などがはっきりと御覧になること。「花洛案内。件男自執中歟。仍不レ尽二委趣一。乞垂二照鑑一。某謹言」（明衡往来・中本）。**○乎執此時**　諸本「乎」と作るが、解釈が定めがたい。**○寛弘九載**　寛弘九年（一〇一二）。このとき選子内親王は四十九歳。**○南呂**　陰暦八月の異称。

〔補説〕『発心和歌集』は、このように巻頭に漢文の序を有する。「妾」という女性の自称をもって書き始められているが、おそらくは漢詩文の作文に精通した男性が作成したものと思われ（三角注）、本集の成立のあり方を考えるうえでも注意される序である。解説参照。和歌が我が国の「風俗」であるという意識を前提として、和歌を詠むことがすなわち仏事と為ることを論じている。経典の章句を題として、その主旨を和歌によって表現する法文歌を詠むという営みの意義を、論理的に示そうとしたものである。『発心和歌集』序と同じように、法文歌を詠むことについて論じた漢文の序に、平安後期の『教長集』所収の十楽歌の序がある。参考として掲げておく。

極楽依レ正、功徳無量、算分喩兮非レ所レ知、今挙二十楽而讃浄土一、猶如二一毛渧大海一云云。而題二此十楽之讃嘆一、詠二其十首之歌頌一。夫動二天地一感二鬼神一、莫レ宜二於和歌一。又動二仏界一感二聖衆一惟同者歟。謂倭歌者我国之語也。漢土言二偈頌一、天竺云二唱陀南一、而顕二経論之肝心一、学二仏法之髄脳一。以二偈頌一為二規模一、因レ茲為二我国風俗一、以二和歌一展二彼十楽一、豈非二至誠一心之讃嘆一乎。随則大聖文殊者諸仏智母也。代三飢人正答二班鳩宮太子之麗藻一、称三行基加贈二霊鷲山釈尊之佳篇一。加レ之弘法者東寺密法之嚢祖也、湧二五七六義之言泉一、寄二返報於高津一焉。伝教者天台円教之先哲也、作二三十一字之詞条一、祈二冥加於杣山一矣。自レ爾以降、云二貴賤一云二聖凡一、無下以二和歌一不上通レ情。爰我等之懇志在二極楽一、以二倭歌一呈レ之、其詞云。（教長集）

1

衆生無辺誓願度

たれとなく一《ひと》つにのりの筏《いかだ》にてかなたの岸《きし》に着《つ》くよしもがな《哉》

〔校異〕 ○ひとつ―ひとへ（宮一）

〔題〕 往生要集・大文第四正修念仏「菩提心行相」（日本思想大系『源信』）

初行相者、惣謂レ之、願レ作レ仏心。亦名下上求二菩薩一下化二衆生一心上。別謂レ之、四弘誓願。此有二二種一。一縁レ事四弘願。是即衆生縁慈。或復法縁慈也。二縁レ理四弘。是無縁慈悲也。

言二縁レ事四弘一者、一衆生無辺誓願度。応レ念、一切衆生悉有二仏性一、我皆令レ入二無余涅槃一。此心即是饒益有情戒。亦是恩徳心。亦是縁因仏性。応身菩提因。二煩悩無辺誓願断。此是摂律儀戒。亦是断徳心。亦是正因仏性。法身菩提因。三法門無尽誓願知。此是摂善法戒。亦是智徳心。亦是了因仏性。報身菩提因。四無上菩提誓願証。此是願レ求二仏果菩提一。謂由レ具二足前三行願一、証二得三身円満菩提一、還亦広度二一切衆生一。

〔題意〕

無数の人々（衆生）をあまねくさとりの彼岸へ渡そう、の意。四弘誓願の第一。補説参照。

〔現代語訳〕

誰ということなく、みなが一つに乗る仏法の筏で、彼岸へとたどり着くすべがほしいものだよ。

〔語釈〕 **○衆生**　すべての生きとし生けるもの。**○無辺**　はてがないこと。無数であること。**○誓願**　仏菩薩が衆生を救おうと願い、必ずこれを成し遂げようと誓って願をたてること。**○たれとなく**　誰ということなく。題の誓願の句「衆生無辺」に対応し、誰ということなくすべての衆生がみな、の意。**○一つにのり**　みなが一つの筏に乗るように。仏教語の「一乗」（一仏乗）の訓読からくる表現で、「乗り」に「法」を掛ける。一乗とは、衆生を成仏へ導く仏の教えを乗物に喩えたもの。一乗の思想は『法華経』で特に説かれる。和歌において、一乗を「一つ」の「のり」と表現する例は、『発心和歌集』27番歌の「一つののりの車」（後掲）や、「花の色のよくさに散るがあやしきは一つみのりのこのみなりけり」（長能集・一四八「序品」）などがある。**○のりの筏**　法の筏。仏法を、川や海で人を対岸へ渡す筏の比喩で捉えた表現。前からの繋がりでの「一つに乗り」と言い掛ける。「のりの筏」で彼岸へ赴くと詠む歌例に、『発心和歌集』より時代が下るが、「かの岸にほどなくこそは行きてこめ心にかなふのりの筏は」（成尋阿闍梨母集・八）などがある。**○かなたの岸**　彼岸。成仏して赴くさとりの世界。

〔補説〕　この1番歌から4番歌までの四首が、いわゆる四弘誓願を題とする歌である。四弘誓願とは、あらゆる仏菩薩がおこすとされる誓願。『大乗本生心地観経』巻第七・波羅蜜多品第八や『摩訶止観』巻第十下その他さまざまな経典に見え、語句には若干異同がある。『発心和歌集』の題の本文と一致するのは、『往生要集』および源信『出家授戒作法』に掲出される四弘誓願である。題の項には『往生要集』を掲出しておいた。

『発心和歌集』冒頭に置かれたこの1番歌では、すべての衆生がみな成仏できるようにと願う心を詠む。歌集末尾の55番歌が、「願以此功徳　普及於一切　我等與衆生　皆共成仏道」を題とする「いかにして知るも知らぬも世の人を蓮の上の友となしてむ」であることと照応している。つまり『発心和歌集』は、我が身の成仏だけではなく、我が身も含めたあらゆる衆生の成仏を願うという、大乗の教えにもとづいた発想を、冒頭と末尾に置く配列で構成されていると言える。

2

煩悩無辺誓願断

かぞふべきかた《方》もなけれど身に近《ちか》きまづは五《いつ》つの障《さは》りなりけり

〔校異〕 ○いつゝ―いつく（松・宮五） ○なりけり―也ける（松）

〔題〕 往生要集・大文第四正修念仏「菩提心行相」（日本思想大系『源信』）

言二縁レ事四弘一者、一衆生無辺誓願度。応レ念、一切衆生悉有二仏性一、我皆令レ入二無余涅槃一。此心即是饒益有情戒。亦是恩徳心。亦是縁因仏性。応身菩提因。二煩悩無辺誓願断。此是摂律儀戒。亦是断徳心。亦是正因仏性。法身菩提因。三法門無尽誓願知。此是摂善法戒。亦是智徳心。亦是了因仏性。報身菩提因。四無上菩提誓願証。此是願二求仏果菩提一。謂由レ具二足前三行願一、証二得三身円満菩提一、還亦広度二一切衆生一。

〔題意〕

数かぎりない煩悩を断ち切ろう、の意。四弘誓願の第二。

〔現代語訳〕

煩悩は数えられる手段もないほどかぎりないけれど、まずは我が身に近くある五障が、成仏をさまたげるものである。

〔語釈〕 **○煩悩** 心身を乱し悩ませる心のはたらきの総称。衆生を迷いの世界に繋ぎ止め、さとりの世界に至るのを妨げるもの。**○かぞふべきかた** 数えられる手段、方法。「かぞふべきかた」も無いとは、題の誓願の句「煩悩無辺」に対応し、煩悩が数え切れないほど存することを表す。**○身に近き** 我が身の近くにある。「身」とは、女の身であるため仏の教えから遠い境遇にある詠み手自身のことを指す。**○五つの障り** 仏教語「五障」の訓読。五障は、梵天・帝釈・魔王・転輪聖王・仏の五つの境位になれないということ。『法華経』提婆達多品などに、女身は五障を持った存在であると説かれる。この言い回しを和歌に詠む例に、「名にし負はば五つの障りあるものをうらやましくものぼる花かな」（松井本和泉式部集・二五六）などがある。ここでは、数詞「五つ」が「かぞふ」と呼応し、煩悩の数はかぎりないが、まずは五つの障りが挙げられる、との意で繋がる文脈。なお、「煩悩」と五障は、本来同じではないが、どちらもさとりに至るのを妨げるものであることから、この歌では題の「煩悩」を「五つの障り」と捉えて詠んだのだろう。

〔**補説**〕題については、1番歌の題および補説参照。題の誓願「煩悩無辺誓願断」は、数え切れない煩悩を断とうと願うことを説くものだが、それを五障と捉えて詠んだところに、女身である詠み手自身の境遇に引き寄せた発想が窺える。

3

法門無尽誓願知

いかにして尽《つ》くして知《し》らむさとること入《い》ることかたき門《かど》と聞《き》けども

〔**校異**〕異同ナシ

〔**題**〕往生要集・大文第四正修念仏「菩提心行相」（日本思想大系『源信』）

言㆓縁㆑事四弘㆒者、一衆生無辺誓願度。応㆑念、一切衆生悉有㆓仏性㆒、我皆令㆑入㆓無余涅槃㆒。此心即是饒益有情戒。亦是恩徳心。亦是縁因仏性。応身菩提因。二煩悩無辺誓願断。此是摂律儀戒。亦是断徳心。亦是正因仏性。法身菩提因。三法門無尽誓願知。此是摂善法戒。亦是智徳心。亦是了因仏性。報身菩提因。四無上菩提誓願証。此是願㆓求仏果菩提㆒。謂由㆑具㆓足前三行願㆒、証㆓得三身円満菩提㆒、還亦広度㆓一切衆生㆒。

〔**題意**〕

尽きることない仏の教えを知ろう、の意。四弘誓願の第三。

〔**現代語訳**〕

どのようにして仏の教えを知り尽くせよう。理解することも入ることも難しい門のようなものだと聞くけれども。

〔語釈〕**○法門**　仏の教え。仏法。**○いかにして**　どのようにして。なんとかして。**○尽くして知らむ**　尽きるまで知ろう。仏の教えをあるかぎり全て知り尽くそう、ということ。題の「無尽…知」に対応した表現。**○さとること入ることかたき**　理解することも入ることも難しい。「入る」は「門」と縁語。「其智慧門、難レ解難レ入。一切声聞、辟支仏、所レ不レ能レ知」（法華経・方便品）の訓読に拠る表現。**○門**　かど。題の「法門」を和語で表した語。仏の教え、仏法のこと。

〔補説〕題の四弘誓願の章句の「法門」を『法華経』方便品の「難解難入」を踏まえて表現した。

4

無上菩提誓願証

ここの品《しな》咲《さ》きひらくなる蓮葉《はちすば》の上《うへ》の上《うへ》なる身ともならばや

〔校異〕※合点アリ―ナシ（宮五・松・群）

〔題〕往生要集・大文第四正修念仏「菩提心行相」（日本思想大系『源信』）

言二縁レ事四弘一者、一衆生無辺誓願度。応レ念、一切衆生悉有二仏性一、我皆令レ入二無余涅槃一。此心即是饒益有情戒。亦是恩徳心。亦是縁因仏性。応身菩提因。二煩悩無辺誓願断。此是摂律儀戒。亦是断徳心。亦是正因仏性。法身菩提因。三法門無尽誓願知。此是摂善法戒。亦是智徳心。亦是了因仏性。報身菩提因。四無上菩提誓願証。此是願二求仏果菩提一。謂由レ具二足前三行願一、証二得三身円満菩提一、還亦広度二一切衆生一。

〔題意〕

この上ないさとりに到達しよう、の意。四弘誓願の第四。

〔現代語訳〕

九つの種類が花開くという蓮のなかでも、上等の上等に乗って往生する身となりたいものだ。

〔語釈〕 **○ここの品** 「九品」の訓読。九品・九品蓮台については序の語釈参照。「九品蓮台之間、雖二下品一応レ足」（和漢朗詠集・仏事・五九〇・慶滋保胤）とある。**○咲きひらくなる蓮葉** 開花するという蓮。蓮台のこと。「蓮」と「ここの品」を詠みこんで九品蓮台を表す歌に、「八重菊に蓮の露を置きそへてここの品までうつろはしつる」（後拾遺集・雑六・一一八五・弁乳母）などがある。**○上の上なる** 上等の上等である。九品のうちの上品上生を表す。「蓮葉の上」と「上の上なる」を言い掛ける。

〔補説〕 題の「無上菩提」（この上ないさとりに至る）を、九品蓮台のうちの上品上生において往生すると捉えて、具体的に表現した歌である。

5

般若心経

色即是空　空即是色　受想行識　亦復如是

世々を経《へ》て説《と》きくる法《のり》は多《おほ》かれどこれぞまことの心なりける

〔校異〕 ※集付「勅」アリ―ナシ（宮五・群） ※合点アリ―ナシ（宮五・松・群）

〔題〕 般若波羅蜜多心経（玄奘訳、大正蔵・八 No. 251） 岩波文庫『般若心経・金剛般若経』参照。

観自在菩薩。行二深般若波羅蜜多一時。照二見五蘊皆空一。度二一切苦厄一。舎利子。色不レ異レ空。空不レ異レ色。色即是空。空即是色。受想行識亦復如レ是。

〔題意〕

色は空であり、空は色である。受・想・行・色もまた同様である。

〔現代語訳〕 多くの世を経て説いて来た法は多くあるけれど、この般若心経こそ真理の心髄を説いたものなのだ。

〔他出〕

発心和歌集のうた、般若心経　選子内親王

世世をへてときくる法はおほかれどこれぞまことの心なりける　（新勅撰集・釈教歌・五八六）

〔語釈〕 **○般若心経**　玄奘訳『般若波羅蜜多心経』。大乗経典の根本思想の一つである空の思想を三百字弱で簡潔に説いた経で、諸宗派において重んじられ、読誦される。**○色即是空　空即是色**　『般若心経』のなかで特によく知られた章句。「色」は、いろやかたちがあるもの、物質的な現象として存在するもの。「空」は、かたちある実体の無いこと、無であること。『般若心経』では、物質的な存在は、互いに関係し合って存在しているのであり、そのもの自体が実体として現象しているわけではないとする。また、互いに関係し合うからこそ、物質的な存在はそのものとしての実体をもって現象できる、と説く。**○受想行識**　「色」（物質的な現象としての身体）と「受・想・行・識」を合わせて五蘊（人間を構成する五つの要素）という。「受」は感覚。「想」は認識対象から受ける像・表象。「行」は能動的な心のはたらき・意志。「識」は、認識・判断。**○世々を経て**　多くの世を経てきて。同じ言い回しは『大斎院前の御集』にも見え、「世々を経て梓のそまにいる月の影まとかなる秋の空かな」（能宣集・四六）などの歌例がある。当該歌では、仏が生生世世に生まれ変わって、法を説き続けてきたことをいう。**○これぞまことの**　これこそ真実の。「いとふべし憂き世の中を知りぬるやこれぞまことの心なりける」（拾玉集・五六四〇）は後代の歌だが、当該歌と同じ下句の表現を用いた歌例。**○まことの心**　ここでの「まこと」は、真理。「心（こころ）」は『般若心経』の「心」（心臓・心髄の意）を表現する。『般若心経』こそが仏の教えの心髄を説いた法であるということ。源信著と伝える般若心経注釈『講演心経義』に、「依レ之経家、結二集彼大経部中、最要肝心円極深妙理趣一、別為二一経一也。三蔵玄奘、翻二其梵文一。則為二一紙十七行二百七十六字一、妙観心要修多羅也。誠是今典極中聖極、證中頓證、所以持誦證験新顕耳」とある。

〔補説〕『発心和歌集』以後、『般若心経』を歌題とする法文歌は多く詠まれた。特に「色即是空、空即是色」をとりあげた歌は、たとえば「むなしきも色なるものとさとれとや春のみそらやみどりなるらん」（千載集・釈教歌・一二二九・摂政家丹後）など数多く見られる。右の丹後歌が、題の「色《しき》」や「空《くう》」を「色《いろ》・みそら・みどり」といった具体的なイメージで表現した発想であるのに対して、当該歌は「これぞまことの心」というように、『般若心経』の重要性を直叙的に表現する発想で詠む。

6

普賢十願

礼敬諸仏

普賢行願威神力　普現一切如来前　一身復現刹塵身　一々遍礼刹塵仏

君《きみ》だにも塵《ちり》のなかにもあらはれば立《た》つと居《ゐ》るとぞ敬《ゐや》まはるべき

〔校異〕※（松）、歌ノ右肩ニ「本ノマ、」トアリ。○普賢十願―本行本文ニナク小字デ挿入（松・宮五）○ゐやまはる―ねやまはる（松）

〔題〕大方広仏華厳経・巻第四十・入不思議解脱境界普賢行願品（般若訳、大正蔵・十No. 293）

善男子。言㆓礼敬諸仏㆒者。所有尽法界。虚空界。十方三世一切仏刹極微塵数諸仏世尊。我以㆓普賢行願力㆒故。起㆓深信解㆒。如㆑対㆓目前㆒。悉以㆓清浄身語意業㆒。常修㆓礼敬㆒。一一仏所。皆現㆓不可説不可説仏刹極微塵数身㆒。一一身遍礼㆓不可説不可説仏刹極微塵数仏㆒。虚空界尽。我礼乃尽。而虚空界不㆑可㆑尽故。我此礼敬無㆑有㆓窮尽㆒。如㆑是乃至衆生界尽。衆生業尽。衆生煩悩尽。我礼乃尽。而衆生界。乃至煩悩。無㆑有㆑尽故。我此礼敬無㆑有㆓

窮尽一。念念相続無レ有二間断一。身語意業無レ有二疲厭一。（844c）

…（中略）…爾レ時普賢菩薩摩訶薩。欲三重宣二此義一。普観二十方一。而説レ偈言。（846c）…（中略）…

普賢行願威神力　普現二一切如来前一
一身復現二刹塵身一　一一遍礼二刹塵仏一　（847a）

〔題意〕

すべての仏を敬うこと。普賢菩薩は修行と誓願の力によって、あらゆる仏の前にそれぞれ無数の身となって現じ、無数の仏に遍く礼拝し奉る。

〔現代語訳〕

君さえも塵のようなこの世に現れたならば、立っても居ても敬うことだろう。

〔語釈〕 **○普賢十願**　普賢菩薩がたてた十種の誓願。『大方広仏華厳経』（四十巻本華厳経、般若訳）の巻第四十・入不思議解脱境界普賢行願品に、「礼敬諸仏・称讃如来・広修供養・懺悔業障・随喜功徳・請転法輪・請仏住世・常随仏学・恒順衆生・普皆廻向」の十願が掲げられ、そのあとの偈で誓願の主旨が再説される。『発心和歌集』では、四字の誓願と偈から抜き出した四句を歌題に採っている。**○行願**　修行と誓願。**○刹塵**　もとは無数の国土を微塵にした数の意で、数の多いことの喩え。**○君だにも**　せめて君さえも。「君」は対称（二人称）の代名詞。ここでは、仏に対して、わずかでも現れてくださったならばと切願する意か。源信『普賢講作法』に「第一、礼敬諸仏願者、一心帰三命‐礼‐拝十方三世一切諸仏一、如レ対二目前一、恭敬尊重也」とあり、「礼敬諸仏」は仏が目前にいる如くに恭敬尊重することだとされている。**○塵のなかにも**　塵のような世の内にも。仏がこの世に現れるさま。「ちり」は題の「刹塵」の表記から想を得たのだろうが、意味合いは異なる。**○立つと居るとぞ**　立っても居ても。「秋されば雁飛び越ゆるたつた山立ちても居ても君をしそ思ふ」（万葉集・巻十・二二九四、人丸集・一五一は「たつとゐるとにきみこそおもへ」）。ここでは、行住坐臥、不断に仏を礼拝するふるまいを表す。もとの経典で、当該歌の題とされた偈の前文に「我此礼敬無レ有ニ窮尽一。念念相続無レ有ニ間断一」とある（題の点線部参照）。**○敬まはるべき**　敬うことだろう。仏を礼敬すること。「敬まふ」は敬う意。

〔補説〕　普賢十願は、「経は、法華経さらなり。普賢十願。千手経」（枕草子）とあるように、同時代において深く浸透していた。普賢講（源氏物語・松風など）の法会も行われており、その法会の次第は普賢十願に則っていた。第一の誓願「礼敬諸仏」を題とする当該歌では、「立つと居るとぞ敬まはる」によって、仏を礼敬するさまを、仏を礼拝する身体所作のイメージによって詠む。普賢十願の注釈である『華厳経行願品疏抄』巻三（『大日本続蔵経』所収）には、「礼敬諸仏」について、「願我右膝著レ地之時、…（中略）…願我左膝著レ地之時」以下、礼拝の所作が記されている。なお、同じ経文を題材とする和歌に、「人のもとに普賢講おこなひて、十願の心よみしに、礼敬諸仏」と詞書のある、「数しらず三世の仏を敬まふと心ひとつやいとなかるらん」（肥後集・一四三）がある。

7

称讃如来

各以一切音声海　普出無量妙言詞　尽於未来一切劫　讃仏深心功徳海

思《おも》ふにも言《い》ふにもあまる深《ふか》さにてことも心《こゝろ》も及《をよ》ばれぬかな

〔校異〕　※（松・宮五）、「秋風」集付アリ。○普出―普於（松・群）

〔題〕　大方広仏華厳経・巻第四十・入不思議解脱境界普賢行願品（大正蔵・十NO.293）

復次善男子。言ニ称讃如来一者。所有尽法界。虚空界。十方三世一切刹土。所有極微。一一塵中。皆有ニ一切世界極微塵数仏一。一一仏所。皆有ニ菩薩海会囲遶一。我当三悉以ニ甚深勝解一。現前知見。各以出ニ過弁才天女微妙舌根一。一一舌根。出ニ無尽音声海一。一一音声。出ニ一切言辞海一。称揚讃ニ歎一切如来諸功徳海一。窮ニ未来際一。相続不レ断。尽ニ於法界一。無レ不ニ周遍一。如レ是虚空界尽。衆生界尽。衆生業尽。衆生煩悩尽。我讃乃尽。而虚空界。

乃至煩悩。無レ有レ尽故。我此讃歎無レ有二窮尽一。念念相続無レ有二間断一。身語意業無レ有二疲厭一。（844c）…（中略）…
爾レ時普賢菩薩摩訶薩。欲三重宣二此義一。普観二十方一。而説レ偈言。（846c）
…（中略）…

各以二一切音声海一　普出二無尽妙言辞一
尽於二未来一切劫一　讃二仏甚深功徳海一　（847a）

〔題意〕 仏を讃歎すること。あらゆる音声をもって無尽のことばをおこし、未来永劫に至るまで絶えることなく仏を深く讃歎し奉る。

〔現代語訳〕 思うにも言うにもあまりある仏への思いの深さで、それを表そうとしても言葉も心も及ばないことだよ。

〔他出〕

普賢十願をよみたまへりけるに、称讃如来の心を　一品選子内親王

おもふにもいふにもあまるふかさにてこともこころもおよばれぬかな　（秋風集・釈教歌・五五九）

〔語釈〕 **○普出無量妙言詞**　『発心和歌集』諸本「無量」「詞」で異同はないが、題のもとの経文では「無尽」「辞」。**○讃仏深心功徳海**　『発心和歌集』諸本「深心」で異同はないが、経文では「甚深」。**○思ふにも言ふにもあまる**　思うにも言葉に出して言うにもあまりある。同様の言い回しを仏教的内容とともに用いた歌に「思ふにも言ふにもあまることなれや衣の玉のあらはるる日は」（後拾遺集・雑三・一〇二八・伊勢大輔）などがある。**○ことも心も**　言葉も心も。この歌句は、先例は見出しがたいが、「君がへんその行末の遠ければことも心も及ばざりけり」（重家集・二八〇）などの例がある。

〔補説〕 「思ふにも言ふにもあまる」、「ことも心も及ばれぬ」というように、言い尽くせないほど深い思いを表す

語句を繰り返すことによって、題の主旨に応じ、仏を讃える思いを表現した。

8

広修供養

我以広大勝解心　深信一切三世仏　悉以普賢行願力　普通供養諸如来

さしながら三世《みよ》の仏《ほとけ》にたてまつる春咲《はるさ》く花《はな》も秋《あき》の紅葉《もみぢ》も

〔校異〕 異同ナシ

〔題〕 大方広仏華厳経・巻第四十・入不思議解脱境界普賢行願品（大正蔵・十NO.293）

復次善男子。言二広修供養一者。所有尽法界。虚空界。十方三世一切仏刹極微塵中。一一各有二一切世界極微塵数仏一。一一仏所。種種菩薩海会囲遶。我以二普賢行願力一故。起二深信解一。現前知見。悉以二上妙諸供養具一。而為二供養一。所謂華雲鬘雲。天音楽雲。天傘蓋雲。天衣服雲。天種種香塗香焼香末香。如レ是等雲。一一量如二須弥山王一。然種種燈。酥燈油燈諸香油燈。一一燈炷。如二須弥山一。一一燈油。如二大海水一。以下如二是等一諸供養具上。常為二供養一。善男子。諸供養中。法供養最。所謂如レ説修行供養。利益衆生供養。摂受衆生供養。代衆生苦供養。勤修善根供養。不捨菩薩業供養。不離菩提心供養。善男子。如レ前供養無量功徳。比法供養。一念功徳。百分不レ及レ一。千分不レ及レ一。百千倶胝那由他分。迦羅分。算分。数分。諭分。優婆尼沙陀分。亦不レ及レ一。何以故。以二諸如来尊重法一故。以二如レ説修行出生諸仏一故。若諸菩薩。行法供養。則得二成就供養如来一。如レ是修行。是真供養故。此広大最勝供養。虚空界尽。衆生界尽。衆生業尽。衆生煩悩尽。我供乃尽。而虚空界。乃至煩悩。不レ可レ尽故。我此供養亦無レ有レ尽。念念相続無レ有二間断一。身語意業無レ有二疲厭一。（844c）…（中略）…爾レ時普賢菩薩摩訶薩。欲三重宣二此義一。普観二十方一。而説レ偈言。（846c）…（中略）…

以二諸最勝妙華鬘　妓楽塗香及傘蓋一

〔題意〕

如レ是最勝荘厳具　我以供二養諸如来一
最勝衣服最勝香　末香焼香與燈燭
一一皆如二妙高聚一　我悉供二養諸如来一
我以二広大勝解心一　深信二一切三世仏一
悉以二普賢行願力一　普遍供二養諸如来一　（847a）

広く仏を供養する行いを修すること。仏の教えを確信する広き心をもって、深くすべての三世の仏を信じ、修行と誓願の力によって、あまねく諸々の如来を供養し奉る。

〔現代語訳〕

挿したままで、過去現在未来の三世の仏に奉るのだ。春に咲く花も、秋の紅葉も。

〔参考歌〕「折りつればたぶさにけがるたてながら三世の仏に花たてまつる」（後撰集・春下・一二三・僧正遍昭）

〔語釈〕**○勝解**　しょうげ。信解とも。強い信頼、確信の意。仏の教えを確信するとともに了解すること。**○行願**　六番歌参照。**○普通**　題の出典である経文の本文は「普遍」であるが、『発心和歌集』底本は「通」と読める字体で書かれており、他本も同様。**○さしながら**　「さし」は「挿し」か。挿したままで。瓶に挿した花（または紅葉）をそのまま供花として仏に奉る、の意か。「さしながら」という言い回しを「花」とともに詠む歌に、瓶に挿した花を詠んだ「千世ふべきかめなる花はさしながらとまらぬことは常にやはあらぬ」（貫之集・八八一）や、挿頭の花を詠んだ「桜花今夜かざしにさしながらかくてちとせの春をこそへめ」（拾遺集・賀・二八六・藤原師輔）などがある。**○三世の仏**　「三世」は前世・現世・来世（または過去世・現在世・未来世）。題の「三世仏」に対応する表現。**○たてまつる**　捧げる。仏に供養すること。**○春咲く花も秋の紅葉も**　花と紅葉は和歌において四季を代表する景物。当該歌のように、春の花と秋の紅葉を並列させた歌句の例に、「春は花秋は紅葉と散りはてて立ちかくるべき木のもともなし」（拾遺集・哀傷・一三二一・伊勢）などがある。ここでは、春には花、秋には紅葉を奉ると詠むことによって、仏への供養を欠かさないさまを表現した。

〔補説〕参考歌に掲げた『後撰集』所収の僧正遍昭歌に拠る詠である。僧正遍昭の歌は、手折ってしまうと穢れるから立木のままで三世の諸仏に供花を奉る、の意。それを踏まえて当該歌では、挿したままで春の花も秋の紅葉も奉る、と詠んで三世にわたって諸仏への供養に努めるさまとした。題の項に掲出した『大方広仏華厳経』（四十巻本華厳経）の経文では、「広修供養」の主旨について、「華雲鬘雲」「妙華鬘」「種種香塗香焼香末香」（点線部参照）によって仏に供養するさまを記す。源信『普賢講作法』にも、「広修供養願」のところに、「今此所レ散之花、転成二無量花雲一、所レ焼之香、転成二無価香雲一」とある。普賢講の法会において、供花や焼香を奉る行いが、仏への「供養」を具体化する所作として実践されていたことが想像される。当該歌では、供花や焼香による供養のイメージを、春の花と秋の紅葉という和歌的な情趣に翻案して表現したのだろう。

9

懺除業障

我昔所造諸悪業　皆由無始貪恚癡

従身語意之所生　一切我今皆懺悔

るころそつきせざりける我《わ》が身《み》より人《ひと》のためまで嘆《なげ》きつづくる

〔校異〕○懺除業鄣―懺除業彰（松）、懺除業勒　○所造―所遺（宮五）　○貪恚癡―貪愚癡（松）　○今―令（松）
○るころそ―るこころそ（右ニ傍記「本ノマヽ」）（松）、る□（一字アキ）ころそ（宮五）、月ころそ（群）　○より―とり（群）

〔題〕大方広仏華厳経・巻第四十・入不思議解脱境界普賢行願品　（大正蔵・十 NO. 293）

復次善男子。言二懺除業障一者。菩薩自念。我於二過去無始劫中一。由二貪恚癡一。発二身口意一。作二諸悪業一。無量無辺。若此悪業。有二体相一者。尽虚空界。不レ能二容受一。我今悉以二清浄三業一。遍於二法界極微塵刹一切諸仏菩薩衆前一。誠心懺悔。後不二復造一。恒住二浄戒一。一切功徳。如レ是虚空界尽。衆生界尽。衆生業尽。衆生煩悩尽。我懺乃尽。而虚空界。乃至衆生煩悩。不レ可レ尽故。我此懺悔無レ有二窮尽一。念念相続無レ有二間断一。身語意業無レ有二疲厭一。(845a)…(中略)…爾レ時普賢菩薩摩訶薩。欲三重宣二此義一。普観二十方一。而説レ偈言。(846c)…(中略)…

我昔所レ造諸悪業　皆由二無始一貪恚癡
従二身語意之所レ生　一切我今皆懺悔　(847a)

〔題意〕
すべての業障を懺悔して滅すること。無限の過去から重ねてきた諸々の悪業や貪恚癡を滅し、身口意の三業を清らかにして、一切を懺悔し奉る。

〔現代語訳〕
我が身をはじめとして人のためまでも、歎きつつ懺悔する心は尽きないことであるよ。

〔語釈〕 **〇懺除業障** 底本は「障」を異体字「鄣」と表記。「業障」は悪業によってもたらされる障害。**〇無始** いくら遡ってもその始めを知り得ない無限の過去。**〇貪恚癡** 執着、嫌悪、無知。最も根本的な煩悩で、この三つを三毒という。**〇身語意** 身口意。身体、言語、心意の三業。**〇るこそ** 校異で掲げたように、底本「るこそ」とあるが、解釈しがたい。松本を底本とする『新編国歌大観』では「年ごろぞ」と校訂。群本の「月ごろぞ」は改変した本文だろう。歌全体の句の順序を入れ替えて本文を整定する見解が示されており、それに従うべきかと思われる(補説参照)。ただし、できるかぎり底本の本文にもとづいて解釈できないかを模索して、本注釈ではかりに校訂本文を立てておいた。とはいえ、このままの歌形では不審である。題の「業障」「我昔所造諸悪業」を念頭におければ、「るこそ」をくずし字の類似する「さはり」と捉え、「障りこそ尽きせざりける我が身より人のためまで嘆きつづくる」と考えれば、ある程度は意味が通るか。『発心和歌集』には「かぞふべきかたもなけれど身に近きまづは五つの障りなりけり」(二)、「障りにも障らぬためし」(三六)のように、我が身についた煩悩や業障を「障り」と捉えた歌が見られる。**○人のためまで** 他の人のためまでも。自分以外の他者のために功徳を積むという利他の発想は、23番歌の「若人毎日　為一切衆生転読此経…」の題で詠んだ「よそ人のためにたもてる法ゆゑに数ならぬ身もほどは経ぬらむ」にも見える。**○嘆きつづくる** 嘆き続けるの意か。だが、「嘆きつづく」という複合動詞は歌例が見出しがたい。

〔補説〕 当該歌の本文は、そのままでは解釈しがたく、底本(冷泉家本)が書写された段階で既に、何らかの本文の誤脱が生じていた可能性が考えられる。久保木哲夫氏は、9・10・11番歌について、現存本文は散らし書きの歌を句順を誤って伝写したことによって生じたとし、当該の9番歌は本来、

わかみよりひとのためまてなけきつゝくるこゝろそつきせざりける

という本文だったと指摘した(四国大学附属言語文化研究所『言語文化』五号、二〇〇七年一二月)。これに従うと、歌意も解しやすい。久保木説を踏まえてさらに、「くるる」は題の「懺除業障」の意を表す「くゆる」だった可能性も想定すれば、

我が身より人のためまで嘆きつつ悔ゆる心ぞ尽きせざりける

と校訂でき、歌の内容も題の主旨に見合う。

10

随喜功徳

十方一切諸如来　二乗有学及無学

一切如来與菩薩　所有功徳皆随喜

くこそあらはれにけれちかくてとほくきしてもこのかたはなこりな

（近《ちか》くても遠《とほ》く聞《き》きてもこのかたはなごりなくこそあらはれにけれ）

〔校異〕 ※松、歌ノ右肩ニ傍記「本ノマゝ」　○くこそ―□（二字分空白を示す四角を墨書）くこそ（群）　○きしても―きえても（宮一）、きゝても（群）　○このかたはなこりな―□（二字分空白を示す四角を墨書）（群）

〔題〕 大方広仏華厳経・巻第四十・入不思議解脱境界普賢行願品　（大正蔵・十 NO. 293）

復次善男子。言㆓随喜功徳㆒者。所有尽法界。虚空界。十方三世一切仏刹極微塵数諸仏如来。従㆓初発心㆒。為㆓一切智㆒。勤ヨ修復聚㆒。不㆑惜㆓身命㆒。経㆓不可説不可説仏刹極微塵数劫㆒。一一劫中。捨㆓不可説不可説仏刹極微塵数頭目手足㆒。如㆑是一切難行苦行。円ヨ満種種波羅蜜門㆒。證ヨ入種種菩薩智地㆒。成ヨ就諸仏無上菩提㆒。及㆓般涅槃㆒。分ヨ布舎利㆒。所㆑有㆓善根㆒。我皆随喜。及彼十方一切世界。六趣四生。一切種類。所㆑有㆓功徳㆒。乃至一塵。我皆随喜。十方三世一切声聞。及辟支仏。有学無学。所㆑有㆓功徳㆒。我皆随喜。一切菩薩所㆑修㆓無量難行苦行㆒。志求㆓無上正等菩提㆒。広大功徳。我皆随喜。如㆑是虚空界尽。衆生界尽。衆生業尽。衆生煩悩尽。我此随喜無㆑有㆓窮尽㆒。念念相続無㆑有㆓間断㆒。身語意業無㆑有㆓疲厭㆒。（845a）…（中略）…。爾㆑時普賢菩薩摩訶薩。欲㆔重宣㆓此義㆒。普観㆓十方㆒。而説㆑偈言。（846c）…（中略）…

十方一切諸衆生　二乗有学及無学

一切如来與菩薩　所有功徳皆随喜　（847a）

〔題意〕
功徳に接して大きな喜びを感じること。十方にいる一切の仏菩薩、そして声聞・縁覚、有学・無学が行う功徳を見たり聞いたりして、随喜し奉る。

〔現代語訳〕
近くからでも遠くからでも仏菩薩や衆生の功徳を聞いて感じるこの大きな喜びは、あますところなく現れることであるよ。

〔語釈〕 **○功徳** 善行をなすこと。**○十方一切諸如来** 『発心和歌集』諸本に異同は無いが、もとの経典には「十方一切諸衆生」とある。**○二乗** 声聞（師から教えを聞いてさとる人）と縁覚（種々の外縁によって独自にさとりをひらいた人）。**○有学及無学** 「有学」はまだ学ぶべきことが残っている段階の人、「無学」はもう学ぶことが残っていない段階にあってさとりをひらいた人。**○所有功徳皆随喜** 「随喜」は仏の教えを聞いたり、他人の善行を見たりして、大きな喜びを感じること。他者の功徳に随喜することも、それ自体功徳が大きいとされる。**○くこそあらはれにけれ…** 補説参照。**○近くても遠く聞きても** 近くで聞いても遠くで聞いても。仏菩薩やすべての衆生が行うさまざまな功徳に接するさま。『新編国歌大観』の校訂と久保木説に従って、底本「ちかくて」を「ちかくても」、「きしても」を「きゝても」と改めた。**○このかた** この方面、これらに関する点。**○なごりなく** 残りなく、余すところなくはっきりと。この語句の歌例に「なごりなくみがかれにける白玉は払ふ袖にも塵だにぞゐぬ」（伊勢集・三一九）などがある。

〔補説〕 9番歌の語釈・補説で記したように、この10番歌においても、底本（冷泉家本）が書写された段階で既に、何らかの本文の誤脱が生じていた可能性が考えられる。当該歌の本文は、そのままの本文と句順では解釈しがたく、久保木哲夫氏の説にもとづいて、句の順序を入れ替えた歌形、

ちかくてもとほくきゝてもこのかたはなごりなくこそあらはれにけれ

を想定し、これにもとづく校訂本文を〔 〕内に掲出して、解読を試みた。

11

請転法輪

十方所有世間燈　最初成就菩提者　我今一切皆勧請　転於無上妙法輪

後《のよ(ち)》までもひろめてしかなかへるとて法《のり》の契《ちぎ》りを結《むす》びお《を》き据《す》ゑ《へ》

〔校異〕○所有―所在（群）　○のよ―のよ《ち歟》（松）

〔題〕大方広仏華厳経・巻第四十・入不思議解脱境界普賢行願品　（大正蔵・十 NO. 293）

復次善男子。言二請転法輪一者。所有尽法界。虚空界。十方三世一切仏刹極微塵中。一一各有二不可説不可説仏刹極微塵数広大仏刹一。一一刹中。念念有二不可説不可説。仏刹極微塵数一切諸仏成等正覚一。一切菩薩海会囲遶。而我悉以二身口意業一。種種方便。慇懃勧請。転二妙法輪一。如レ是虚空界尽。衆生界尽。衆生業尽。衆生煩悩尽。我常勧二請一切諸仏一。転二正法輪一。無レ有二窮尽一。念念相続無レ有二間断一。身語意業無レ有二疲厭一。（845b）…（中略）…爾レ時普賢菩薩摩訶薩。欲三重宣二此義一。普観二十方一。而説レ偈言。（846c）…（中略）…

十方所有世間燈　最初成就菩提者

我今一切皆勧請　転二於無上妙法輪一　（847a）

〔題意〕法を説くよう請い願うこと。すべての諸仏に対して、あらゆる行為と手段をもって、無上の教えを説いてくださるよう勧請し奉る。

〔現代語訳〕後世に至るまで仏の教えを弘めたいものだ。繰り返し仏法と結んできた契りを留め置いて。

〔参考歌〕「行く末の法をひろめに来たりけるちかひを聞くがあはれなるかな」（赤染衛門集・四五四「普賢品」）。

〔語釈〕○転法輪　仏が、法すなわち仏の教えを説くこと。転妙法輪。○勧請　法を説いてくれるよう請い願うこと。○後までも　底本「のよまでも」。松本に「ち歟」と傍記があることを踏まえ、ここでは「のちまでも」と解しておいた。「のち」は後世（来世）の意で、現世のみならず後世に至るまでも、となろう。○ひろめてしかな　弘めたいものだ。「ひろむ」は仏法を世に普及させること。参考歌に掲げた赤染衛門詠は、『法華経』普賢菩薩勧発品を題とする法文歌であるが、普賢菩薩が後世に「法」を「ひろめ」ると誓ったさまを詠む点で、当該歌と発想が類する。○かへるとて　「かへる」の内容がはっきりしない。繰り返し～する・たち返るの意で、前世・現世・来世の三世にわたって繰り返し仏が法を説くことをいうか。『華厳経行願品疏鈔』の注に、「二就二能転一即展転伝授義、謂過去仏伝至二現在未来仏等一能所レ合故名二転法輪一也」（巻四・第六請転法輪）とある。あるいは、もどる・たち帰るの意で、仏が説く法を聞き終えて帰ることとか。『法華経』普賢菩薩勧発品に、釈迦が『法華経』を説く場に普賢菩薩が現れ、釈迦入滅後には自分が『法華経』を守護すると誓い、説法が終わるとみなが歓喜して帰って行った、とある。当該歌は普賢十願を題とする詠であり、『法華経』に説かれる普賢菩薩のイメージも連想されたとしてもおかしくない。○法の契り　仏法と結んだ縁・約束。この語句の歌例は稀であるが、「結びおく」とともに詠んだ後代の歌に、「ふたつなき法の契りを千歳まで谷の水にやむすびおきけん」（今撰集・一二二「提婆品」・崇徳院）がある。○結びおき　結んでおく。契りを結んでから時が経過すること。第五句は底本「むすひをきすへ」。解釈しづらいが、「結びおき据ゑ」と捉え、仏法と結んだ契りを留め置いて保持するの意と解しておいた。なお、句順を入れ替えた歌形を想定すれば、「すへ」は底本本文の歌頭に続き「末の世までも」と解される。補説参照。

〔補説〕　9番歌の語釈・補説で記したように、この11番歌においても、底本（冷泉家本）が書写された段階で既に、何らかの本文の誤脱が生じていた可能性が考えられる。できるかぎり底本の本文にもとづいて解釈できないかを模索して校訂本文をたて、解釈を試みることとした。ただし、久保木氏説にもとづいて、句の順序を入れ替えた歌形

を想定するほうが理解しやすい。すなわち、

かへるとてのりのちきりをむすひをきすへのよまてもひろめてしかな

で、校訂本文は、

かへるとて法の契りを結びおき末の世までもひろめてしかな

となる。右による一首の現代語訳は、仏が法を説く場から帰る際に、仏法との契りを結んでおき、末の世までその法を弘めたいものだ、となろう。

12

請仏住世

諸仏若欲示涅槃　我悉至誠而勧請　唯願久住刹塵劫　利益一切諸衆生

みな人の光《ひかり》をあふぐ空《そら》の月のどかに照《て》らせ雲《くも》がくれせで

〔校異〕※集付「勅」アリ（全）　※合点アリ―ナシ（宮五・松・群）　○久住―久位（宮一）、久泣（群）

〔題〕大方広仏華厳経・巻第四十・入不思議解脱境界普賢行願品（大正蔵・十 NO. 293）

復次善男子。言二請仏住世一者。所有尽法界。虚空界。十方三世一切仏刹極微塵数諸仏如来。将レ欲レ示二現般涅槃一者。及諸菩薩。声聞縁覚。有学無学。乃至一切諸善知識。我悉勧請。莫レ入二涅槃一。経二於一切仏刹極微塵数劫一。為レ欲レ利二楽一切衆生一。如レ是虚空界尽。衆生界尽。衆生業尽。衆生煩悩尽。我此勧請無レ有二窮尽一。念念相続無レ有二間断一。身語意業無レ有二疲厭一。（845b）…（中略）…爾レ時普賢菩薩摩訶薩。欲三重宣二此義一。普観二十方一。而説レ偈言。（846c）…（中略）…

諸仏若欲レ示二涅槃一　我悉至誠而勧請
唯願久住二刹塵劫一　利二楽一切諸衆生一　（847a）

〔題意〕

仏が世に存在し続けるよう請い願うこと。仏が涅槃に入ろうとする時、久しく世に住してすべての衆生に慈しみを与え続けくださるよう勧請し奉る。

〔現代語訳〕

あらゆる人々がみな光を仰ぐ空の月よ、のどかに照らしてくれ、雲に隠れないで。

〔他出〕

〔発心和歌集のうた〕普賢十願請仏住世　〔選子内親王〕

みなひとのひかりをあふぐそらのごとのどかにてらせくもがくれせで（新勅撰集・釈教歌・五八七）

〔語釈〕**○涅槃**　梵語 nirvāṇa の音写。「滅度」、「寂滅」などとも漢訳される。仏とくに釈迦の入滅のこと。また、煩悩を消してさとりの境地に至ること。**○刹塵劫**　きわめて永い時間。「刹塵」は6番歌語釈参照。**○利益**　『発心和歌集』諸本「利益」で異同はないが、『大方広仏華厳経』（四十巻本華厳経）などの経典および源信『普賢講作法』所引の本文には「利楽」。**○みな人**　あらゆる人々がみな。題の章句の「一切諸衆生」に対応する。**○光をあふぐ**　光を仰ぎ見る。**○のどかに照らせ**　おだやかに照らしてください。仏が世に存在して衆生を慈しむことを、静穏な月の光がふりそそぐさまによって比喩的に表現したもの。和歌において、仏の存在やさとりの境地を「月」あるいは月光の比喩で表すことは多い。仏が存在することを、「月」が「のどかに」照らすと表現した歌に、「鷲の山のどかに照らす月こそはまことの道のしるべとは聞け」（成尋阿闍梨母集・一七四）などがある。**○雲隠れせで**　雲に隠れないで。空に照る月の光が雲に隠れることと、仏が姿を消すことを掛ける。「月」が「雲隠れ」るさまを詠んだ歌例に、「長き夜の闇にまよへる我をおきて雲隠れぬる夜半の月かな」（小大君集・二二一、三奏本金葉集・三四一）などがある。

〔補説〕　仏教的な発想にもとづき、光で照らしてくれと「月」に呼びかける体の詠歌は、「くらきよりくらき道にぞ入りぬべきはるかに照らせ山の端の月」（拾遺集・哀傷・一三四二・和泉式部）にも見られる。当該歌では、題の「請仏住世」が示す、仏が世に存在するさまを「月」の比喩で表現した。

13

常随仏学

我随一切如来覚　修習普賢円満行　供養過去諸如来　及与現在十方仏

いかにして法《のり》をたもむ世《よ》にふればねぶりもさめぬ夢《ゆめ》のかなしさ

〔校異〕○如来覚―如来学（群）

〔題〕大方広仏華厳経・巻第四十・入不思議解脱境界普賢行願品　（大正蔵・十 NO. 293）

復次善男子。言㆓常随仏学㆒者。如㆑此娑婆世界。毘盧遮那如来。従㆓初発心㆒。精進不㆑退。以㆔不可説不可説身命而為㆓布施㆒。剥㆑皮為㆑紙。折㆑骨為㆑筆。刺㆑血為㆑墨。書㆓写経典㆒。積如㆓須弥㆒。為㆓重法㆒故。不㆑惜㆓身命㆒。何況王位。城邑聚落。宮殿園林。一切所有。及余種種難行苦行。乃至樹下成㆓大菩提㆒。示㆓種種神通㆒。起㆓種種変化㆒。現㆓種種仏身㆒。処㆓種種衆会㆒。或処㆓一切諸大菩薩衆会道場㆒。或処㆓声聞及辟支仏衆会道場㆒。或処㆓転輪聖王小王眷属衆会道場㆒。或処㆓刹利及婆羅門長者居士衆会道場㆒。乃至或処㆓天龍八部人非人等衆会道場㆒。処㆓於如㆑是種種衆会㆒。以㆓円満音㆒。如㆓大雷震㆒。随㆓其楽㆒欲㆑成㆓熟衆生㆒。乃至示現入㆓於涅槃㆒。如㆑是一切我皆随学。如㆑今世尊毘盧遮那。如㆑是尽法界。虚空界。十方三世一切仏刹所有塵中。一切如来皆亦如㆑是。於㆓念念中㆒。我皆随㆑学。如㆑是虚空界尽。衆生界尽。衆生業尽。衆生煩悩尽。我此随学無㆑有㆓窮尽㆒。念念相続無㆑有㆓間断㆒。身語意業無㆑有㆓疲厭㆒。（845b）…（中略）…爾㆑時普賢菩薩摩訶薩。欲㆔重宣㆓此義㆒。普観㆓十方㆒。而説㆑偈言。（846c）…（中略）…

我随㆓一切如来学㆒　修㆓習普賢円満行㆒
供㆓養過去諸如来㆒　及與㆓現在十方仏㆒　（847a）

〔題意〕
常に仏の教えを学修すること。仏のさとりに従い、普賢行を修め、過去世と現世のあらゆる仏を供養し奉る。

〔現代語訳〕
どうやって法を保持しようか。世に過ごしていると、煩悩の眠りも醒めない夢のなかにいるような悲しさよ。

〔語釈〕 **○我随一切如来覚** 『発心和歌集』諸本に異同はないが、『大方広仏華厳経』（四十巻本華厳経）および『普賢講作法』所引の本文では「我随一切如来学」。**○法をたもたむ** 「法」を「たもつ」とは、仏の教えを保持する。仏法を修得して守ること。50番歌にも「法をたもてる」という表現が見える。「空までにいたれるしたのまことをば法をたもたん人ぞ知るべき」（赤染衛門集・四四七「神力品」）などの例がある。**○世にふれば** 世において過ごしていると。**○ねぶりもさめぬ夢** 眠りから覚めず、ぼんやり夢の中にあること。迷いや煩悩から覚醒できないさまを比喩的に表現したもの。

〔補説〕 題は、仏法を学んで修得しようという誓願である。それを題として詠む当該歌では、こんな自分はどうやって仏法を修得できようか、この世で生きていると、なかなか煩悩の闇をさまよう状態から覚めることができないのが悲しいよ、と嘆く心情を表現した。

14

恒順衆生

我常随順諸衆生　尽於未来一切劫　恒修普賢広大門　円満無上大菩提

うれしきもつらきもことにわかれぬは人にしたがふ心《こゝろ》なりけり

〔校異〕 ※集付「続後」ナシ—アリ（宮五・松・群） ※合点アリ（底・宮一）—ナシ（宮五・松・群）。○於未来—益於未来（宮五・松）

〔題〕　大方広仏華厳経・巻第四十・入不思議解脱境界普賢行願品　（大正蔵・十 NO. 293）

復次善男子。言二恒順衆生一者。謂尽法界。虚空界。十方刹海。所レ有二衆生種種差別一。所謂卵生。胎生。湿生。化生。或有下依二於地水火風一而生住上者。或有下依二空及諸卉木一而生住上者。種種生類。種種色身。種種形状。種種相貌。種種寿量。種種族類。種種名号。種種心性。種種知見。種種欲楽。種種意行。種種威儀。種種衣服。種種飲食。処レ於二種種村営聚落城邑宮殿一。乃至一切天龍八部人非人等。無足二足。四足多足。有色無色。有想無想。非有想。非無想。如二是等一類。我皆於レ彼。随順而転。種種承事。種種供養。如レ敬二父母一。如レ奉二師長一。及阿羅漢。乃至如来等無レ有レ異。於二諸病苦一。為レ作二良医一。於二失道一者。示二其正路一。於二闇夜中一。為レ作二光明一。於二貧窮一者。令レ得二伏蔵一。菩薩如レ是平等饒益一切衆生。何以故。菩薩若能随‐二順衆生一。則為レ随‐二順供養諸仏一。若於二衆生一。尊重承事。則為二尊重承事如来一。若令二衆生生歓喜一者。則令二一切如来歓喜一。何以故。諸仏如来。以二大悲心一而為レ体故。因レ於二衆生一。而起二大悲一。因レ於二大悲一。生二菩提心一。因二菩提心一。成二等正覚一。譬如三曠野沙磧之中。有二大樹王一。若根得レ水。枝葉華果悉皆繁茂。生‐二死曠野菩提樹王一。亦復如レ是。一切衆生而為二樹根一。諸仏菩薩而為二華果一。以二大悲水一。饒‐二益衆生一。則能成‐二就諸仏菩薩智慧華果一。何以故。若諸菩薩。以二大悲水一。饒‐二益衆生一。則能成‐二就阿耨多羅三藐三菩提一故。是故菩提。属レ於二衆生一。若無二衆生一。一切菩薩。終不レ能レ成二無上正覚一。善男子。汝於二此義一。応二如レ是解一。以レ於二衆生心平等一故。則能成‐二就円満大悲一。以二大悲心一。随二衆生一故。則能成‐二就供養如来一。菩薩如レ是随‐二順衆生一。虚空界尽。衆生界尽。衆生業尽。衆生煩悩尽。我此随順無レ有二窮尽一。念念相続無レ有二間断一。身語意業無レ有二疲厭一。（845c）…（中略）…爾レ時普賢菩薩摩訶薩。欲三重宣二此義一。普観二十方一。而説レ偈言。（846c）…（中略）…

我常随‐二順諸衆生一　尽レ於二未来一切劫一
恒修二普賢広大行一　円‐二満無上大菩提一　（847b）

〔題意〕

常にあらゆる衆生に随うこと。諸々の衆生の意に随って、未来永劫に至るまで普賢の行願を修め、この上ないさとりを成就し奉る。

〔現代語訳〕　嬉しく思う人もつらく思う人もとりたてて区別されないのは、諸々の衆生の心に随う普賢菩薩の御心こそであるよ。

〔他出〕

恒順衆生　〔選子内親王〕

うれしきもつらきもことにわかれぬは人にしたがふ心なりけり　〔続後撰集・釈教歌・六二五〕

〔普賢十願をよみたまへりけるに〕　恒順衆生　一品選子内親王

うれしきもつらきもことにわかれねば人にしたがふこころなりけり　〔秋風集・釈教歌・五六〇〕

〔語釈〕　○恒修普賢広大門　『発心和歌集』諸本に異同はないが、『大方広仏華厳経』〔四十巻本華厳経〕の経文では「恒修普賢広大行」、『普賢講作法』所引の句形は「恒修普賢広大願」。普賢菩薩の行願〔誓願とそれを実践する修行〕を修めるの意。○うれしきもつらきも　嬉しい人もつらい人も。題の「諸衆生」に対応し、さまざまな衆生を表現したもの。○ことにわかれぬ　「ぬ」は打消。ことさらに区別されない。この世に存在するあらゆる衆生が分け隔てされないこと。「わかれぬ」という語句の歌例には、「なき人もあるがつらきを思ふにも色わかれぬは涙なりけり」〔拾遺集・哀傷・一三〇一・伊勢〕などがある。○人にしたがふ　人に随う。自分以外の他者の意に随うの意。和歌においては、「忘るるかいささは我も忘れなん人にしたがふ心とならば」〔拾遺集・恋五・九九三・よみ人しらず〕などと詠まれる歌句。ここでは、題の経文の「恒順衆生」「我常随順諸衆生」に対応する表現として用いた。

〔補説〕　諸々の衆生に随順するという題意を、「うれしきもつらきも」、「人にしたがふ」といった和語で置き換えて捉え、普賢菩薩の行願を讃歎する思いを詠む。「うれしきも〜も」と並列する歌句と「わかれぬ」をともに詠むのは、「うれしきもうきも心はひとつにてわかれぬ物は涙なりけり」（後撰集・雑二・一一八八）などといった先行歌に見られる言い回しである。

15

普皆廻向

我此普賢殊勝行　無辺勝福皆廻向　普願沈溺諸衆生　即往無量光仏刹

かくばかり底ひ《そこゐ》も知《し》らぬ我《わ》が闇《やみ》に沈《しづ》まむ人を浮《う》かべてしかな

〔校異〕○沈溺—溺□（一字アキ）（松）

〔題〕大方広仏華厳経・巻第四十・入不思議解脱境界普賢行願品（大正蔵・十 NO. 293）

復次善男子。言二普皆廻向一者。従二初礼拝。乃至随順一。所レ有二功徳一。皆悉廻向。尽法界。虚空界。一切衆生。願令三衆生常得二安楽一。無二諸病苦一。欲下行二悪法一皆悉不上成。所レ修二善業一。皆速成就。関二閉一切諸悪趣門一。開二示人天涅槃正路一。若諸衆生。因其積二集諸悪業一故。所レ感二一切極重苦果一。我皆代受。令三彼衆生悉得二解脱一。究竟成二就無上菩提一。菩薩如レ是所レ修二廻向一。虚空界尽。衆生界尽。衆生業尽。衆生煩悩尽。我此廻向無レ有二窮尽一。念念相続無レ有二間断一。身語意業無レ有二疲厭一。（846a）…（中略）…爾レ時普賢菩薩摩訶薩。欲三重宣二此義一。普観二十方一。而説レ偈言。（846c）…（中略）…

我此普賢殊勝行　無辺勝福皆廻向
普願沈溺諸衆生　速往二無量光仏刹一（848b）

〔題意〕
あまねく功徳をすべての衆生に振り向けること。普賢の行願によって得た限りない功徳をみな振り向けて、諸々の衆生を救い、阿弥陀仏の浄土へ往生せんと導き奉る。

〔現代語訳〕

これほどに底知れぬ自らの闇に沈もうとしている衆生たちを、救って浮かび上がらせたいものだ。

〔語釈〕 **〇廻向** 自らの善行によって得た功徳を他に振り向けること。**〇即往** 『発心和歌集』諸本に異同はないが、題のもとの経文では「速往」。**〇無量光仏刹** 阿弥陀仏の住する仏国土。極楽浄土。**〇かくばかり** これほどまでに。程度の甚だしさを表す。初句を「かくばかり」と詠み出す歌形は24番歌、48番歌にも用いられている。**〇底ひもしらぬ** 底知れぬ、限りが知れない。「底ひ」は、奥底、物事が至りきわまる果て。歌例に「限りなき名に負ふ藤の花なれば底ひもしらぬ色の深さか」（後撰集・春下・一二五・藤原定方）などがある。**〇我が闇** 自らが抱えている闇。「我」は題の「我此普賢殊勝行」に対応する語句。題の経文での「我」は、衆生救済のために十の誓願をたてた普賢菩薩を指す。一方、当該歌における「我が闇」とは、詠み手自身も含む衆生たちが、自らの煩悩や迷妄の闇にとらわれた状態にあるさまを表現したものか。この言い回しの歌例は稀で、「月影の出でずはいかになかめまし我が闇ふかき庭の蓮を」（拾玉集・四四四六「出現於世」）が見出されるくらいである。**〇沈まむ人** 沈もうとしている人。題の「沈溺諸衆生」に対応した表現。**〇浮かべてしかな** 浮かべたいものだ。「浮かぶ・沈む」「底」を詠みこむ歌例は、「水底にやどる月だに浮かべるを沈むやなにの水屑なるらん」（拾遺集・雑上・四四一・藤原済時）など少なくない。ここでは仏教的な発想で、迷妄の闇に沈む人を救済することを表す。選子以後の歌だが、「いさぎよき池に影こそ浮かびぬれ沈みやせんと思ふ我が身を」（千載集・釈教歌・一二三二・神祇伯顕仲）とある。

〔補説〕 題の経文にある「沈溺」から「底ひ」「沈まむ人」「浮かべ」といった浮沈のイメージを連想して、題意を具体化して詠みなした。

16

転女成仏経

消滅先罪業　当得大菩薩果転女身　成無上道

とりわきて説《と》かれし法《のり》にあひぬれば身《み》も変《か》へつべく聞《き》くぞうれしき

〔校異〕　校異ナシ

〔題〕　仏説転女成仏経（東京国立博物館蔵写本、同館HP画像公開）

…但縁蔵二破戒不信懈怠瞋癡嫉妬驕慢邪見一而得二身女一、消二滅先世罪業一、当下得二大菩薩果一転二女身一、成中無上道上、若有二女人一受二持三帰五戒、十無尽戒一、不レ犯二若七日三七日、若一月二月、若四十九日、或三月乃至半年三年一、受二持六斎一、不レ婬二女人一、臨二命終一、身中放二光明一、往二生西方浄土一、速二証無上道一。

〔題意〕

前世からの罪業を滅し、女の身を転じて、さとりの道に至る。

〔現代語訳〕

ことさらにお説きになった御法に出逢ったので、女身でも変じて成仏できると聞くにつけてもうれしいことだ。

〔語釈〕　**○転女成仏経**　『仏説転女成仏経』のこと。女身に生まれた衆生が身を転じて成仏することを説く。『仏説転女身経』（大正蔵・十四No. 564）とは別の経で、東京国立博物館蔵の写本が存する（同博物館HPにて画像公開、『国史大辞典』参照）。『菅家文草』巻十二所収「為二藤大夫一先妣周忌追福願文」や『本朝文粋』巻十四所収「為二二品長公主一四十九日願文」（慶滋保胤）などに、『法華経』や『阿弥陀経』と並んで『転女成仏経』を供養したという記述が見える。**○消滅先罪業**　『発心和歌集』諸本に異同はないが、題の典拠である『転女成仏経』の本文には「消滅先世罪業」とある。前世からの罪業を滅するの意。**○無上道**　この上なくすぐれた道。さとり。**○とりわきて**　ことさらに。他と違って特別に、特に。この言い回しを用いた平安期の歌例に「とりわきて我が身に露やおきつらん花よりさきにまづぞうつろふ」（大弐高遠集・二〇一、後拾遺集・一一三五）などがある。当該歌では、『転女成仏経』が女の身でも成仏できることを特に説く経であることを、「とりわきて説かれし法」と表現した。**〇身も変へつべく**　身も変えて成仏できそうな、の意。女性は女身のままでは仏になれず、身を変じて成仏するという女人成仏・変成男子の思想にもとづく（法華経・提婆達多品など）。36番歌参照。

〔補説〕　女人成仏を願う心情を詠む。語釈で記したように『転女成仏経』は平安時代に広く受容されており、語釈に掲げた願文があるように、特に女性に関わる法会の場で供養されていた。ただ和歌において、法文歌の題としてこの経を採用した例は、後代まで見渡しても稀である。『発心和歌集』では、当該歌にくわえ、36番歌の「提婆達多品」、47番歌の「薬王菩薩品」においても、女人成仏に関わる部分の経文を歌題として採用している。序に「受〻身婦女」とあるように、女身での成仏を願う思いは、『発心和歌集』全体に通底する意識の一つである。題の選びかたもその意識に則っていることが分かる。なお、『転女成仏経』については、西口順子「『転女身経』と『転女成仏経』—東京国立博物館蔵『転女成仏経』について—」（『尼寺文書調査の成果を基盤とした日本の女性と仏教の綜合研究』平成14～17年度科学研究費補助金（基盤研究（B））研究成果報告書、研究代表者　岡佳子、二〇〇六年三月）、同「『転女成仏経』攷」（『日本仏教綜合研究・八号、二〇〇九年）、同「『転女成仏経』について」（『中世絵画のマトリックス２』青簡舎、二〇一四年）、山崎誠『江都督納言願文集注解』（塙書房、二〇一〇年）などに詳しい。

17

如意輪経

阿弥陀仏　自現其身　見極楽界　種〻荘厳

ここながらかしこのかざりあらはるる時《とき》ぞ心《こゝろ》のごとくなりける

〔校異〕　〇自現—日現（松）　〇こゝなから—みなうこ（宮一）、みなたから（群）　〇かさり—うさも（宮一）　〇こゝ

ろことく—心のことく（松・群）

〔題〕 仏説観自在菩薩如意心陀羅尼呪経（義浄訳、大正蔵・二十 NO.1081）

即見㆓観自在菩薩㆒告言。善男子。汝等勿㆑怖。欲㆑求㆓何願一切施㆑汝。阿弥陀仏自現㆓其身㆒。亦見㆓極楽世界種種荘厳㆒如㆓経広説㆒。并見㆓極楽世界諸菩薩衆㆒。亦見㆓十方一切諸仏㆒。亦見㆓観自在菩薩所㆑居之処補怛羅山㆒。即得㆓白身清浄㆒。（197a）

〔題意〕

阿弥陀仏がその身を現し、極楽世界がさまざまに荘厳するさまを見る。

〔現代語訳〕

この世に居ながらにして、あの阿弥陀仏の極楽浄土の美しく飾られているさまが現れた時こそが、自分の意のままにさとりに至るという如意輪の境地なのだ。

〔語釈〕 **○如意輪経** 義浄訳『仏説観自在如意心陀羅尼呪経』のこと。寛助（天喜五年〈一〇五七〉～天治二年〈一一二五〉）が著した『別行』に、「義浄所訳経曰」として当該歌の題に採られた部分の章句が引用されている。**○見極楽界** 『発心和歌集』諸本に異同はないが、『如意輪経』の本文の該当箇所は「亦見極楽世界」。**○荘厳** 仏教語。ここでは、仏の浄土がおごそかに美しく飾られているさまをいう。**○ここながら** ここに居る状態で、ここに居ながらにして。「ここ」はこの世、現世を表す。第三句の「あらはるる」と結んで、題の「自現其身」を表現した。**○かしこ** あの世、彼の地。極楽浄土を表し、「ここ」と対比する。**○かざり** 題の「荘厳」を和語でやわらげた語。「飾　カザル…荘…已上同」（色葉字類抄）、「厳　カザル」（類聚名義抄）。また「妙慧深禅身ヲ厳《カザ》リ　仏ニ殆ド近カリキ」（天台大師和讃）といった例がある。**○心のごとく** 底本は「こゝろことく」と「の」が欠脱。松本によって校訂した。「如意」を和語でやわらげた表現。平安和歌において「心のごとく」という表現を用いた例に、「ひくて琴の音ごとに思ふ心あるを心のごとく聞きもなさなん」（貫之集・四四七）、仏教語「如意輪」を題材として「心のごと」と詠んだ歌例に、時代は下るが「なにごともこころの如輪国の法のはじめにめぐりあひぬる」（夫木抄・一六三一八・藤原為家「毎日一首中、如意輪」）がある。

〔補説〕『如意輪経』を法文歌の歌題としてとりあげた和歌の例は当該歌のほかには稀である。

18

阿弥陀経

池中蓮花　大如車輪　青色青光　黄色黄光　赤色赤光　白色白光　微妙香潔

いろいろ《く》の蓮《はちす》かか《ゝ》やく池水《いけみづ》にかなふ心《こゝろ》や澄《す》みて見《み》ゆらむ《ん》

〔校異〕※合点アリ—ナシ（宮五・松・群）○蓮花—蓮華（松）○微妙—微氷（群）

〔題〕仏説阿弥陀経（鳩摩羅什訳、大正蔵・十二No. 366）岩波文庫『浄土三部経』参照。

又舎利弗、極楽国土、有㆓七宝池㆒。八功徳水、充㆓満其中㆒。池底純以金沙布㆑地。四辺階道、金銀瑠璃玻瓈合成。上有㆓楼閣㆒、亦以㆓金銀瑠璃玻瓈、硨磲赤珠瑪瑙㆒、而厳㆓飾之㆒。池中蓮華、大如㆓車輪㆒。青色青光、黄色黄光、赤色赤光、白色白光、微妙香潔。舎利弗、極楽国土、成㆓就如㆑是、功徳荘厳㆒。（347a）

〔題意〕

極楽浄土の七宝の池の中の蓮華は、車輪の如き大きさで、青色黄色赤色白色の光を放って、ことのほか浄らかで美しい。

〔現代語訳〕

さまざまな色の蓮華が輝く池の水にふさわしい境地に到達した心は、その水と同様に澄み渡って見えるのだろうか。

〔語釈〕○阿弥陀経　阿弥陀仏の住する極楽浄土の荘厳されたさまや阿弥陀仏の名号を受持すると往生できること

などを説く。浄土三部経の一。『無量義経』を大経、『観無量寿経』を観経、『阿弥陀経』を小経と略称する。**○池中蓮花**…　極楽浄土は、一切の苦患から離れ、あらゆる物事や感覚が充足して楽に満ちた世界である。当該歌の題とされた章句では、その極楽浄土の七宝池にある蓮華が種々の色に輝いて美しいさまが描かれる。同じ部分の経文を題として詠んだ法文歌に、「池中蓮花おおきさ車の輪のごとしといへることをよめる」の詞書のある、「生まればやめぐるとならば小車の輪にまがふなる池の蓮に」（散木奇歌集・八九六）などがある。**○いろいろの蓮**　さまざまな色の蓮の花。「あさからず思ひそめたるいろいろの蓮の上をいかが見ざらん」（成尋阿闍梨母集・一〇七）は、「小阿弥陀経」の題で「いろいろの蓮」という歌句を詠んだ後代の類例。**○かなふ心**　「かなふ」は、「適ふ」でちょうどよく合う、適合するの意。または「叶ふ」で思う通りになる、望みが成就するの意。前者で「池水にかなふ心」という言葉続きを解すれば、極楽の池水にふさわしい浄らかな心。後者で解すれば、往生の願いを叶えて極楽の池水を見る境地に到達した心。「水」が「心」に「かなふ」という取り合わせの歌例ならば、「行く水の我が心にしかなはねば人まつたきとなりやしぬらん」（古今六帖・一七〇八）がある。往生を遂げると何事も「心」に「かなふ」と詠んだ後代の歌例には、「いさぎよき光さす身となりぬれば何も心にかなはぬはなし」（教長集・八六七「身相神通楽」）がある。**○澄みて見ゆらむ**　澄み渡って見えるのだろうか。

〔補説〕　極楽浄土の七宝池の浄らかな美しさにかなう澄んだ心のさまを詠む。たとえば「蓮葉の露にもかよふ月なれば同じ心にすめる池水」（公任集・四八六）などとあるように、澄んだ「心」とは、迷いを脱した境地を表し、「池水」と関わらせて歌に詠まれる。当該歌はこうした発想に通底した詠みぶりによって、題の経文を表現した歌である。

19

於諸仏土　随願往生　乃至菩提　不堕悪趣

出《い》づる日《ひ》のあしたごとには人知《し》れず西《にし》に心《こころ》は入《い》ると知《し》らなむ《ん》

〔校異〕　異同ナシ

〔題〕　大般若波羅蜜多経・巻第五百七十八・第十般若理趣分　（玄奘訳、大正蔵・七 No. 220）

伊藤古鑑『大般若理趣分の研究』の訓読を参照。

諸仏菩薩常共護持。令㆓一切時善増悪滅㆒。於㆓諸仏土㆒随㆑願往生。乃至㆓菩提㆒不㆑堕㆓悪趣㆒。諸有情類受㆓持此経㆒。定獲㆓無辺勝利功徳㆒。（991b）

〔題意〕

諸々の仏国土に願いのままに往生して、さとりの境地に至るまで、悪趣に堕することがないように。

〔現代語訳〕

空から日が出る、その朝ごとに、人知れず私の心は西方浄土のある西に向かっていると知ってほしい。

〔語釈〕　**○理趣分**　玄奘訳『大般若波羅蜜多経』巻第五百七十八・第十般若理趣分のこと。「毎日転㆓読法華経一部。理趣分。普賢十願。尊勝陀羅尼。随求陀羅尼。弥陀大呪等㆒。更無㆓間断㆒」（法華験記・第百四・越中前司藤原仲遠）などとあり、勤行において広く享受されていたことが知られる。**○悪趣**　この世で悪業を積んだ者が赴かねばならない、迷いと苦しみの世界。また、その世界での生存のあり方。悪道。**○出づる日**　朝になると空に出る陽光。『万葉集』以来歌例があり、たとえば「草も木も思ひしあれば出づる日のあけくれこそは頼むべらなれ」（貫之集・七〇七）などがある。**○あしたごとに**　朝ごとに。「霜はあしたごとに白く置きまさり」（賀茂保憲女集〈冷泉家本〉・序）などとある。**○人知れず**　人に知られることなく。「人知れず」抱く「心」とは、「人知れず思ふ心は春霞たちいでて君がめにも見えなむ」（古今集・雑歌下・九九九・藤原勝臣）などとあるように、他者に知られぬ状態で心に秘めた思いである。ここでは、仏に帰依して往生を願う思いを、心に秘めているさまをいうのだろう。**○西に心は入る** 西に心が向かう。「西」は日が沈む（入る）方角であるとともに、西方極楽浄土がある方角。「入る」は「日」の縁語。東から陽が出ることをいう「出づる日」と、「西に」「入る」を対照させている。

〔補説〕 毎朝、私の心はひそかに西方浄土の方角である西に向かっているのだ、と詠む。往生を願う思いを人知れず抱いているということを知ってほしい、と仏に懇願する体によって、仏の教えを篤く信ずる心情を表現した。

仁王経上巻

世諦幻化起　譬如虚空花

大空《おほぞら》に咲《さ》きたる花《はな》の吹《ふ》く風《かぜ》に散《ち》るを我《わ》が身によそへてぞ見《み》る

〔校異〕 ※合点アリ―ナシ（宮五・松・群）○起（底本、「赴」を「起」に書き改めたような字体）―赴（宮五・松）○わか身に―我身に《とイ》（松）

〔題〕 仏説仁王般若波羅蜜経・巻上・二諦品第四（大正蔵・八 NO. 245）『国訳一切経』印度撰述部・釈経論部五下の訓読を参照。

無相第一義　無レ自無二他作一　因縁本自有　無レ自無二他作一
法性本無性　第一義空如　諸有本有法　三仮集仮有
無無諦実無　寂滅第一空　諸法因縁有　有無義如レ是
有無本自二　譬若二牛二角一　照解見二無二一　二諦常不レ即
解心見二不二一　求レ二不可得　非レ謂二一諦一　非二二何可レ得
於レ解常自一　於レ諦常自二　通二達此無二一　真入二第一義一

世諦幻化起　譬如二虚空華一　如二影三手無一　因縁故誑有
幻化見二幻化一　衆生名二幻諦一　幻師見二幻法一　諦実則皆無
名為二諸仏観一　菩薩観亦然　（829a）

〔題意〕

世諦（世俗諦）は幻のごとく起こる、譬えば虚空のなかの花のごときものである、の意。「第一義」と「世諦」の二諦の関わりについて、非有非無、非二非不二といった論理を介して説く経文である。そのなかで、「世諦」（世俗の理）が幻のように虚しいものであることを比喩によって論じた一節。

〔現代語訳〕

大空に咲いた花が吹く風によって散るさまを、我が身によそえて見ることだ。

〔語釈〕　**〇仁王経**　『仏説仁王般若波羅蜜経』（鳩摩羅什訳と信じられていたが中国で作られた偽経）のこと。仁王経には、不空訳『仁王護国般若波羅蜜多経』もあるが、次の二一番歌の歌題に一致する本文が不空訳には無いことから、本集の題の出典は前者だと分かる。仁王会などの国家仏事に重用された経典。『枕草子』「経は」に、「法華経さらなり。普賢十願。……仁王経下巻」とある。密教においても仁王経法という修法があり、台密では主に伝鳩摩羅什訳、東密では主に不空訳を用いたとされる。**〇世諦**　世間一般ないし俗世間における習俗や人々のありさまに底流する理。二諦のうちの一。『仏説仁王般若波羅蜜経』の「二諦品」は、「第一義」（最上の真理）と「世諦」（世俗の理）の二諦が互いに相即不離であることを説く。題の項目に掲げた経文を参照。**〇幻化**　実体のないまぼろしと変化《へんげ》。**〇虚空花**　「虚空」はすべてのものが何のさまたげもなく存在する場所、空間。「虚空花」は、空中に花のようなものが浮動するさまをいい、実体がないことの譬え。**〇大空に咲きたる花**　大空に咲いた花。題の「譬如虚空花」を和歌的な表現によって詠みなした。「大空」の「花」が「風」で散るさまを詠んだ歌例には、「大空におほふばかりの袖もがな春咲く花を風にまかせじ」（後撰集・春中・六四・よみ人しらず）などがある。**〇よそへてぞ見る**　なぞらえて見る。「よそふ」はある物を何かに似ていると見立てる、なぞらえる、喩える。「我が身」を景物に「よそへ」るという発想で詠んだ『大斎院前の御集』所収の歌に、「あはれにも思ほゆるかな時ならぬ虫を我が身に思ひよそへて」（八三・小弐のめのと）がある。

【補説】 題の「譬如虚空花」を、大空の花が風に吹かれて散るという具体的なイメージで詠む。題の経文は、世諦という仏教の抽象的な道理を述べる。それを当該歌は、「我が身」によそえるという、詠み手自身に引き寄せた心情的な表現で捉えて詠んだ。

同経下巻

有本自無　因縁成諸　盛者必衰　実者必虚

はかなくも頼《たの》みけるかなはじめよりあるにもあらぬ世《よ》にこそありけれ

【校異】 ※集付「万代」「続後」ナシ―アリ（宮五・松・群）　○盛者―感者（宮五）

【題】 仏説仁王般若波羅蜜経・巻下・護国品第五（大正蔵・八 NO.245）『国訳一切経』印度撰述部・釈経論部五下の訓読を参照。

劫焼終訖　乾坤洞燃　須弥巨海　都為レ灰煬
天龍福尽　於レ中彫喪　二儀尚殞　国有二何常一
生老病死　輪転無レ際　事與願違　憂悲為レ害
欲深禍重　瘡疣無レ外　三界皆苦　国有二何頼一
有本自無　因縁成レ諸　盛者必衰　実者必虚
衆生蠢蠢　都如二幻居一　声響倶空　国土亦如

識神無レ形　仮乗二四馳一　無レ明実象　以為二楽車一
形無二常主一　神無二常家一　形神尚離　豈有レ国耶　（830b）

〔題意〕
有は本より無であるが、因縁をもって諸々の物を成す。盛なる者は必ず衰え、実なる者は必ず虚しくなる、の意。国土を護るために般若波羅蜜の行を受持することを説く偈の一節。

〔現代語訳〕
はかなくも頼みにしていたことだよ。世というのは、はじめから有るというわけではないのだ。

〔他出〕
仁王経下巻を　〔選子内親王〕
はかなくもたのみけるかなはじめよりあるにもあらぬよにこそありけれ　（万代集・釈教歌・一七〇九）
仁王経の心を　選子内親王
はかなくもたのみけるかなはじめよりあるにもあらぬ世にこそ有りけれ　（続後撰集・釈教歌・六二四）

〔語釈〕　**〇有本自無　因縁成諸**　世にある事物はみな、はじめから存在するのではなく、本は無であって、因縁によって存在として世に成ずるのだということ。あらゆる実体を否定して、完全な無執着である空《くう》に到るという般若波羅蜜にもとづく抽象的な論理。**〇盛者必衰　実者必虚**　栄えある者は必ず衰え、実体としてある存在もつまるところ虚である。**〇はかなくも**　はかないことに。虚しいことに。「世」を「頼み」とすることを「はかな」いと捉えた平安期の歌例に、「はかなしといふともいとど涙のみかかるこの世を頼みけるかな」（新古今集・哀傷歌・八一三・源道済）などがある。**〇あるにもあらぬ世**　有るというわけでもない世。題の「有本自無」に対応する。題の経文が論じている抽象的な論理を、当該歌では「あるにもあらぬ」という和歌的な表現で受けとめて詠んだ。「あるにもあらぬ」の歌例に「はかもなき露をばさらにいひおきてあるにもあらぬ身をいかにせん」（和泉式部続集・四九六）などがある。

〔補説〕 題の経文に想を得て、世のはかなさを詠む。

本願薬師経

一聞我名　悪病除愈　乃至速証　無上菩提

22

ひとたびも聞《き》くには御名《みな》ぞたもたる思《おも》ひわづらふ我《わ》が名《な》なれども

〔校異〕 異同ナシ

〔題〕 出典未詳。ただし、『栄花物語』巻二十二に以下のようにあることが参考になる。

一々に見たてまつりて、随願薬師経の文を思ひ出でたてまつる。「一聞我名、悪病除癒、乃至速証、無上菩提」とあり。一たび御名を聞きてかかり、況んや七仏を見たてまつらむほど、思ひやるべし。また七仏薬師経に曰く、「もしわが名を聞くことあらんもの、悪趣に堕ちば、仏の神力をもて、また名号を聞かしめて、返りて人趣に生れて菩薩の行を修し、すみやかに円満することを得しめむ」とのたまへり。まいて、見たてまつるほどを思ふに、おろかならんやは。（巻二十二とりのまひ）

〔題意〕 一たびわたくし薬師如来の名号を聞いたならば、悪病は治癒して除かれ、さらにこの上ないさとりへと速やかに達するだろう。

〔現代語訳〕

一たびでも聞けば仏の御名は保持できる。迷いのなかで思い悩む私のような身であっても。

〔語釈〕 **○本願薬師経** 出典未詳。ただし、『発心和歌集』の題は、『栄花物語』所引の「随願薬師経」の句に一致する。題の項目を参照。「薬師経」と称し得る経典には、玄奘訳『薬師琉璃光如来本願功徳経』（大正蔵・十四No. 450）、義浄訳『薬師琉璃光如来七仏本願薬師経』（大正蔵・十四No. 451）などがあるが、両者とも『発心和歌集』の題と一致する本文を持たない。なお、平安末期成立の『極楽願往生和歌』とともに出土した紺紙金泥供養目録に、「一、奉読誦経王目録」として、「法花経百部」「仁王経三百六十部」などに続いて「本願薬師経千部」が掲げられている。**○一聞我名…**　この題に採用された四句偈は、内容としては玄奘訳『薬師琉璃光如来本願功徳経』における薬師如来十二願の第七願「我之名号。一経二其耳一。衆病悉得レ除。身心安楽。家属資具。悉皆豊足。乃至証二得無上菩提一」に相当する。**○ひとたびも**　一度でも。題の「一聞我名」にもとづく。歌例に「ひとたびも南無阿弥陀仏といふ人の蓮の上にのぼらぬはなし」（拾遺集・哀傷・一三四四・空也上人）がある。「ひとたび」は26番歌参照。**○御名**　薬師如来の名号。**○たもたるる**　自ずから保持できる。薬師如来の御名はひとたび聞けば長く心に留められるということ。「たもつ」は和歌において、「三つながらたもてる鳥の声聞けば我が身一つの罪ぞかなしき」（赤染衛門集・二六一「仏法僧となく鳥を聞きて」）などがあるように、法を保つといった仏教的な意味合いで用いられることが比較的多く、『発心和歌集』においても13・22・23・50番歌に見られる。**○思ひわづらふ**　思い悩む。種々の迷いに心を煩わせている状態をいう。**○我が名**　題の「我名」を訓読した語句。ただし、経文の「一聞我名」は、わたくしの名を一度でも聞いたならばの意で、「我」は薬師如来、「我名」は薬師如来の名号を表す。一方、当該歌における「思いわづらふ我が名」とは、思い悩むわたくしの意で、「我が名」は詠み手自身を表すと解される。

〔補説〕　題の四句偈は、典拠を詳らかにしないが、『栄花物語』にも掲出されていることから、平安朝において広く浸透していたことが窺える。

寿命経

若人毎日　為一切衆生転読此経　終无夭死短命之怖

よそ人のためにたもてる法《のり》ゆゑ《へ》に数《かず》ならぬ身もほどは経《へ》ぬらむ《ん》

〔校異〕○終无夭—無夭（群）○身も—身に（宮五・松）

〔題〕仏説一切如来金剛寿命陀羅尼経（不空訳、大正蔵・二十NO. 1135）

仏告二四天王一言。若有下読二誦此経一。日日受中持乃至一遍上。当レ敬二彼善男子善女人一。応レ如下仏想終不レ堕二三悪道一定増中寿命上。若人毎日。為二一切衆生一転二読此経一。終無二夭死短命之怖一。亦無二悪夢魘魅呪。咀悪形羅刹鬼神之怖一。亦不レ為二水火兵毒之所傷害一。（578c）

〔題意〕

毎日すべての衆生のためにこの経を転読するだけでも、夭折や短命への怖れが無くなる。

〔現代語訳〕

他の人のために保持するこの教えゆえに、数にもならない我が身も生き長らえて世を過ごしているのだろうか。

〔語釈〕**○寿命経**　「これはきこしめしおきたることのありしかばなむ。わろかめれば、寿命経もえ書くまじげにこそ」（枕草子・二七七段）や「寿命経よませんとかやぞありし宮に」（小大君集・三〇）などから、平安期において『寿命経』の書写や読誦が行われていたことが分かる。**○終无夭死**　題のもとになった『寿命経』の本文には「終無夭死」。「夭死」は夭折、若くして死ぬこと。**○よそ人**　自分以外の人。他人。歌例に「時雨ゆゑかづくたもとをよそ人は紅葉をはらふ袖かとや見ん」（拾遺集・冬・二二一・平兼盛）などがある。「よそ人のために」とは題の「為一切衆生」を表現したもの。**○たもてる法**　保持する仏の教え。「法」は「此経」すなわち『寿命経』を指す。「たもつ」は22番歌参照。**○数ならぬ身**　ものの数にも入らない我が身。『古今集』以来しばしば詠まれてきた歌句。

「花がたみめならぶ人のあまたあれば忘られぬらむ数ならぬ身は」(古今集・恋歌五・七五四・よみ人しらず)などのように、恋歌や男女の贈答歌において用いられることが比較的多いが、当該歌では、『寿命経』を保持する詠み手自身を「数ならぬ」と謙退して表現した。**〇ほどは経ぬらむ**　時を過ごすのだろうか。「ほど」は時間的な程度を表す。

〔補説〕『寿命経』を保持することによって、ものの数にも入らない身でも寿命が絶える怖れから脱却できる、という内容を和歌で表現した。

無量義経

戒定恵解知見生　三昧六通道品発　慈悲十力無畏起　衆生善業因縁出

かくばかり人の心《こころ》にまかせける仏《ほとけ》の種《たね》を求《もと》めけるかな

〔校異〕※合点アリ―ナシ(宮五・松・群)　※集付「万代」ナシ―アリ(宮五・松・群)　〇道品―道亦(松)　〇無畏起―無畏記(群)

〔題〕無量義経・徳行品第一(大正蔵・九No.276)『国訳一切経』印度撰述部・法華全一の訓読を参照。

次降二甚深十二因縁一。用灑二無明老病死等一。猛盛熾然苦聚日光一。爾乃洪注二無上大乗一。潤ヨ漬衆生諸有善根一。布二善種子一遍二功徳田一。普令三一切発二菩提萌一。(384b)…(中略)…即前胡跪合掌。一心倶共同レ声。説レ偈讃言。(384c)

…(中略)…

戒定慧解知見生　三明六通道品発

慈悲十力無畏起　衆生善業因縁出　(385a)

〔題意〕

仏になる道は戒・定・慧・解脱・知見の五つの段階から生じ、仏の身は三明・六通・道品からおこり、慈悲・十力・無畏をそなえていて、仏になるもとは衆生の善業によってできるものである。仏身を讃歎する偈の一節。

〔現代語訳〕

これほど人々の心にゆだねて蒔いておられた仏の種を今求めていることであるよ。

〔他出〕

　無量義経の心を　　　選子内親王

かくばかりひとのこころにまかせたるほとけのたねをもとめけるかな　（万代集・釈教歌・一七〇八）

　無量義経の心を　　　選子内親王

かくばかり人の心にまかせたる仏のたねをもとめけるかな　（続後拾遺集・釈教歌・一二七八）

〔語釈〕 **○無量義経**　一巻。三品に分かれ、内容は『法華経』の序論に相当する。『法華経』の開経とされ、結経の『観普賢経』とともに法華三部経の一。『発心和歌集』では、この24番歌が『無量義経』、25～52番歌が『法華経』二十八品、53番歌が『観普賢経』を題とする歌で、開経・法華経・結経を順に配列している。**○戒定恵解知見**　仏が具えている五つの徳性。戒（ことばや行動をつつしむ）、定（心を静める）、慧（道理を見きわめる心のはたらき）、解脱（束縛から解放される）、解脱知見（解脱したことを自覚する）。**○三昧**　『発心和歌集』諸本「三昧」とあるが、この箇所の『無量義経』本文は「三明」。三明《さんみょう》は、仏がそなえている三つの智慧。宿命明（過去世を見通す）、天眼明（未来の衆生の生死の相を見通す）、漏尽明（仏教のまことによって煩悩を滅する）。仏典や諸書において「三明六通」（観無量寿経など）と結んだ形で用いられることが多い。**○道品**　四念処、四正勤、四神足、五根、五力、七覚支、八正道の三十七種の修道の方法。**○慈悲**　仏が衆生に対して生死輪廻の苦しみから解脱させようとする、あわれみと慈しみの心。**○十力**　仏が有する十種の智力。処非処智力・業異熟智力・静慮解脱等持等至智力・根上下智力・種種勝解智力・種種界智力・遍趣行智力・宿住随念智力・死生智力・漏尽智力。**○無畏**　仏菩薩の能力の一で、おそれのないこと、揺るぎない自信。**〇かくばかり**　これほど。このように。15番歌、48番歌にも当該歌と同様に初句「かくばかり」と詠み出す歌形が見られる。**〇人の心にまかせける**　仏が人の心に仏種をお蒔きになって、それを人の心のおもむくままにゆだねていた、の意。「まかせ」は「蒔かせ」に「任せ」を掛ける。「人の心」に「まかせ」るという言葉の取り合わせは、「今はとて忘るる草の種をだに人の心にまかせずもがな」（伊勢物語・二十一段）に例がある。『大斎院前の御集』にも「心にしまかせたりける種なれば春秋わかず植うる種かな」（三四九）とある。

〇仏の種　仏教語「仏種」の訓読。仏となる種。衆生が本来有している仏性・仏となる可能性。

〔補説〕　仏となる種とは、衆生に仏がお与えになって、誰もが本来的に有しているものである。それを求めることだと詠み、成仏への願いを表現する。『無量義経』において、当該歌の題に掲出される偈文の前にある本文に「潤漬衆生諸有善根一。布二善種子一遍二功徳田一。普令三一切発二菩提萌一」とあることからくる発想である（題の項目に掲げた経文の点線部を参照）。この経文に対する『註無量義経』（最澄）の注説に、次のようにある。

「爾乃」者。生酥之後。以二相続一故。名為二爾乃一。「洪注」者。五乗共潤。故名二洪注一。「無上」者。熟酥円教。無レ有二過上一。故云二無上一。「大乗」者。大人所レ乗故名二大乗一。言二「潤漬衆生諸有善根一」者。明人天得レ益。「潤漬」者。潤成之義。「衆生」者。求勢人等。「諸有」者。除二四趣一有。挙余之有。「善根」者。人天善根。言二「布善種子遍功徳田二」者。謂二一種仏性一。「布善種子」者。謂二了因仏種一。「遍功徳田」者。謂二縁因仏種一。言二「普令一切発菩提萌二」者。謂二正因仏種一。「萌」者。種子未レ牙。皮内発動。

右では「仏種」の語が用いられている。また傍線部の記述は、当該歌の「人の心にまかせける仏の種」という発想を考えるうえで参考となろう。なお、当該歌について『類題法文和歌集注解』では、以下のように注解を記す。

徳行品の語なり。善種子とは仏種なり。もとより仏は、一切衆生の心に善根の種をあたへて、功徳田にあまねく植をかしめて、一切の人をして菩提心ををこさしめ玉ふ也。それをしらで衆生はみづから罪業をなすよしを説る也。よりて歌にもかく仏の人々にしめしあたへたる仏種を外にもとめたるは、愚なるよしをよめり。心にまかせたるといへるは、種をまくといふによせたる詞也。

25

法華経序品

又見仏子　未嘗睡眠　経行林中　勤求仏道

寝《ぬ》る夜なく法《のり》を求《もと》めし人もあるを夢《ゆめ》のうちにて過《す》ぐす身《み》ぞ憂《う》き

〔校異〕※合点アリ—ナシ（宮五・松・群）　※集付「万代」ナシ—アリ（宮五・松・群）　○又見—父見（宮五・松）
○経行林中—経行林（宮五）

〔題〕妙法蓮華経・巻第一・序品第一（大正蔵・九 No. 262）岩波文庫『法華経』参照。

又見下仏子　未二嘗睡眠一

経二行林中一　勤中求仏道上　（3b）

〔題意〕
また仏子が未だかつて全く睡眠せず、林の中を歩きまわり、仏道を懸命に求めているのが見える、の意。『法華経』の教えを説く仏が、聞き手の大衆に対して、菩薩等の修行の状態を見せたさまをしるす偈の一節。

〔現代語訳〕
寝る夜もなく法を求めた人もあるというのに、夢の中にいるように過ごしている身がなさけないことだ。

〔他出〕

法花経序品の心を　　選子内親王

ぬるよなくのりをもとめし人もあるをゆめのうちにてすぐす身ぞうき（万代集・釈教歌・一六六七）

法華経序品、未嘗睡眠の心を　　選子内親王

ぬる夜なく法をもとむる人もあるを夢の中にて過ぐる身ぞうき　（続拾遺集・釈教歌・一三四二）

〔語釈〕 **〇又見仏子**　この歌の題にとられた偈の部分について、『法華文句』に「又見仏子未嘗下。第二一行　問㆓精進㆒。即是般舟念仏等法門也」（巻第三上）とある。**〇未嘗睡眠**　全く睡眠もせず。仏道修行に励むさまを表す。「未嘗睡眠具如㆓止観第四㆒。然彼是方便此中正修。亦通㆓四教㆒。若小乗中如㆓那律㆒。具如㆓止観第四記㆒。此中在㆑大以㆑求㆓仏道㆒。故引㆓般舟㆒以為㆓行儀㆒。般舟翻㆓仏立㆒。此挙㆓除㆑睡中最㆒。以㆓九十日常行㆒故也」（法華文句記・巻第三中）とある。右の『法華文句記』が引く『摩訶止観』第四下は、「第三、棄㆓五蓋㆒者。所謂貪欲・瞋恚・睡眠・掉悔・疑。通称㆑蓋者。蓋覆纒綿。心神昏闇定慧不㆑発故名為㆑蓋」とし、「睡眠」を心神を覆って昏迷させる五蓋の一にあげたうえで、「睡眠蓋者。心神昏昏為㆑睡。六識闇塞四支倚放為㆑眠。眠名㆓増心数法㆒」とする。**〇経行**　修行の行為としてめぐり歩くこと。吉蔵『法華義疏』の当該箇所の注に、「大乗以㆓一切住㆒著㆓昏闇㆒皆名㆓睡眠㆒。菩薩心無㆓染著㆒名㆓未嘗睡眠㆒。不動而遊行故曰経行也」（巻第二・序品之二）とある。**〇寝る夜なく**　寝る夜もなく。題の経文「未嘗睡眠」に対応。**〇夢のうちにて過ぐす身**　夢の中にいるように、ぼんやり無為に世を過ごす身。「寝る夜なく」との縁で「夢」と結ぶ言葉続きである。

〔補説〕　睡眠することなく仏道を求めた菩薩等のさまを記す経文を歌題として、自分は仏道に励むことなく無為に過ごしてきたことよ、と嘆く思いを詠む。序品の同じ偈の部分を題とする法文歌は、平安後期以降にも「昔よりまどろむこともなきものをいかでうき世を夢と見るらん」（続詞花集・釈教・四四五・源季広「未嘗睡眠の心をよめる」）、「夢のうちにまどふ心を嘆きつつつゆめもあはでいく夜あかしつ」（法文百首〈寂然〉・恋・六八「序品　未嘗睡眠」）などがある。いずれも「夢」と結んで詠む点では当該歌と同様であるが、『発心和歌集』の当該歌では、「身ぞ憂き」というように我が身を省みる心情が主眼にあるところに特徴が認められる。

26

方便品

若人散乱心　乃至以一花　供養於画像　漸見無数仏

ひとたびの花《はな》のかをりをしるべにて無数《むす》の仏《ほとけ》にあひ見《み》ざらめや

〔校異〕 〇散乱―散礼（宮五・松）

〔題〕 妙法蓮華経・巻第一・方便品第二（大正蔵・九 No. 262）岩波文庫『法華経』参照。

若人散乱心　　乃至以二一華一

供‐養於二画像一　漸見二無数仏一　(9a)

〔題意〕

もし誰かが、心が散乱していても、花一つを画像に供えさえすれば、次第に無数の仏を見たてまつるようになってくる、の意。方便品において、世尊は、ぜひとも教えを説いて下さいと舎利弗に懇願され、入り難く理解し難い法とさとりについて説きはじめる。題に掲出された部分は、人々が行うさまざまな供養のさまをしるした偈の一節。

〔現代語訳〕

一たびの花の香りを供えれば、それ導きにして、無数の仏のすがたを見られないことがあろうか。

〔語釈〕 **〇若人散乱心**　この歌の題となった部分の経文についての注に、「次若人散乱下。第七一行約二散心用一レ塵供養一明二人業一」（法華文句・巻第四下）、「経若人散乱心至漸見無数仏　賛曰。此以レ華供養。與二前四事中華施一何別。彼専二善心一此以二散心一。故不二相違一。略言レ供‐養画像一。供‐養余像一亦得」（法華玄賛・巻第四末）とある。「散乱心」は、煩悩により心が落ち着かず、不安定である状態。「画像」は仏のすがたを描いた図像。**〇ひとたびの花のかをり**　一度かおる花の香り。「ひとたび」は22番歌に既出。「花」の「かをり」は平安和歌において、橘の花の香を詠む歌に用いることが比較的多い。当該歌では、経文の「一華」を具体的に表現したもの。『法華経』方便品で、この歌の題に掲出された句の直前に「以二華香幡蓋一　敬心而供養」とあり、序品にも「諸天竜神　人及非人　香華伎楽常以供養」とあるように、仏に供える花は芳しい香を伴う。**〇しるべ**　導き。知るすべ。花の芳香が「しるべ」となって仏に遇える、とした。**〇無数の仏にあひ見ざらめや**　題の「漸見無数仏」に対応。「無数」をそのまま字音で詠みこんだ。

【補説】　心が乱れている者でも一華を供養すれば無数の仏に会うことができる、と説く経文の主旨を表現した。方便品の同じ部分を題とする法文歌は、「かりそめのただ一ふさの花だにもやそぢの種にさかゆとぞ聞く」（教長集・八四二「乃至以一花」）や「乱れ散る心なりともひと花をそなへよととく法ぞうれしき」（正治後度百首・釈教・一五六・藤原範光「方便品〈若人散乱心、乃至以一花〉」）のほか、『拾玉集』、『風葉集』（「すずめの物語」）、『玉葉集』など、後代の和歌にも比較的多く見られる。この『発心和歌集』の歌では、「一花」「漸見無数仏」といった題の語句に緊密に対応する和歌表現で詠みなした。

27

譬喩品

羊車鹿車　大牛之車　今在門外　汝等出来

あまたありと門《かど》をば聞《き》きて出《い》でしかど一《ひと》つののりの車《くるま》なりけり

【校異】　〇羊車―半車（宮二）　〇をは―をい（群）

【題】　妙法蓮華経・巻第二・譬喩品第三（大正蔵・九 No. 262）　岩波文庫『法華経』参照。

羊車鹿車　大牛之車

今在二門外一　汝等出来　（14b）

〔題意〕
ある長者の邸宅で火災が起こったが、子供たちは遊びに耽って逃げようとしない。そこで父の長者は、かねてより子供たちが欲していた羊車、鹿車、牛車の三車が門外にあるから、さあ外に出なさい、と誘い出した。出てみると、長者は三人に平等に七宝で飾られた大白牛車を与え、子供たちは歓喜した。法華七喩の一、三車火宅の喩を記した偈の一節。火災で燃える邸宅は煩悩や苦しみに満ちた世界、子供たちは一切衆生、父の長者は衆生をさとりへ導く仏を喩える。三車は三乗（声聞乗・縁覚乗・菩薩乗。さとりに導いて行く三種の教え）、大白牛車は一乗（一仏乗。一切衆生が等しくさとりを得ると説く教え）を喩える。題に採られたのは、長者が子供たちを門外に誘い出すために語りかけた部分。

〔現代語訳〕
多くの車があると聞いて門の外へ出たけれど、そこで与えられたのは、たった一つの車のように有り難い一乗の教えなのであったよ。

〔参考歌〕「門出には三つの車と聞きしかど果ては思ひのほかにぞありける」（公任集・二六一「譬喩品」）

〔語釈〕○羊車鹿車…汝等出来　「羊車」は羊のひく車、「鹿車」は鹿のひく車、「大牛之車」は牛車で、牛のひく車。この歌の題となった部分の経文についての注に、「羊車下。第二三句頌レ示。次汝等出来。第三一句又頌レ勧」（法華文句・巻第六上）とある。○あまたありと　数多くあると。羊車・鹿車・牛車の三車があると聞かされて、子供たちが門外に出たこと。仏が衆生を煩悩から脱却させるために、それぞれの衆生に応じた方便で教えを説くことの喩え。○一つののりの車　たった一つの法の車。「法の車」に「一つの乗り」を言い掛け、『法華経』の根本思想である一乗の教えを譬えた、大白牛車を表す。譬喩品では、この歌の題に掲げられた部分のあとに、「有二大白牛一…（中略）…以二是妙車一　等賜二諸子一　諸子是時　歓喜踊躍」とある。

〔補説〕三車火宅の喩を題材とした歌は数多い。「世の中に牛の車のなかりせば思ひの家をいかで出でまし」（拾遺集・哀傷・一三三一・よみ人しらず）のほか、参考歌に掲げた公任詠や「燃ゆる火の家を出でてさとりぬる三つの車は一つなりけり」（赤染衛門集・四二九「譬喩品」）のように、平安中期の法華経和歌で、譬喩品を題とする詠の多くはこの喩を材としている。『発心和歌集』の当該歌では、「法」と「乗り」の言い掛けを介して、三車火宅の主旨を和歌によって表現した。

28

信解品

示其金銀　真珠頗梨　諸物出入　皆使令知　猶処門外　止宿草庵

草の庵《いほ》に年《とし》へしほどの心《こゝろ》にはつゆかからむと思《おも》ひかけきや

〔校異〕○としへし―とらへし（宮一）

〔題〕妙法蓮華経・巻第二・信解品第四（大正蔵・九 No. 262）岩波文庫『法華経』参照。

又以軟語　若如二我子一
長者有レ智　漸令二入出一
経二二十年一　執二作家事一
示二其金銀　真珠頗梨
諸物出入一　皆使二令知一
猶処二門外一　止二宿草庵一
自念二貧事一　我無二此物一　（18a）

〔題意〕長者は金銀真珠頗梨などの財宝を示したが、窮子はなお門外の草庵に留まっていた、の意。法華七喩の一、長者窮子の喩。幼い頃に父の長者のもとを離れて他国で住し、生活に困窮する貧しい子（窮子）がいた。年老いた長者は、財産を譲るべき我が子を探していたが、ある時たまたま、職を探して門外にいる窮子と遭遇し、これが我が子であると気づく。長者を畏怖する窮子に対して、長者は、自邸に勧誘する手段として、おまえを掃除夫として雇おうと言う。窮子は二十年間懸命に働き、しだいに長者の家に遠慮無く出入りするようになり、長者も我が子同然に扱うに至る。長者は病になって、窮子におまえに財産をすべて委ねると言ったが、それでもなお窮子は、門外の草庵に留まり続け、こんな財産は自分のものではないと思っていた。死ぬ直前になって長者は、人々に「これは実の子である」と告げ、家業の全てを子に譲った。仏の教えを感得することは、無上の宝物を求めずして自ずから得るような有り難いものである、ということを示す譬喩譚。長者は仏、窮子は一乗の教えをさとらずにいる者の譬え。当該歌の題に採られたのは、長者窮子の喩を語る偈の一節。

〔現代語訳〕

草の庵で長年過ごしてきた頃の心には、露が降り掛かるというような、かかる有り難い教えがあると思っただろうか、いや全く思いもよらなかっただろう。

〔他出〕

止宿草庵　　選子内親王

草の庵に年へしほどの心にはつゆかからんとおもひかけきや（続拾遺集・釈教歌・一三四六）

〔語釈〕 **〇頗梨** 七宝の一。水晶のこと。**〇止宿草庵** 「此句は長行にはなし。偈の詞也」（類題法文和歌集注解）。**〇草の庵** 屋根や壁が草で覆われた簡素な住まい。「草のいほ」「草のいほり」の形で和歌にしばしば詠まれ、「荒れはてて風もはらはぬ草のいほり我はなくとも露はもりけむ」（恵慶法師集・六二）のように、「露」と取り合わせることも少なくない。ここでは、題の経文の「草庵」の訓読。**〇年へし** 長年を過ごしてきた。草庵に止宿してきた窮子のさまをいう。**〇つゆかからむ** 「つゆ」は少しもの意の副詞、「かかる」はこのようなの意。ただし、「草の庵」との関わりで、露が降り掛かるの「露かかる」の意も響かせる。同様の言い掛けを用いた歌に、「まづさきにうつろふ花をなげくまに露かかること聞くぞくるしき」（大斎院前の御集・二六九）などがある。

〔補説〕仏の教えの有り難さを、長者窮子の喩をしるす偈の「止宿草庵」にもとづいて表現した。この部分は、信解品を詠む法文歌において、後代にも題材として多くとりあげられている。

29

薬草喩品

譬如大雲　以一味雨　潤於人花　各得成実

ひとつ色《いろ》に我《わ》が身《み》うつれど花《はな》の色《いろ》も西《にし》にさすえやにほひますらむ《ん》

〔校異〕○さすえ―さすひ（宮一・群）

〔題〕妙法蓮華経・巻第三・薬草喩品第五（大正蔵・九 No. 262）岩波文庫『法華経』参照。

譬如下大雲　以二一味雨一
潤二於人華一　各得上成レ実　（20b）

〔題意〕大きな雲が、遍く降る雨によって人の花を潤し、各々に実をみのらせるようなものである、の意。法華七喩の一、三草二木の喩。種類の異なる草木が同じ雨を受けてそれぞれ成長するように、教えを理解する素養に違いがあっても、仏はすべての衆生を平等に一乗の教えに導く、ということの喩え。題に採られたのは、三草二木の喩を記した偈の末尾近くの一節。

〔現代語訳〕一つの色に我が身はうつろうけれど、その花の色も、西に伸びる枝はいっそう色合いを増すのだろうか。

〔語釈〕　○一味雨　仏の恵みが、あらゆるものに差別なく降り注ぐことをいう比喩。「譬如大雲如一味雨。即頌レ合二上一味雨無差別一也。潤於人華各得成実。即是頌二上差別一也」（法華文句・巻第七上）。○ひとつ色　ひとつの色。一色。和歌においては「千くさにも霜にもうつる菊の花ひとつ色にぞ月はそめける」（躬恒集・二〇二）のように、花や草木について言うことが多い。『大斎院御集』にも、「みなながらうつろひはてぬ白菊にひとつ色にも雪かかるかな」（四七）のように色がうつろうさまと結んで詠んだ例がある。○花の色も　「花の色」が「うつる」さまを「我が身」と重ねて詠んだ歌に、「花の色はうつりにけりないたづらに我が身世にふるながめせしまに」（古今集・春歌下・一一三・小野小町）がある。○西にさすえ　西にむかって伸びる枝。「さす」は枝や葉などが伸び広がるの意。「え」は枝と解した。西方極楽浄土への往生を願って仏道に専心するさまの喩えか。『法華経』薬草喩品には、「其沢普洽二卉木叢林及諸薬草。小根小茎小枝小葉。中根中茎中枝中葉。大根大茎大枝大葉一。諸樹大小。随二上中下一各有レ所レ受。一雲所レ雨。称二其種性一而得二生長一。華果敷実。雖二一地所レ生一雨所レ潤。而諸草木各有二差別一」とあり、衆生それぞれの性質の違いを「大枝・中枝・小枝」という枝の譬喩で表す。「枝葉根茎者。信為レ根戒為レ茎。定為レ枝慧為レ葉」（法華文句・巻第七上）。なお、「さすえ」を宮一本・群本は「さすひ」とする。

〔補説〕「我が身うつれど」の逆接に「花の色も」とつづく言葉続きが解しにくい。「我が身」も「花の色」も、仏の恵みである一味の雨に潤され、西方浄土を願う思いを深くする、といった意か。

授記品

若知我深心　見為授記者　如以甘露灑　除熱得清涼

法思《のりおも》ふ心《こゝろ》し深《ふか》くなりぬれば露《つゆ》の空《そら》にも涼《すゞ》しかりけり

〔校異〕○除熱―除勢（松）　○清涼―消涼（宮五）　○のりおもふ―法にあふ（群）

〔題〕 妙法蓮華経・巻第三・授記品第六（大正蔵・九 No. 262） 岩波文庫『法華経』参照。

若知㆓我深心㆒　見㆓為授記㆒者

如㆘以㆓甘露㆒灑　除㆑熱得㆗清涼㆖（21a）

〔題意〕 もしわたくしの深い心をご存知になり、未来世において仏になるという予言を与えてくださるならば、それは、甘露をそそぐと熱を除いて清らかな涼しさを得られるようなものでありましょう、の意。授記品で、まず仏は、迦葉に成仏の記別を与えた。それを聞いた目連、須菩提、迦旃延は、声を合わせて偈を唱え、我等にも記別を授けたまえと説く。題に採られたのは、その偈の冒頭近くの一節。

〔現代語訳〕

法を思う心が深くなると、露が空にもそそぐような清涼な境地になることよ。

〔語釈〕 **○深心** じんしん。法を求める心が深いこと。**○授記** 梵語 vyākaraṇa の漢訳。区別・説明、また、未来についての予言の意。未来世において必ず仏に成ると予言して保証を与えること。成仏の記別を授けること。『法華経』授記品では、迦葉・目連・須菩提・迦旃延に成仏の記別が授けられる。いずれも、仏の弟子であり声聞（菩薩・声聞・縁覚の三乗の一）である。**○甘露** 梵語 amṛta の漢訳。原語は不死、不死を与える飲料の意で、天から降る甘い霊液をいう漢語「甘露」が訳語にあてられたもの。「為㆓大衆㆒説㆓甘露浄法㆒ 其法一味 解脱涅槃」（法華経・薬草喩品）とあるように、さとりに導く仏法の譬え。**○灑** そそぐ。**○法思ふ心し深く** 仏法を求め領解する心が深く。題の経文の「深心」に対応する。**○露の空にも涼しかりけり** 「露」が題の経文「甘露」に、「涼しかりけり」が「清涼」に対応。

〔補説〕 『公任集』所収の法華経和歌における授記品を題とする詠にも、「あらためて深き心をさとりぬるしるしを今日はうるにぞ有りける」（二六四）とある。「心」が「深」いさまが詠まれており、当該歌の歌題となった経文と同じ部分を題材としていることが分かる。

31

化城喩品

長夜増悪趣　減損諸天衆　従冥入於冥　永不聞仏名

くらきよりくらきにながく入《い》りぬとも《ん》たづねて誰《たれ》に問《と》はむ《ん》とすらむ《ん》

〔校異〕 ○永不聞仏名―永不聞以名（松）

〔題〕 妙法蓮華経・巻第三・化城喩品第七（大正蔵・九 No. 262）岩波文庫『法華経』参照。

長夜増㆓悪趣㆒　減㆓損諸天衆㆒

従㆑冥入㆓於冥㆒　永不㆑聞㆓仏名㆒（22c）

〔題意〕

長い間にわたって悪趣が増し、多くの天に住する者を減らし損ない、冥い闇から闇へと入って、永いこと仏の御名を聞かなかった、の意。さとりをひらいた仏とは対照的に、未だ迷妄の苦しみのうちにある衆生のさまを示した偈の一節。

〔現代語訳〕

無明の闇から闇へ長く入りこんだとしても、仏の教えを求めて誰に問おうとするのだろうか。

〔参考歌〕「くらきよりくらき道にぞ入りぬべきはるかに照らせ山の端の月」（拾遺集・哀傷・一三四二・和泉式部）

〔語釈〕 **○長夜** 人が煩悩によって輪廻から抜け出せず、さとれない状態に留まるさまを、長い夜に喩えた語。無明長夜。長夜の闇。**○悪趣** 19番歌参照。**○諸天衆**「天衆」は天。天に住する諸々の衆生。**○くらきより…入りぬ** 題の経文「従冥入於冥」に対応する表現。**○たづねて** 探し求めて。さとりへ導く仏法を求めるさま。**○誰に**

問はむとすらむ　ニュアンスが解しにくい句。誰に問おうとするのか。ほかならぬ仏に問うのだ、という反語の意と解し、仏法を願う心情と考えておく。化城喩品の経文では、この歌の題に採られた「永不レ聞二仏名一」の後に、「今仏得二最上　安穏無漏法一　我等及天人　為得二最大利一　是故咸稽首　帰二命無上尊一」とあり、仏法を感得した仏を讃歎して帰依する衆生の思いが記されている。

〔補説〕　化城喩品の同じ要文を踏まえた歌に、参考歌に掲げた和泉式部詠があり、上句の言い回しが類似する。和泉式部詠は、『拾遺和歌集』に「性空上人のもとに、詠みてつかはしける」の詞書をもって入集し、その後説話も付随して広く流布した歌である（古本説話集、無名草子その他）。『拾遺和歌集』（二十巻本）の成立は寛弘二年（一〇〇五）六月から同四年正月までの頃かとも見られ（和歌文学大辞典）、寛弘五年頃には流布していた可能性が考えられる（紫式部日記など）。『発心和歌集』の序の年記は寛弘九年（一〇一二）八月であるから、和泉式部詠が『拾遺集』に採録された時期のほうが早い。

五百弟子授記品

以無価宝珠　繋着内衣裏　嘿与而捨去　時臥不覚知

酔《ゑ》ひのうちにかけし衣のたまたまも昔《むかし》の友《とも》にあひてこそ知《し》れ

〔校異〕　※合点アリ―ナシ（宮五・松・群）　○無価―无価（群）　○嘿与而捨去―嘿与而於去（松）

〔題〕　妙法蓮華経・巻第四・五百弟子受記品第八（大正蔵・九No. 262）　岩波文庫『法華経』参照。

以二無価宝珠一　繋二著内衣裏一

黙與而捨去　時臥不二覚知一　（29b）

〔題意〕

価値のきわまりない宝珠を内衣の裏に縫いつけて与え、そのことを何も言わずに去ったところ、臥して気づかずにいた、の意。法華七喩の一、衣裏繫珠の喩。親友の家を訪れた貧者が、酒に酔って寝てしまう。親友は、彼のために衣の裏に宝珠を縫いつけてやって外出する。そのことに全く気づかなかった貧者は、目覚めた後も貧しい生活を続ける。困窮の果てにたまたま親友と再会して、宝珠を自分の身につけていたことを知ったという。本来仏性をそなえながらそのことに気づかずにいる衆生が、有り難い仏の教説を聞いて一乗の教えをさとることの喩え。題に採られたのは、衣裏繫珠の喩を具体的に記した偈の一節。

〔現代語訳〕 酔っているうちに衣に縫いつけられていた宝珠にも、たまたま昔の友に逢ったからこそ気づくことができたのだ。

〔参考歌〕 「ゑひのうちにつけし衣の玉ぞそもむかしのともにあひてこそきけ」（玉葉集・釈教歌・二六五三「おなじ品の心を」・赤染衛門）

〔語釈〕 **○無価宝珠** 「無価」は値をつけられないほど貴重であること。「宝珠」は宝とすべき珠、宝の珠。「無価宝珠者、一乗実相真如智宝也。繫其《ママ》衣裏者、慚愧忍辱能遮二瞋恚一及防二外悪一。即是外衣、信楽之心内裏二善根一。即是内衣。于レ時聞レ法微信楽欲。即了因智願種子也」（法華文句・巻第八上）。**○かけし衣** 縫いつけておいた衣。題の「繫着内衣裏」にあたる。「玉かけし衣の裏をかへしてぞおろかなりける心をば知る」（新古今集・釈教歌・一九七一・源信）。**○たまたまも** 偶然の意の「たまたま」に、衣に繫けた宝珠の意の「衣の玉」を掛ける。同様の言い掛けを用いた例に、「うつせみの露の命の消ぬべきをたまたまむすびとどめつるかな」（赤染衛門集・五六二）などがある。五百弟子受記品の経文では、「於レ後親友。会遇見レ之」というように、のちに親友とたまたま遭遇したことが「会遇」の語で記されている。

〔補説〕 衣裏繫珠の喩を踏まえた歌の例は数多い。「衣なる玉ともかけて知らざりき酔ひさめてこそうれしかりけれ」（後拾遺集・雑六・一一九四・赤染衛門）や「来て臥してとこ酔ひなれば衣手にかかる玉ともさめてこそ見れ」（公任集・二六六）のように、平安中期の法華経和歌で五百弟子受記品を題とする詠の多くはこの喩を材としている。また、『大斎院前の御集』に、「進」との贈答歌で「さい将」が詠んだ歌として「玉かけし衣の裏を忘れては袖のなかにぞ求むらむかし」（三二）の詠が載る。『発心和歌集』の当該歌は、「衣の玉」と「たまたま」の掛詞を介して、衣裏繋珠の喩の話の要旨を、和歌によって表した体の歌である。なお、参考歌に掲げた『玉葉集』所収歌は、作者表記「赤染衛門」であるが、『発心和歌集』所収の当該歌に近似する。解説参照。

33

授学無学人記品

世尊慧燈明　我聞授記音　心歓喜充満　如甘露見灌

あきらけき法《のり》のともし火なかりせば心《こゝろ》の闇《やみ》のいかで晴《は》れまし

〔校異〕 ※合点アリ—ナシ（宮五・松・群）　○無学—无学（群）　○世尊慧燈明…如甘露見灌—ナシ（宮五・松）

〔題〕 妙法蓮華経・巻第四・授学無学人記品第九（大正蔵・九No. 262）岩波文庫『法華経』参照。

世尊慧燈明　我聞二授記音一
心歓喜充満　如二甘露見レ灌　（30b）

〔題意〕
世尊は智慧の燈明である。わたくしは世尊が予言を授けられる音声をお聞きして、心が喜びに充ち満ちた。それは甘露を注がれたようである。授学無学人記品の末尾に記された偈の全文。二千人の有学・無学の声聞たちが、仏から未来世に成仏する予言（記別）を授けられて歓喜踊躍し、その思いを偈によって説いたのである。

〔現代語訳〕

曇りなく明らかな法のともし火がなかったならば、心の闇がどうやって晴れようか。

〔参考歌〕「世を照らす法のともし火なかりせば仏の道をいかで知らまし」（赤染衛門集・五三一）

〔他出〕

人記品　〔選子内親王〕

あきらけきのりのともしびなかりせばこころのやみのいかではれまし（万代集・釈教歌・一六六八）

釈教歌の中に　選子内親王

あきらけき法のともし火なかりせば心のやみのいかではれまし（玉葉集・釈教歌・二六三二）

〔語釈〕 **○甘露**　30番歌の語釈参照。**○あきらけき**　明らかである。曇りやけがれがなく、清らかである。**○法のともし火**　仏の教えを、世の中や人の心の闇を照らす燈火に喩えていう語。題の「燈明」を表現したもの。「法のともし火」という歌句の例は、参考歌に掲げた『赤染衛門集』所収歌に見出せる。補説参照。**○心の闇**　思い乱れて心が迷う状態を闇に喩えていう語。「かきくらす心の闇に迷ひにき夢うつつとは世人さだめよ」（古今集・恋歌三・六四六・在原業平、伊勢物語・六十九段）以来の歌語であるが、ここでは仏教的な意味での迷いや煩悩に心がとらわれているさまをいう。「ともし火」と「闇」の言葉の縁を介して、題の「心歓喜充満」を、「心の闇」が「晴れ」ると表現した。

〔補説〕　参考歌に掲げた『赤染衛門集』所収の「世を照らす」詠は、用語や歌の構文が似通っており、当該歌と何らかの関連があると考えた方がよいのかもしれない。赤染衛門の歌は、天王寺詣での詠で、詞書に「聖霊院に夜更て詣でたりしに、みあかしのあかく見えしに」とある。

34

寂寞無人声　読誦此経典　我尓時為現　清浄光明身

空《そら》すみて心《こゝろ》のどけきさ夜《よ》中に有明《ありあけ》の月の光《ひかり》をぞ増《ま》す

〔校異〕※合点アリ—ナシ（宮五・松・群）○清浄—浄々（宮五）○ます—まつ（群）

〔題〕妙法蓮華経・巻第四・法師品第十（大正蔵・九 No. 262）岩波文庫『法華経』参照。

寂寞無㆓人声㆒　読㆓誦此経典㆒

我爾時為現㆓　清浄光明身㆒（32b）

〔題意〕ひっそりとして人の声がしない時にこの経典を読誦すれば、わたくしはその時、その人のために清浄な光明に満ちた身を現そう。法師品末尾の偈の一節。『法華経』を読誦すれば、その時仏が身を現すとして、『法華経』を勧める意。

〔現代語訳〕空が澄みわたり、心も穏やかな夜中に、有明の月がさやかな光を増すように、光明に満ちた仏の御身が現れるのだ。

〔他出〕

法師品の心を　一品選子内親王

そらすみてこころのどけきさよなかにあり明の月の光をぞさす（秋風和歌集・釈教歌・五七三）

法師品　選子内親王

空すみて心のどけきさ夜中に有明の月の光をぞさす（続後拾遺集・釈教歌・一二八五）

〔語釈〕**○寂寞**　ひっそりとしてもの寂しいさま。**○我**　仏（世尊、釈迦）の自称。**○空すみて**　空が澄みわたって。

澄んだ空に月が照るさまを詠む歌に、「夜とともに見る月なれど空すみて照りつる月はめづらしきかな」（道済集・二七九）などがある。**○心のどけき**　心が落ちついて穏やかである。「心」が「のどけし」という場合、春の季感とともに詠むことが比較的多いが、ここでは仏教的な意味で、迷いに乱されることなく心が静穏な状態をいう。当該歌では、初二句によって題の「寂寞無二人声一」を表現した。**○有明の月**　夜が明けてもなお空に残っている月。**○光をぞ増す**　光を増す。底本および宮一・宮五・松本に「ます」。題の「我爾時為現二清浄光明身一」における、仏が清浄かつ光明に満ちた身を現すという主旨を、空を照らす月が光を増すという喩えによって表した。仏身やさとりを、夜をさやかに照らす月光のイメージで比喩的に表現することは多い。12番歌参照。

〔補説〕　法師品の要文「寂寞無二人声一　読二誦此経典一」は、後代の法華経和歌でも題とされた例が多く、「いさぎよき光も身にやさしくるとしづかに法をとなへてぞ待つ」（田多民治集・一七七）や、「とふ人の跡なき柴の庵にもさしくる月の光をぞ待つ」（長秋詠藻・四六一）などがある。『発心和歌集』の歌はその先駆的な詠。

35

見宝塔品

釈迦牟尼仏　以右指開　七宝塔戸　出大音声

玉《たま》の戸《と》を開《ひら》きし時《とき》にあはずしてあけぬ夜《よ》にしもまどふべしやは

〔校異〕　○以右指―若指（宮五）、以有指（群）　○まとふへしやは―まとふへしとや（松）

〔題〕　妙法蓮華経・巻第四・見宝塔品第十一（大正蔵・九No. 262）岩波文庫『法華経』参照。

於レ是釈迦牟尼仏。以二右指一開二七宝塔戸一。出二大音声一。如下却二関鑰一開中大城門上。（33b）

〔題意〕　釈迦が右の指で七宝塔の戸を開くと、荘厳する大音声が聞こえてきた。それは、関や錠をはずして大城の門を開いたようであった。見宝塔品ではまず、多宝如来を安置する七宝塔が大地から涌出する。その塔の戸を釈迦が開けると、塔中の如来が半座を分かって、釈迦を座らせたのである。

〔現代語訳〕

宝塔の戸を釈迦がお開きになった時に居合わせずにいて、明けない夜のような闇に惑いつづけることになるのだろうか、いや、そんなことはない。

〔語釈〕 **○釈迦牟尼仏**　当該歌の題に採られた、釈迦が七宝塔の戸を開けたくだりについて『法華文句』は、開権顕実の教義にもとづき、「開ㇾ塔者即是開権。見ㇾ仏者即是顕実」（巻第八下）と注する。**○右指**　この部分についての注に「右指謂手之便。即是方便智用。説ㇾ教化ㇾ物事便」（法華義疏〈吉蔵〉・巻第九）とある。**○玉の戸**　戸の美称。ここでは多宝如来の七宝塔の戸を表す。**○あけぬ夜**　明けない夜。心が迷妄の闇から脱けられない状態を喩える。また、「明けぬ」に「開《あ》けぬ」を響かせ、「玉の戸を開《ひら》きし」に対比させている。

〔補説〕　まるで釈迦が宝塔の戸を開けた時に遭遇せずにいるかのように、仏の教えに出会えずにいる自分は、心を惑わし続けるのだろうか、と詠む。

36

提婆達多品

皆遥見彼　竜女成仏　普為時会　人天説法　心大歓喜

障《さは》りにも障《さは》らぬためしありければ隔《へだ》つる雲《くも》もあらじとぞ思《おも》ふ

〔校異〕　○提婆達多品—提婆品（宮五・松）

〔題〕　妙法蓮華経・巻第五・提婆達多品第十二（大正蔵・九 No. 262）岩波文庫『法華経』参照。

爾時舎利弗語二竜女一言。汝謂三不ㇾ久得二無上道一。是事難ㇾ信。所以者何。女身垢穢非二是法器一。云何能得二無上菩提一。仏道懸曠経二無量劫一。勤苦積レ行具修二諸度一。然後乃成。又女人身猶有二五障一。一者不レ得レ作二梵天王一。二者帝釈。三者魔王。四者転輪聖王。五者仏身。云何女身速得二成仏一。爾時竜女有二一宝珠一。価直二三千大千世界一。持以上レ仏。仏即受レ之。竜女謂二智積菩薩尊者舎利弗一言。我献二宝珠一世尊納受。是事疾不。答言甚疾。女言。以二汝神力一観二我成仏一。復速二於此一。当時衆会皆見二竜女一。忽然之間変成二男子一。具二菩薩行一。即往二南方無垢世界一。坐二宝蓮華一成二等正覚一。三十二相八十種好。普為二十方一切衆生一演二説妙法一。爾時娑婆世界菩薩声聞天龍八部人与二非人一、皆遥見下彼竜女成仏。普為二時会人天一説上法。心大歓喜　悉遥敬礼。（35c）

〔題意〕
竜女が男子に変じたうえで成仏し、その場にいる人・天のために法を説くのを見て、大いに歓喜した。提婆達多品を代表する部分の一節。舎利弗（仏弟子の一）が、女身には五障があるがどうして成仏できたのかと問うと、竜女は忽然と男子に身を変じ、さとりを得た仏に成って見せたのである。

〔現代語訳〕
五障にも差し障ることなく成仏できた竜女の例もあるので、さとりの光を隔て遮る雲もあるまいと思う。

〔語釈〕　**〇竜女成仏**　「竜女」は娑竭羅竜宮に住む竜王の娘。『法華経』提婆達多品に、竜女が八歳で女人の身を転じて男子に成ったうえで成仏した話が説かれる。この話は女人成仏の根拠として広く流布した。**〇障り**　差し障り、障害。ここでは、提婆達多品において、女身に内在すると説かれる五障を表す。五障とは、女人は梵天王・帝釈・魔王・転輪聖王・仏の五つになれないということ。題の項目に掲げた経文の点線部を参照。**〇隔つる雲**　隔てて遮る雲。「むつまじき妹背の山の中にさへ隔つる雲の晴れずもあるかな」（後撰集・雑三・一二一四・よみ人しらず）などとあるように、「雲」はある事物と他の事物の空間的距離や関係性を隔てるものとして詠まれる。当該歌では、成仏をさまたげる障害を、雲の喩えで表現した。仏教的なさとりや成仏をさまたげるものを雲に喩えるのは、『法華経』に限らず諸経典や仏典注釈に広く見られる発想である。「雖レ然被二五障之覆弊一。依二三妄之雲翳一不レ得二覚悟一」

（空海「三昧耶戒序」大正蔵・七十八 No. 2462）。

〔補説〕五障があるといわれる女身でありながら成仏を果たした竜女の例のように、自分もさとりへ導かれたいと願う思いを詠む。提婆達多品の竜女成仏の話は、和歌・物語等に多く取りあげられている。たとえば『源氏物語』手習巻の、「竜のなかより、仏生れたまはずはこそはべらめ、ただ人にては、いと罪軽きさまの人になむはべりける」は、竜女の例を引き合いに出して女性の境遇を語る。また、後代の提婆達多品を題材とする詩歌にも、「竜女は仏に成りにけり　などかわれらも成らざらん　五障の雲こそ厚くとも　如来月輪隠されじ」（梁塵秘抄・二〇八）や「我もさは五つの障り雲晴れて心の月の澄むよしもがな」（林下集・三六八「提婆品の心を、女にかはりて」）とあるように、五障を雲に喩える発想で詠んだものは多く、当該歌はその先駆である。

勧持品

為説是経故　忍此諸難事　我不愛身命　但惜無上道

憂《う》きことのしのびがたきをしのびてもなほ《を》この道《みち》を惜しみとどめむ《ん》

〔校異〕※題ノ「我不愛身命」ノ右ニ合点アリ―合点ナシ（宮五・松・群）

〔題〕妙法蓮華経・巻第五・勧持品第十三（大正蔵・九 No. 262）岩波文庫『法華経』参照。

為レ説二是経一故　忍二此諸難事一

我不レ愛二身命一　但惜二無上道一（36c）

〔題意〕この経を説くためには、多くの困難を耐え忍ぼう。私は自分の身命を愛するのではなく、ただ無上の仏道だけを惜しむのである。勧持品の末尾に掲げられる偈の一節。仏は、多くの菩薩たちに『法華経』を説き弘めることを勧め、菩薩たちはどんな困難に襲われようともこの経を弘めると誓い、その誓願を偈によって表したのである。

〔現代語訳〕

つらい苦難で耐えがたい諸々のことを耐え忍んでも、やはりこの仏道を大切に留めよう。

〔参考歌〕「身にかへて法を惜しまむ人にこそしのびがたきをしのびてはみめ」（赤染衛門集・四三九「勧持品」）

〔語釈〕 **○無上道**　この上なく優れた道の意。さとり、さとりに到達する道程をいう。**○憂きことのしのびがたきをしのび**　題の「忍此諸難事」に対応する表現。「しのびがたきをしのび」という歌句は、参考歌に掲げた赤染衛門詠にも見える。**○この道**　仏道。仏の説いた道。題の「無上道」に対応する。**○惜しみとどめむ**　大切に惜しんで留めよう。『法華経』の教えを弘めて世に伝えることへの意志を表す。「惜しみとどむ」という複合動詞を用いた歌例には、「誰がためと思ふ命のあらばこそ消ぬべき身をも惜しみとどめめ」（篁集・二五）などがある。当該歌においては、題の「惜」に想を得たもの。

〔補説〕　勧持品の偈における「我不ㇾ愛㆓身命㆒　但惜㆓無上道㆒」の部分を題とする歌は、参考歌に掲出した赤染衛門詠のほかにも、「さまざまにうき世の中を思ひつつ命にかへて法を惜しまん」（公任集・二七二「勧持品」）、「数ならぬ命はなにか惜しからむ法とくほどをしのぶばかりぞ」（新古今集・釈教歌・一九二八・藤原斉信）などがある。後代にも歌例が見られ、勧持品を歌題とする法文歌を詠む場合、この部分が取りあげられることが多かったことが分かる。

安楽行品

在於閑処　修摂其心　安住不動　如須弥山

さだめなき世《よ》もなにならず法《のり》を思《おも》ふ心のうちし動《うご》きなければ

〔校異〕 ※合点アリーナシ（宮五・松・群）

〔題〕 妙法蓮華経・巻第五・安楽行品第十四　（大正蔵・九 No. 262）　岩波文庫『法華経』参照。

一切諸法　空無二所有一
無レ有二常住一　亦無二起滅一
是名下智者　所二親近一処上
顛倒分二別　諸法有無
是実非実　是生非生
在二於閑処一　修レ摂二其心一
安住不レ動　如二須弥山一　（37c）

〔題意〕
閑かな処にあって、心をおさめる修行をして、安らかに住して動じないことが、須弥山のようであるようにしなさい。『法華経』を説く者が心得るべき、身・口・意・誓願の四安楽行の一つ、身安楽行について示した偈の一節。身心を安らかにして動揺せず、閑寂とした境地を保つことが『法華経』を説き弘める際には求められる、と説いたもの。

〔現代語訳〕
定めがない世も、何ということはない。仏の教えを思う心の内は動じないので。

〔語釈〕 **○在於閑処　修摂其心**　訓読すると、閑かなる処に在りて其の心を摂《おさ》むることを修《なら》い、となる。偈の前に記された安楽行品の経文にも、「常好二坐禅一。在二於閑処一修レ摂二其心一。文殊師利。是名二初親近処一」とある。**○須**

弥山　しゅみせん。須弥は梵語 Sumeru の音写。仏教の世界観で、世界の中心にある巨大な山。安楽行品という品名についての注として、『法華文句』に「又法門者。安名㆓不動㆒。楽名㆓無受㆒。行名㆓無行㆒。不動者六道生死。二聖涅槃所㆑不㆑能㆑動。既不㆑縁㆓二辺㆒則身無㆓動揺㆒。上文云。身体及手足。静然安不㆑動。其心常憺怕。未㆔曾有㆓散乱㆒。則安住不㆑動如㆓須弥頂㆒。常住不動法門也」（巻第八下）とある。**○さだめなき世**　定まりがない世。変わりやすく、はかない世の中。ここでは、歌題として掲出された部分の直前の経文に、「一切諸法　空無㆓所有㆒　無㆑有㆓常住㆒　亦無㆓起滅㆒」とあるところから想を得た表現であろう。題の項目に掲出した経文を参照。「さだめなき世」という語句を用いた『大斎院前の御集』の例に、「さだめなき世をや草葉も知りぬらむもの思ふ袖に露もおとらず」（一九八）がある。**○なにならず**　何ということはない。物の数ではない。**○動きなければ**　題の「安住不㆑動」に対応。

〔補説〕　仏法を信心する心は不動であるので、定めなき世にあっても動じることはない、として題の主旨を表現した。

39

従地涌〈踊〉出品

善学菩薩道　不染世間法　如蓮華在水　従地而涌出

いさぎよき人《ひと》の道《みち》にも入《い》りぬれば六《む》つの塵《ちり》にもけがれざりけり

〔校異〕　○踊出品―涌出品（宮一・宮五・松）、誦出品（群）　○而湧出―而誦品（群）　○むつ―むろ（群）

〔題〕　妙法蓮華経・巻第五・従地涌出品第十五　（大正蔵・九 No. 262）　岩波文庫『法華経』参照。

此諸仏子等　其数不㆑可㆑量

久已行㆓仏道㆒　住㆓於神通力㆒

善学㆓菩薩道㆒　不㆑染㆓世間法㆒

如㆓蓮華在㆒㆑水　従㆑地而涌出

皆起㆓恭敬心㆒　住㆓於世尊前㆒　（42a）

〔題意〕

よく菩薩道を学び、世俗の法に染まらないことは、まるで蓮華が水に存するかのようだ。そんな菩薩たちが、大地より涌き出してきたのである。従地涌出品では、仏が、娑婆世界には本来無量の菩薩がいて我が滅後に『法華経』を説くであろうと言うと、大地から菩薩たちが涌出してくる。そして、無量の菩薩が現れたことに疑問を感じた弥勒などが、仏にその因縁を問う。題に採られたのは、弥勒の問いを偈によって説いた一節で、大地から涌出した菩薩たちの、俗に染まらぬ清浄な境地をしるす。

〔現代語訳〕

清く澄みわたった菩薩道に入ったので、煩悩を起こさせる六塵にも汚れないことであるよ。

〔語釈〕　**○従地涌出品**　底本は「涌」を「踊」と読める字体。他本により訂した。**○蓮華**　蓮の花。仏教において、水面に咲く蓮の花は、苦しい現実の対極にある理想の境地を象徴するものとされる。**○いさぎよき**　清浄だ、清く澄んでいる。「いさぎよし」は、漢文訓読資料の古訓や、和歌においては仏教に関連する内容の歌および仏教歌謡には散見するが、その他の和歌や、物語などといった平安時代の和文には用例があまり見られない語。「いづれともなにかわくべきいさぎよき蓮にかかる涙なるべし」（朝光集・一二五）はその稀な例。**○道**　「いさぎよき人の道」で、題の「菩薩道」を表す。菩薩道は、さとりを求める心（菩提心）を起こして成仏をめざす人（菩薩）が励む道のこと。**○六つの塵**　仏教語「六塵」の訓読。六塵は、色・声・香・味・触・法の六種の認識の対象。それらの対象を認識することが、人間の心を汚して煩悩を起こさせる端緒となるところから「塵」という。「亦名㆑塵者。塵以㆓染汚㆒為㆑義。以㆔能染㆓汚情識㆒。故通名為㆑塵也」（法界次第初門・巻上之上「十二入初門第三」）とある。「六塵」の語については、『法華経』法師功徳品において説かれる六根清浄について注した『法華文句記』に、「故云㆔一根通具㆓六塵㆒。

若従レ因釈但是観行理具二六塵一」（巻第十中）などと見える。ここでは、世俗に染まらない菩薩の清浄なありようをいう「不レ染二世間法一」の題意を、「六つの塵にもけがれざりけり」と表現した。

〔補説〕当該歌の題に採られた、従地涌出品の偈「不レ染二世間法一　如二蓮華在一レ水」は、『古今集』夏歌に入集する「蓮葉のにごりに染まぬ心もてなにかは露を玉とあざむく」（一六五・僧正遍昭）が下敷きとした経文である。遍昭の歌は、詞書に「蓮の露を見てよめる」とあるように、蓮の葉の上に置く露を賞美するところに主眼をおいた詠。一方、この『発心和歌集』の歌は、「いさぎよき」「六つの塵」といった訓読語を用いつつ、大地から現出した菩薩たちの清浄な境地を詠んで、経文の主題を歌によって表現した。

如来寿量品

為度衆生故　方便現涅槃　而実不滅度　常住此説法

我常住於此　以諸神通力　令顛倒衆生　雖近而不見

そのかみの心《こころ》まどひのなごりにて近《ちか》きを見《み》ぬぞわびしかりける

〔校異〕〇涅槃―涅般（群）

〔題〕妙法蓮華経・巻第六・如来寿量品第十六（大正蔵・九 No. 262）岩波文庫『法華経』参照。

為レ度二衆生一故　方便現二涅槃一
而実不二滅度一　常住レ此説レ法
我常住二於此一　以二諸神通力一
令二顛倒衆生一　雖レ近而不レ見（43b）

〔題意〕

衆生をさとりの世界へ度《わた》らせる手段として、涅槃に入るさまを仮に現したのだが、実は入滅せず、常にここに留まって法を説いている。わたくしは常にここに留まっているが、さまざまな神通力によって、心が顛倒している衆生の近くにいても見えないようにしているのだ。仏が涅槃に入ったと見えたのは、迷いやすい衆生が怠惰な心を起こさないようにするための方便なのであると説く偈の一節。

〔現代語訳〕

過去における心惑いの名残によって、近くにいるはずの仏を見ることができないのはつらいことであるよ。

〔語釈〕 **○為度衆生故** この歌の題に採られた部分の経文について、『法華文句』の注に、「次為度衆生下。第三二行。頌二上住処一」（巻第十上）とある。**○涅槃** 仏とくに釈迦の入滅のこと。12番歌の語釈参照。**○そのかみ** 過去。ここでの「そのかみ」は、仏教思想での前世・現世・来世における前世。「そのかみのちかひ絶えねば幾世ともしらぬ姿を空に見るかな」（公任集・二六九「見宝塔品」）などの例がある。**○心まどひ** 心の惑い、迷妄。題の「顛倒」に対応する。ただし、この歌では「そのかみの心まどひのなごり」とあるので、自身の前世での迷妄が現世に報いとなって現れた名残ということか。**○近きを見ぬ** 題の「雖近而不見」に対応する。

〔補説〕 如来寿量品は、仏は常住不滅であり、仏の寿命は無量であることを示す品である。釈迦の涅槃は実は仮象にすぎず、仏は久遠の昔に成道して以来、前世・現世・来世の三世に渉って衆生を教化しつづけてきたのだと説く。『法華文句』では、如来寿量品において「三世益物」の「過去益物」が説かれるなかで、仏の「神通之力」が記されるとして、以下のように記す。

神通之力者。三身之用也。神是天然不動之理。即法性身也。通是無壅不思議慧。即報身也。力是幹用自在。即応身也。仏於二三世一等有二三身一。於二諸教中一秘レ之不レ伝。故一切世間天人修羅。謂下今仏始於二道樹一得中此三身上。故執レ近以疑レ遠。

当該歌では、こうした三世の思想を、詠み手自身が心に抱える「そのかみ」以来の「心まどひ」と捉えて和歌で表現したものか。

分別功徳品

雨天曼荼羅　摩訶曼荼羅　釈梵如恒沙　無数仏出来

雨梅檀沈水　繽分而乱墜　如鳥飛空下　供散於諸仏

いろい《く》ろの花《はな》散《ち》りくれば雲居《くもゐ》より飛《と》びかふ鳥《とり》と見《み》えまがひけむ《ん》

〔校異〕※合点アリ―ナシ（宮五・松・群）　○雨天曼荼羅―雨天曼陀羅（松）　○摩訶曼荼羅―摩訶曼陀羅（松）　○出来―土来（松）、立来（群）　○沈水―池水（群）　○繽分而乱墜―濵分而乱墜（宮一）、繽紛而礼墜（宮五）、繽紛而乱墜（松）

〔題〕妙法蓮華経・巻第六・分別功徳品第十七　（大正蔵・九 No. 262）　岩波文庫『法華経』参照。

雨㆓天曼陀羅　摩訶曼陀羅㆒
釈梵如㆓恒沙㆒　無数仏土来
雨㆓梅檀沈水㆒　繽紛而乱墜
如㆓鳥飛㆑空下㆒　供㆖散於諸仏㆒　（44c）

〔題意〕
天から曼陀羅華・摩訶曼陀羅華が降り、帝釈天・梵天、そして恒沙のように無数のものが仏国土からやって来た。梅檀香や沈水香が乱れ散るさまは鳥が空から飛んで降りてくるようで、それらを諸々の仏に供養した。分別功徳品では、仏の寿命は無量であると知った菩薩たちがさとりを得られたということを、弥勒が領解し、その思いを偈をもって表す。題に採られたのはその偈の一節で、菩薩たちがさとりを得たときに現れた奇瑞を示す。

〔現代語訳〕

さまざまな花が天から散ってくるので、そのさまは空を飛び交う鳥だと見紛うばかりであったのだろう。

〔語釈〕 **○曼荼羅** 「曼陀羅」とも表記される。曼陀羅華《まんだらけ》のこと。摩訶曼陀羅華・曼殊沙華《まんじゅしゃげ》・摩訶曼殊沙華とともに四華の一。瑞兆として天から雨《あめふ》り、見る者の心を悦ばせるという。**○釈梵** 帝釈天と梵天。**○恒沙** ガンジス河の砂の数のように多いこと。**○仏出来** 題の出典『法華経』の本文は、「無数仏土来」（無数の仏土より来たり）。『発心和歌集』の詞書では、底本・宮一本・宮五本は「土」のところを「出」と読める字体で、「無数仏出来」（無数の仏出で来たり）と誤る。**○栴檀沈水** 「栴檀」「沈水」はそれぞれ香木の名称。また、その香り。**○繽分** 繽紛。乱れ散るさま。『法華経』本文は「紛」であるが、『発心和歌集』底本は「分」と表記する。**○いろいろの花** さまざまな色の花、種々の花。藤原道長家の法華経二十八品和歌のうち序品を題とする歌に、「昔見し花のいろいろ散りかふは今日の御法のためしなるらむ」（新勅撰集・釈教歌・五八二・藤原行成）がある。**○雲居** 空。天。**○見えまがひ** 紛れて見える。区別がつかないように見える。「み吉野の吉野の山の桜花白雲とのみ見えまがひつつ」（後撰集・春下・一一七・よみ人しらず）のように、見立てを用いた和歌に古来散見する語句。

〔補説〕 四華が散るさまを記す叙述は諸経典に見え、『法華経』においても、当該歌の題である分別功徳品だけでなく、序品において仏が『法華経』を説く際の描写に見られる。『発心和歌集』では、分別功徳品でこの部分を歌題に採用し、経文の主旨に沿って、散華のさまを飛ぶ鳥の比喩で表現した。

42

随喜功徳品

世皆不㆓牢固㆒　如㆓水沫泡焰㆒　汝等咸応当　疾生厭離心

かげろふのあるかなきかの世《よ》の中にわれあるものとたれ頼《たの》みけむ《ん》

〔校異〕○如—女（宮五）　○咸—成（松）、感（群）

〔題〕妙法蓮華経・巻第六・随喜功徳品第十八（大正蔵・九 No. 262）岩波文庫『法華経』参照。

世皆不㆓牢固㆒　如㆓水沫泡焰㆒

汝等咸応㆔当　疾生㆓厭離心㆒　（47b）

〔題意〕

世のものがみな堅固ではないことは、水の沫や泡や焰のようである。汝等よ、ことごとくすみやかに、執着している世の中から厭い離れる心を生じなさい。随喜功徳品は、仏の滅後に『法華経』を聞いて随喜することの功徳の大きさが説かれる品である。『法華経』を聞いて随喜した人が他の人に説法し、またその人が別の人に説法する。そうやって五十人目に至るとき、五十人目の人の随喜の功徳は無量である。たとえば、ある人が無数の衆生に八十年にわたって財宝を布施し、死ぬ直前に人々に仏法を説き、解脱へ導いたとする。その人の功徳は莫大だが、『法華経』を聞いた五十人目の人の功徳に比べれば、百千万億分の一にも満たないという。この歌の題に採られたのは、八十年間布施を行った人が、死ぬ直前に人々を仏法へ導いたさまを表した偈の一節。

〔現代語訳〕

陽炎のようにあるかないか分からないようなはかない世の中に、自分は存在しているものだと誰が頼みにしていたのだろう。

〔参考歌〕「世の中と言ひつるものかかげろふのあるかなきかのほどにぞありける」（後撰集・雑四・一二六四・よみ

人しらず）

〔語釈〕 ○窂固 かたい。堅固。堅牢。「窂」は「牢」に同じ。○水沫泡焔 水の沫《しぶき》と泡《あわ》と焔《ほのお》。やがては消えるところから、はかないものの喩え。「沫 アハ アハナキ」（類聚名義抄）、「泡 アハ ウカフ ミツホ ミナツホ」（同）とあるように、「沫」と「泡」はともに気泡状の水滴を表し、「あわ」の訓がある。『三宝絵』序（東寺観智院旧蔵本）には、当該歌の題と同じ随喜功徳品の経文にもとづく文がある。そこでは「世ハ皆堅ク不レ全ル事、水ノ沫、庭水、外景ノ如シ。汝等悉ク正ニ疾厭ヒ離ル、心ヲ可レ成」とあり、経文の「水沫」に「水ノ沫（みづのあわ）」、「泡」に「庭水（にはたづみ）」、「焔」に「外景（かげろふ）」という和語を宛てて訓読している。○厭離心 現世を厭う心。底本表記は「猒」。○かげろふ 陽炎。火炎や直射日光によって空気が熱せられて光が屈折することによってゆらゆら揺れ動いて見える現象。ここでは、題の経文の「焔」の訓読。語釈の「水沫泡焔」の項に掲げた『三宝絵』序を参照。和語の「かげろふ」は、火炎を表す漢字の「焔」と意味内容が同じではないが、はかないものを喩えることから、仏教経典の「焔」は「かげろふ」の語を宛てて受容されていた。同様の受容は、同時代の『公任集』所収の維摩経十喩「如二熱時焔一」に拠る「此身かげろふのごとし」を題とする「夏の日も照らしもはてぬかげろふのあるかなきかの身とは知らずや」（二九一）にも見られる。○あるかなきか 和歌で「かげろふ」に続けて常套的に用いられる語句。参考歌参照。存在するかしないか定かではないかのように、はかないさまをいう。

〔補説〕 世を「水沫泡焔」に喩える題意をうけて、参考歌に掲げた後撰集歌にあるような、「世の中」を「かげろふ」のように「あるかなきか」のものであると捉える発想にもとづいて、はかない世を厭離する心を表現した。

法師功徳品

又如浄明鏡　悉見諸色像　菩薩於浄身　皆見世所有

くもりなき鏡《かゞみ》のうちぞ恥《は》づかしき鏡《かゞみ》の影《かげ》のくもりなければ

〔校異〕　○か、み—我身（群）

〔題〕　妙法蓮華経・巻第六・法師功徳品第十九（大正蔵・九 No. 262）岩波文庫『法華経』参照。

若持二法花一者　其身甚清浄
如二彼浄琉璃一　衆生皆喜レ見
又如三浄明鏡　悉見二諸色像一
菩薩於二浄身一　皆見二世所有一
唯独自明了　余人所レ不レ見　（50a）

〔題意〕

また浄明な鏡によって、悉く諸々の形ある物の像を見るかのように、『法華経』を受持した者はその清浄な身体で、みな世のあらゆるものを見るのである。法師功徳品では、『法華経』を体得した者は、眼耳鼻舌身意の六根清浄の功徳を得ると説かれる。題に採られたのは、そのうちの身根清浄のさまを説いた偈の一節。

〔現代語訳〕

曇りない鏡の中を見るにつけても恥ずかしい。鏡に映る姿は浄らかで曇りがないので。

〔語釈〕　**○色像**　形ある物の像。**○くもりなき鏡**　曇りなくくっきり映す鏡。「みがきけむ心もしるく鏡山くもりなき世にあふがたのしさ」（能宣集・一五一「冷泉院の御時、大嘗会の悠記の歌、かがみ山」）などとあるように、「鏡」は「くもりなし」と形容される。ここでは、題の「浄明鏡」を表現した。**○鏡のうち**　鏡の中に映る物のさま。

○恥づかしき　詠み手が我が身を省みて恥ずかしく思う、といった心情を表したものか（補説参照）。**○鏡の影**　鏡に映る姿。

〔補説〕「くもりなき鏡のうち」と「鏡の影のくもりなければ」は、ほぼ同じ内容の語句の反復である。「恥づかしき」は、「くもりな」く物事を見透す鏡の清浄さに対して、仏道に専念しきれない我が身を恥じる、といった心情を含意していようか。なお、この品の同じ偈の部分を題とした法文歌は、後代にも多い。たとえば、「にごりなく清き心にみがかれて身こそますみの鏡なりけれ」（長秋詠藻・四二一「法師功徳品／又如浄明鏡、悉見諸色像」）や、「法にすむ心は身をもみがかばやさても恋しき影や見ゆると」（拾遺愚草・二九八「皇后宮大輔百首〈文治三年春詠送之〉寄法文恋五首／又如浄明鏡」）はその一例。鏡に物事や心が映るという発想は、仏教的なことがらを詠む歌に限らず、四季・恋・雑のさまざまな和歌において広く詠まれたものであり、この偈の部分は、法文歌の歌題として浸透しやすかったのであろう。

常不軽菩薩品

億〻万劫　至不可議　時乃得聞　是法花経

いかにして多《おほ》くの劫《こふ》を尽《つ》くしけむ《ん》かつ聞《き》く《て》だにもあかぬ御法《みのり》を

〔校異〕○常不軽菩薩品―常不軽菩薩（宮二）　○かつきて―かつきく（宮五）、かつき丶（群）

〔題〕妙法蓮華経・巻第七・常不軽菩薩品第二十（大正蔵・九No. 262）岩波文庫『法華経』参照。

我於㆓前世㆒　勧㆓是諸人㆒
聴㆓‐受斯経　第一之法㆒
開示教㆑人　令㆘住㆓涅槃㆒

世世受㆗持　如㆑是経典㆖
億億万劫　至㆓不可議㆒
時乃得㆑聞㆓　是法花経㆒
億億万劫　至㆓不可議㆒
諸仏世尊　時説㆓是経㆒
是故行者　於㆓仏滅後㆒
聞㆓如㆑是経㆒　勿㆑生㆓疑惑㆒
応㆘当一心　広説㆓此経㆒
世世値㆑仏　疾成㆗仏道㆖　（51c）

〔題意〕

幾千万億という考えられないほど長い間、その時々に『法華経』を聞くことができたのである、の意。常不軽菩薩品は、常不軽菩薩が、増上慢の比丘たちに賤しめられても彼等の成仏を予言し、入滅に及んで『法華経』を受持し、広く説いて成仏を遂げたことを語る品である。この常不軽菩薩こそが、釈迦牟尼仏の過去世における姿なのであった。つまり、仏は遥か昔から『法華経』を説き続けてきたのだから、たとえ仏が入滅した後でも、人は『法華経』を聞いて導かれる、と示す譬喩譚。題に採られたのは、品の最後にある偈の末尾の一節。

〔現代語訳〕

どうやって数えられないほど多くの時間を尽くすように過ごしたのだろうか。わずかに聞くだけでも飽きることのない御法をお説きになって。

〔語釈〕　**○億〻万劫**　幾千万億という長い間。「劫」は梵語 kalpa の音写。普通の年月日では測ることができないきわめて長い時間を表す。**○不可議**　「不可思議」に同じ。思いはかることができない（ほど程度が甚だしい）。**○多**

くの劫　数えられないほど多くの時間。和歌において「劫」を「尽くす」と詠む例に、「斧のえの朽ちけんかたも思ほえず劫を尽くさむと思ひしほどに」（九条右大臣集・六一）などがある。当該歌では「多くの劫を尽くし」が題の「億々万劫」の主旨に対応する。**○かつ聞く**　底本および宮一本・松本は「かつきて」と見える字体であるが、宮五本により「かつきく」と校訂。題の経文の「時乃得聞」とある主旨に相応する「かつ聞く」と解した。ここでの「かつ」は、一方では、あるいは、わずかにの意。「かつ聞く」の例に「ねたきことかへるさならば雁がねをかつ聞きつつぞ我はゆかまし」（貫之集・四七）などがある。

〔補説〕「いかにして多くの劫を尽くしけむ」という疑問表現を介して、幾千万億にわたる遥かな時間を超えて『法華経』を説き続ける仏を讃歎する思いを詠む。なお、この歌の「こふをつくし」は、題の「億億万劫」とあることから「劫を尽くし」の意と解される。一方で、『拾遺集』に選子内親王の詠として入集する、「ごふつくすみたらし河の亀なれば法の浮木にあはぬなりけり」（一三三七）は、「劫尽くす」の含意もあるとも読めるかもしれないが、「業尽くす」と解釈する見解が有力である。

45

如来神力品

如日月光明　能除諸幽冥　斯人行世間　能滅衆生闇

さやかなる月の光《ひかり》の照《て》らさずはくらき道《みち》をやひとり行《ゆ》かまし

〔校異〕　※集付「万代　続後」ナシ―アリ（宮五・松・群）　○衆生闇―衆生聞（松）

〔題〕　妙法蓮華経・巻第七・如来神力品第二十一　（大正蔵・九 No. 262）　岩波文庫『法華経』参照。

於㆓如来滅後㆒　知㆓仏所説経

因縁及次第㆒　随㆑義如㆑実説

如㆔日月光明　能除㆓諸幽冥㆒
斯人行㆓世間㆒　能滅㆓衆生闇㆒
教㆔無量菩薩　畢竟住㆓一乗㆒　(52b)

〔題意〕
日や月の光明がさまざまな暗闇を滅するように、『法華経』を説くこの人は、世間で行をおこない、衆生の闇を滅する。如来神力品の最後に掲げられる偈の末尾近くの一節。仏の滅後においても『法華経』が説き続けられ、その功徳がもたらされるさまを記す。

〔現代語訳〕
明るく澄んだ月の光が照らさなかったならば、暗い道を独りで行くことになったであろうに。

〔他出〕
神力品　〔選子内親王〕
さやかなるつきのひかりのてらさずはくらききみちをやひとりゆかまし　(万代集・釈教歌・一六六九)
神力品の心をよみ侍りける　選子内親王
さやかなる月のひかりをてらさずはくらき道にやひとりゆかまし　(続後撰集・釈教歌・五九七)

〔語釈〕　**○幽冥**　暗いこと、暗い場所。死者が行く冥途の意に限定して用いられることもあるが、この経文の部分では、迷妄の闇に沈む状態、仏の光明が及ばない場所の意。**○さやかなる月の光**　明るく澄みきった月の光。題の経文の「如日月光明」に対応する。たとえ仏が入滅した後でも『法華経』が説かれて衆生を迷妄の闇から救済することを、月光に喩えたもの。**○くらき道**　暗い道。この言い回しは、31番歌の参考歌に掲げた「くらきよりくらき道にぞ入りぬべきはるかに照らせ山の端の月」(拾遺集・哀傷・一三四二・和泉式部)などに見られる。当該歌では、題の「幽冥」のさまを表す。**○ひとり行かまし**　独りで行くことになったろうに。反実仮想。和歌における「ひとり行く」の例には、「ひとり行くことこそ憂けれふるさとの奈良のならひて見し人もなみ」（後撰集・哀傷歌・一四〇三・伊勢）などがあるが、当該歌の場合は、死者があの世へ行く道の意で用いられている。

〔補説〕　さやけき月光のような『法華経』の教えに導かれなかったならば、迷妄の闇を独りでさまようことになったろうに、との主旨の歌。仏の滅後も『法華経』が説かれて衆生が救われることを記す題の内容を表現した。如来神力品の同じ偈の部分を題とした法文歌は後代にも比較的見られ、「日の光月の影とぞ照らしけるくらき心の闇晴れよとて」（千載集・釈教歌・一二四五・蓮上法師）、「人知れず法の月日にまかすれど心の闇の晴れがたきかな」（田多民治集・一八八）などがある。

嘱累品

如是三摩諸菩薩訶頂而作是言

いただきを摩《な》でて教《をし》へし法《のり》なればこれより上《かみ》はあらぬなりけり

〔校異〕　〇訶頂―摩訶薩頂（群）

〔題〕　妙法蓮華経・巻第七・嘱累品第二十二（大正蔵・九 No. 262）岩波文庫『法華経』参照。

如レ是三摩二諸菩薩摩訶薩頂一。而作二是言一。我於二無量百千万億阿僧祇劫一。修二習是難レ得阿耨多羅三藐三菩提法一。今以付二嘱汝等一。汝等当下受持読誦広宣二此法一。令二一切衆生一普得中聞知上。（52c）

〔題意〕　釈迦牟尼仏が法座にいた無量の菩薩・摩訶薩たちの頭を三度撫でて、こう言った、の意。仏が、自らが修習した無上のさとりの法を、菩薩・摩訶薩たちに委嘱し、彼等に広くこの法を説くよう述べる場面の一節。

〔現代語訳〕

頭を撫でて教えてくださった法なので、これより上のすぐれたものはないのであるよ。

〔語釈〕 **○如是三摩諸菩薩訶頂而作是言** 『法華経』嘱累品の経文においては、「如是三摩諸菩薩摩訶薩頂而作是言」とあり、「摩」「薩」を欠く『発心和歌集』の歌題は、経文の引用として誤脱がある。群本は『法華経』に従って後人が手を加えた本文であろう。**○いただき** 頂。頭のこと。**○これより上はあらぬ** これより上はない。嘱累品では、『発心和歌集』が題として採った「而作二是言一」の直後に、仏の言葉として、仏が「阿耨多羅三藐三菩提法」を菩薩・摩訶薩らに委嘱することが語られる。題の項目に掲げた経文を参照。「阿耨多羅」は梵語 anuttara の音写で、漢訳は「無上」。「阿耨多羅三藐三菩提法」とは、この上なくすぐれたさとりの法の意。歌の「これより上はあらぬ」とは、この法を指す。

〔補説〕 人の身体の最も上部である「いただき」を撫でて教えてくださった法なのだから、これより上はないのだ、という言葉の機知を介して、仏が菩薩たちに委嘱した『法華経』の教えを讃歎する思いを詠む。『公任集』の「いただきを返す返すぞかきなづる得がたき法のうしろめたさよ」（二八一「嘱累品」）は同時代の法華経和歌で、同じ経文の主旨を題材として詠んだ類例。

47

薬王菩薩品

若有女人　聞是薬王菩薩本事品　能受持者　尽是女身　後不復受

まれらなる法《のり》を聞《き》きつる道《みち》しあれば憂《う》きをかぎりと思《おも》ひぬるかな

〔校異〕 ※集付「勅」アリ（全） ※合点アリ―ナシ（宮五・松・群） ○ぬる―ける（松）

〔題〕 妙法蓮華経・巻第七・薬王菩薩本事品第二十三 （大正蔵・九 No. 262） 岩波文庫『法華経』参照。

若有二女人一聞二是薬王菩薩本事品一。能受持者。尽二是女身一後不二復受一。若如来滅後後五百歳中。若有二女人一。聞二

是経典一如レ説修行。於レ此命終。即往二安楽世界阿弥陀仏大菩薩衆囲繞住処一。生二蓮華中宝座之上一。（54b）

〔題意〕もしある女人が、この薬王菩薩本事品を聞き、よく受持するならば、その人は、死して女身が尽きてからも、後世に生まれ変わったとき再び女身を受けることはないだろう、の意。品の末尾近くにおいて、薬王菩薩本事品を受持する人には功徳がもたさられることを説いた部分の一節である。題に採られた一節（傍線部）のあとには、『法華経』の教えを修得すれば、女人が命終の後に阿弥陀仏の浄土に往生できると説かれている。

〔現代語訳〕稀有な薬王菩薩本事品の法を聞いた仏の道があるので、女身のつらさも、これが最後だと思ったことだよ。

〔他出〕

〔発心和歌集のうた〕薬王品、尽是女身　〔選子内親王〕

まれらなるのりをききつるみちしあればうきをかぎりと思ひぬるかな（新勅撰集・釈教歌・五八八）

〔語釈〕**〇まれらなる**　稀である。「ら」は接尾語。この語を用いた歌例には「山里もまれらなりけりほととぎす待てども鳴かぬ声を聞くかな」（中務集・四）などがあり、『法華経』題の法文歌において仏法を「まれら」と捉えた類例に、「すみがたき心しむろにとまらねば法とく事ぞまれらなるべき」（赤染衛門集・四三六「法師品」）がある。当該歌においては、『法華経』の教えが稀有なほど有り難いことを「まれら」と表現した。**〇憂き**　つらい状態。ここでは女身に生を受けたことをいう。**〇かぎり**　最後、おわり。題の「尽二是女身一後不二復受一」に対応し、女身としての生を全うした後、後世においてはつらい女身を再び受けることはない、これが限りだ、との意。

〔補説〕薬王菩薩本事品では、前半において、薬王菩薩の前生である喜見菩薩が我が身を燃して仏に供養する逸話が記され、後半では、『法華経』が衆生にもたらす功徳が、種々の相から示される。この歌において歌題として採用されたのは、品の後半で、『法華経』を受持した女身の救済が説かれている部分である。『発心和歌集』では、女人救済・女人往生に関連する内容の経文を歌題として選ぶ意識が、一六・三六・四八・五〇番歌にも見られる。序文に「受身婦女」とあるように、詠み手は女性であって、女身がいかに救われるかという課題は、本歌集を作成するにあたっての主要なテーマの一つだったことが窺える。解説参照。なお、織田得能『法華経講義』は、この薬王菩薩本事品において「女人の往生を明かして男子の事を言はざるは如何」として、吉蔵『法華義疏』の次の部分を引用している。

若有女人下第二別約生報歎。問。聞二此品一不レ受二女人一者、聞二余品一亦応レ受耶。答。聞二品品一皆不レ受。但約二事相似一故、寄二此品一言レ之。以三女人多愛二著己身種種厳飾一。今明二菩薩捨レ身捨レ臂、破二彼著情一故不レ生二染著一。故捨二女身一也。（法華義疏・巻第十一）。

妙音菩薩品

及衆難処　皆能救済　乃至於王後宮　変為女身　而説是経

かくばかりいとふ憂《う》き身《み》を君《きみ》のみぞ法《のり》のためにとなりかはりける

〔校異〕〇のみそ―のみと（宮五）

〔題〕妙法蓮華経・巻第七・妙音菩薩品第二十四（大正蔵・九 No. 262）岩波文庫『法華経』参照。

而是菩薩現二種種身一。処処為二諸衆生一説二是経典一。或現二梵王身一。或現二帝釈身一。或現二自在天身一。或現二大自在天身一。或現二天大将軍身一。或現二毘沙門天王身一。或現二転輪聖王身一。或現二諸小王身一。或現二長者身一。或現二居士身一。或現二宰官身一。或現二婆羅門身一。或現二比丘比丘尼優婆塞優婆夷身一。或現二長者居士婦女身一。或現二宰官婦女身一。或現二婆羅門婦女身一。或現二童男童女身一。或現二天龍夜叉乾闥婆阿修羅迦楼羅緊那羅摩睺羅伽人非人等身一。而説二是経一。諸有地獄餓鬼畜生。及衆難処。皆能救済。乃至於二王後宮一。変為二女身一而説二是経一。華徳。是妙音菩薩。

能救二護娑婆世界諸衆生一者。（56a）

〔題意〕諸々の難処で衆生を救済し、王の後宮では女身に変じて、この『法華経』を説く、の意。妙音菩薩品の後半で、妙音菩薩が種々の身に変じて衆生のために『法華経』を説いたと語る部分の一節。梵天・帝釈・自在天にはじまり、宰官・婆羅門およびその夫人その他、あらゆる身に変化すると説かれるなかで、後宮で女身に変じるということは最後に示されている。

〔現代語訳〕

これほど疎ましく思うつらい女身であるのだが、君だけは仏法を説くためにといってこの身に変じたのだ。

〔語釈〕**○かくばかり**　これほどまでに。初句を「かくばかり」と詠み出す歌形は、15番歌の「かくばかり底ひも知らぬ我が闇に」と24番歌にも見える。15番歌では「我が闇」、当該歌では「憂き身」というように、どちらも、我が身はこれほど…であると自身を省みる発想とともに「かくばかり」が用いられている。**○憂き身**　つらい身の上。ここでは題の「女身」に対応しつつ、女性である詠み手自身を表す。女身を「憂き」ものと捉える発想は、前の47番歌にも見られる。**○君のみぞ**　あなただけは。「君」は目上の存在に対する敬称。当該歌では妙音菩薩を指す。**○なりかはりける**　「なりかはる」は、状態や事情がそれまでと変化すること。和歌における用例に、「淵は瀬になりかはるてふあすか川渡り見てこそしるべかりけれ」（後撰集・恋三・七五〇・在原元方）などがある。当該歌では、題の「変為女身」に対応し、妙音菩薩が女身に変化《へんげ》したことを表す。

〔補説〕自らも女性である詠み手が、女身を「かくばかりいとふ憂き身」と内省的に捉え、そんな身に変化して『法華経』を説いたという妙音菩薩のありがたさを讃歎する思いを詠む。同じ妙音菩薩品を題とする同時代の『公任集』詠では、「法のため来《き》ぬと見れども身をわけていたらぬかたはあらじとぞ思ふ」（二八三「妙音品」）というように、妙音菩薩が種々の身に変じたという経文の内容を捉えて詠む。一方、この『発心和歌集』詠では、女身に変じたところに焦点を絞って題を設定して詠作しており、詠み手の関心の置きどころが窺える。

観世音菩薩品
具足神通力　広修知方便　十方諸国土　無刹不現身
種種諸悪趣　地獄鬼畜生　生老病死苦　以漸悉令滅

49

逢《あ》ふ事をいづくにてとか契《ちぎ》るべき憂《う》き身《み》の行《ゆ》かむ《ん》かたを知《し》らねば

〔校異〕※集付「新」アリ―ナシ（宮五・松・群）※合点アリ―ナシ（宮五・松・群）○観世音菩薩品―観世音菩薩普門品（群）○広修知方便―広修智方便（宮五）○無刹―无刹（群）○種種―種々（宮五・松・群）

〔題〕妙法蓮華経・巻第八・観世音菩薩普門品第二十五（大正蔵・九No. 262）岩波文庫『法華経』参照。

衆生被㆓困厄㆒　無量苦逼㆑身
観音妙智力　能救㆓世間苦㆒
具㆓足神通力㆒　広修㆓智方便㆒
十方諸国土　無㆓刹不㆒㆑現㆑身
種種諸悪趣　地獄鬼畜生
生老病死苦　以漸悉令㆑滅　（58a）

〔題意〕
神通力をそなえ、広く智慧による導きの方法を修めて、十方にある多くの国土のどこにおいても、身を現さないことはない。種々さまざまな悪趣、すなわち地獄と餓鬼と畜生と生老病死の苦も、これによって次第に悉く滅するであろう。観世音菩薩が諸国土に現れて衆生を救済する法力を称える偈の一節。

〔現代語訳〕

観世音菩薩にお逢いするのを、いったいどこでとお約束したらよいのだろうか。この憂き身がどこへ行くのか、その方向も分からないので。

〔他出〕

発心和歌集の歌、普門品、種種諸悪趣　　選子内親王

あふことをいづくにとてか契るべきうき身のゆかんかたをしらねば　（新古今集・釈教歌・一九七〇）

〔語釈〕 **○悪趣**　19番歌の語釈参照。六趣（六道）のうち地獄・餓鬼・畜生を三悪趣と言い、また、浄土に対して輪廻転生を続ける世界を総じて悪趣と言うこともある。**○逢ふ事**　お逢いすること。和歌においては「逢ふ」事を「契る」という場合、たとえば「逢ふ事をいづくなりともしらぬ身の我がたましひの猶まどふかな」（寛平御時中宮歌合・一二六）などとあるように恋の発想で用いられることが比較的多いが、ここでは、衆生を救う観世音菩薩にめぐり逢うことを表す。**○憂き身**　つらく苦しい身。罪障が深いとされる女人に生まれた我が身。48番歌参照。**○行かむかた**　「かた」は方向、方角。

〔補説〕 観世音菩薩普門品は、観世音菩薩が自在な神通力によって、三十三身をあらわして諸方に出現し、衆生たちを普く救済するさまを讃え、観世音菩薩を礼拝供養することを説いた品である。当該歌の題に採られたのは、観世音菩薩による救済を示した偈の一節である。それを題として、こんな憂き身では観世音の救いに出逢えるかどうかおぼつかないといった自らを省みる心情を表出する発想で詠作している。

陀羅尼品

若童男形若童形　乃至夢中亦復莫悩

なにといへど夢《ゆめ》のなかにもあやまちし法《のり》をたもてる人となりなば

〔校異〕 ○若童男形―若童男願（松）　○若童形―若童女形（宮五）、若童女願（松）　○なかにも―なかには（宮五）　○あやまちし―あやまたし（宮五・松・群）　○のりを―のり□（一字分空白）（宮五）　○なりなは―成をは（群）

〔題〕 妙法蓮華経・巻第八・陀羅尼品第二十六（大正蔵・九 No. 262）岩波文庫『法華経』参照。

寧上二我頭上一、莫レ悩二於法師一。若夜叉。若羅刹。若餓鬼。若富単那。若吉遮。若毘陀羅。若犍駄。若烏摩勒伽。若阿跋摩羅。若夜叉吉遮。若人吉遮。若熱病。若一日若二日若三日若四日乃至七日。若常熱病。若男形若女形。若童男形若童女形。乃至夢中亦復莫レ悩。　（59b）

〔題意〕

少年の姿の者にしても、少女の姿の者にしても、ないしは夢の中でも、悩ますことがないように、の意。陀羅尼品では、十羅刹女が、仏の御前で陀羅尼を唱えた後、いかなる者も説法者である法師を悩ますことがないようにと述べて、『法華経』を守護することを誓う。題に採られたのは、その言のなかの一節。

〔現代語訳〕

どんな形の者と言えど、夢のなかにおいても、悪い行いをすることがあろうか、仏法を保持する人となったならば。

〔語釈〕 **○若童形**　『法華経』の経文では「若童女形」であるが、底本・宮一本は「女」を欠いており、経文の引用としては誤脱。**○なにといへど**　どんな者と言っても。**○あやまちし**　宮五本・松本の本文「あやまたし」で、この場合は、悪い行い（過ち）をするまいの意の「過たじ」と解釈される。「あやまちし」の場合はどう解釈できるのか判然としないが、悪い行いをすることがあろうか（いや、ない）との含意か。いずれにしても、題の「亦復莫悩」に対応し、説法者の法師を悩ますような行いをしないということを表すのだろう。**〇法をたもてる人**　仏法を保持する人。ここでは具体的に、『法華経』の教えを受持し、守護する人。

〔補説〕　第三句に少々疑問が残るが、底本の本文に従って解釈するよう試みた。

妙荘厳王品

又如一眼之亀　値浮木孔　而我等宿福深厚　生値仏法

ひとめにて頼《たの》みかけつる浮木《うきぎ》には乗《の》りはづるべき心地《ここち》やはする

（60a）

〔校異〕　〇妙荘厳王品―妙荘厳王本事品（群）

〔題〕　妙法蓮華経・巻第八・妙荘厳王本事品第二十七（大正蔵・九 No. 262）岩波文庫『法華経』参照。

善哉父母。願時往㆓詣雲雷音宿王華智仏所㆒、親近供養。所以者何。仏難㆑得㆑値、如㆓優曇鉢羅華㆒。又如㆔一眼之亀値㆓浮木孔㆒。而我等宿福深厚生値㆓仏法㆒。是故父母当㆘聴㆓我等㆒令㆖得㆓出家㆒。所以者何。諸仏難㆑値時亦難㆑遇。

〔題意〕　一眼の亀が大海から頭を出すと、偶然にも孔のあいた浮木が流れてきて、亀がちょうど浮木の孔に出遇う。そのように、仏法に遇うことは極めて難しいものである。だが、我々は積んできた福徳が深く厚かったので、この世に生まれて仏法に遇うことができたのだ。妙荘厳王本事品において、浄蔵・浄眼の二子が、仏のもとに往き出家したいと父母に告げた言葉の一節。いわゆる盲亀浮木の喩えによって、仏にめぐりあうことが稀有であることを説いたもの。

〔現代語訳〕

一眼だけで期待をかけてきた浮木のように滅多に遭遇できない仏法には、乗りそこないそうな気がするだろうか。いやそんなはずはない。

〔語釈〕 ○一眼之亀　「経云二譬一眼亀一者。約レ事秖是譬レ難レ値耳。若作二所乗一凡亀魚之眼両向看レ之。既云二一眼一所レ見非正。在二生死海一而又邪見。何可レ値二於仏法浮木実諦之孔一」（法華文句記・巻第十下）。盲亀浮木の喩え話は諸経典に見えるが、『法華経』では「一眼の亀」と表す。○宿福　前世において積んだ福徳。福徳は善行によって得られる功徳。○ひとめにて　一眼で。題の経文の「一眼」の訓読。○浮木　水に浮かんでいる木ぎれ。経文の「浮木」を和語で「うきぎ」と表した語。和歌において「浮木」に「乗る」と捉える言葉の取り合わせは、張騫が浮木に乗って天の川の源を訪ねた故事にもとづく歌「天の川浮木の乗れる我なれやありしにもあらず世はなりにけり」（俊頼髄脳）の発想によるもので、「ただちにはたれかふみみむ天の川浮木に乗れる世はかはるとも」（実方集・九三）などの例もある。当該歌では、仏典の盲亀浮木の喩えを題材としつつ、「浮木」という言葉からの連想で「乗り」と表現したのだろう。○乗りはづる　乗ろうとしたのにはずれる。乗りそこなう。ここでは「乗り」に「法《のり》」ないしは一乗の意を響かせるか。後代の歌だが、「品々によつの車をすすめずは乗りはづれたる人やあらまし」（久安百首・尺教・一二八六「一道無相一乗仏性」・藤原教長）の例がある。

〔補説〕 第二句「頼みかけつる」や、下句「乗りはづるべき心地やはする」の反語によって、仏法を頼みにする思いを表現する。滅多に遇えないとされる仏法だが、自分のような者も含めて世の衆生はみな、仏の導きを得ることができるはずだ、と切に願うのである。

52

宝威徳上王仏国　遥聞此娑婆世界説法華経　与无量无辺百千万億菩薩衆　共来聴受

たづね来《き》て法《のり》を聞《き》き《、》けむ《ん》その時《とき》にあはでいつしかありし我《わ》が身《み》ぞ

〔校異〕 ※（松）、歌ノ右肩ニ「本ノマヽ」トアリ。○普賢菩薩品—普賢菩薩勧発品（群）　○共来聴受—苦来聴受（宮五・松）　○いつしか（底本、重ね書き）—「いつしか」デ「し」ヲ補入（宮一）、「いてか」デ「て」ノ上ニ一字分空白（宮五）、「いてる」（松）

〔題〕 妙法蓮華経・巻第八・普賢菩薩勧発品第二十八（大正蔵・九 No. 262）岩波文庫『法華経』参照。

世尊。我於㆓宝威徳上王仏国㆒。遥聞㆔此娑婆世界説㆓法華経㆒。與㆓無量無辺百千万億諸菩薩衆㆒。共来聴受。唯願世尊。当㆓為説㆑之。若善男子善女人。於㆓如来滅後㆒。云何能得㆓是法華経㆒。（61a）

〔題意〕

宝威徳上王仏の国で、遥かな娑婆世界で仏が『法華経』を説いていると聞き、無数の菩薩とともに聴きに来たのである。普賢菩薩勧発品における、普賢菩薩が東方からやって来て、『法華経』をお説きくださいと仏に請うた言葉の一節。

〔現代語訳〕

普賢菩薩が仏のもとに尋ね来て『法華経』の教えを聴いたというその当時に居合わせないで、いつのまにか生きてきたような我が身であるよ。

〔語釈〕 **○菩薩衆**　『法華経』の本文は「諸菩薩衆」。『発心和歌集』諸本は共通して「諸」を欠いており、経文の引用としては誤脱。**○法を聞きけむその時**　教えを聞いたその時。普賢菩薩勧発品では、普賢菩薩が東方の宝威徳上王仏国から、仏が『法華経』を説く座にやって来て、教えを信受したさまが記される。**○あはで**　会わないで、遭遇しないで。仏が教えを説く座に居合わせなかったということ。**○いつしかありし我が身**　いつ存在していた我

が身。「いつしか」は、いつのまにか、いつであったか。「ありし」の「し」は過去の助動詞。過去世（前世）以来の我が身に問いかける意か。

〔補説〕「いつしかありし我が身」の意味する主旨が解釈しにくい。普賢菩薩が無数の菩薩とともに、仏が『法華経』を説くのを聴きに来たというのに、その時に遭遇できず、いつのまにか生きてきたような我が身である、との主旨か。つまり、自分は『法華経』の教えを十分知らないようなはかない身であると省みる心情を詠んだ歌と解しておく。

53

普賢経

衆罪如霜露　慧日能消除　是故応至心　懺悔六情根

つくりお《を》ける罪《つみ》をばいかで露霜《つゆじも》の朝日《あさひ》にあたるごとく消《け》してむ《ん》

〔校異〕○慧日―恵日（宮五・群）、専日（松）　○是故応至心―是好応悉（松）　○あたる（底本、「た」ノ右ニ傍点）―あてる（宮五）、あて《えイ》る（松）

〔題〕仏説観普賢菩薩行法経（曇無蜜多訳、大正蔵・九 No. 277）『国訳一切経』印度撰述部・法華全一の訓読を参照。

一切業障海　皆従二妄想一生
若欲二懺悔一者　端坐念二実相一
衆罪如二霜露一　慧日能消除
是故応三至心一　懺二悔六情根一　（393b）

〔題意〕諸々の罪は霜や露がとけるように、陽光のような仏の恵みによって消滅するであろう。それゆえに、一心に六根の業障を懺悔すべきである。

〔現代語訳〕

これまで重ねてきた罪を、どうにかして露霜が朝日にあたるように消してしまいたいものだ。

〔語釈〕 **〇普賢経** 仏説観普賢菩薩行法経。観普賢経、普賢観経とも。内容は、『法華経』の終章である普賢菩薩勧発品を承ける。『法華経』の結経とされ、開経の『無量義経』とともに、法華三部経の一。**〇霜露** しもとつゆ。**〇慧日** えにち。仏のさとりがあらゆる煩悩や業障を照らして除くことを、太陽の光に喩えた語。**〇至心** まことの心。**〇六情根** 眼・耳・鼻・舌・身・意の六根。この六つのけがれが煩悩や業障の源となる。『普賢経』の経文では、題の項に掲出した部分の直前に、六根のけがれを除くための方法を説いたうえで、「如レ此等六法　名為二六情根一」とある。**〇つくりおける罪** 作ってきた罪。生きてきた間に、仏教的な罪障となる行いを重ねてきたことをいう。「つくりおく」は作ってそのままにしておく意。「あらたまの年も暮るればつくりけむ罪も残らずなりやしぬらむ」（和漢朗詠集・仏名・三九五）とあるように、「罪」を「つくる」という場合、罪障を懺悔する法会である仏名会との関わりで詠まれることが比較的多い。当該歌では、題の「衆罪」を表現するものとして詠む。**〇露霜** つゆとしも。ここでは題の経文の「霜露」を和語で表現したもの。「つゆじも」は『萬葉集』以来平安以後の和歌にも多く詠まれた歌語（上代では「つゆしも」と清音）。露と霜の意だが、単に露のことを表したり、露が凍って霜のようになったものを表したりもする。**〇朝日にあたる** 朝の陽光にあたる。「うらやまし朝日にあたる白露を我が身と今はなすよしもがな」（拾遺集・恋三・八三四・よみ人しらず）。

〔補説〕 当該歌の歌題である『普賢経』の偈を、永観『往生講式』では、第二段の「懺悔業障」で「歌頌曰」として掲げる。和歌においても、この偈を題材とする歌は数多い。たとえば「朝日待つ露のつみなく消えはてばゆふべの月はさそはざらめや」（成尋阿闍梨母集・一七五）や「罪はしも露も残らず消えぬらんながき夜すがらくゆる思ひに」（金葉集・異本歌・七〇八・覚誉法師）などがあり、『発心和歌集』の当該歌はその先駆的な例である。なお、『普賢経』は、『法華経』の結経であるとともに、経文の冒頭に「告二諸比丘一、却後三月、我当二般涅槃一」とあることから、釈迦が入滅直前に『涅槃経』の前に説いた教えであるとも位置づけられている（『国訳一切経』解題）。『発心和歌集』全五十五首の配列において、この53番歌は、法華経二十八品和歌（25～52番歌）の後に置かれ、次の54番歌には『涅槃経』を題とする歌が続く。こうした配列意識は、『法華経』『普賢経』『涅槃経』という経典の位置づけを、歌集の構成によって示したものと言えるだろう。

54

涅般

譬如耕田秋暇為勝　此経如是諸経中勝

秋《あき》の田《た》のかへすがへす《〱》もかなしきはかぎりのたびの御法《みのり》なりけり

【校異】※（松）、歌ノ右肩ニ「本ノマ、」トアリ。○涅般―涅槃経（松）○かへす〳〵―かへす□も（一字分空白）（松）○かなしきは―かなしさは（松）、かなし□は（一字分空白）（宮五）

【題】大般涅槃経・巻第三・名字功徳品第三（曇無讖訳、大正蔵・十二No. 374）『国訳一切経』印度撰述部・涅槃部一の訓読を参照。

是大涅槃能令三衆生度二諸有流一。善男子。如二諸跡中象跡為一レ最。此経如レ是。於二諸経三昧一最為二第一一。善男子。譬如二耕田秋耕為一レ勝。此経如レ是諸経中勝。善男子。如二諸薬中醍醐第一一。善治二衆生熱悩乱心一。是大涅槃為二最第一一。（385a）

【題意】この『大般涅槃経』が経典のなかで第一にすぐれているのは、耕す田では秋の田がもっともすぐれているようなものである。

〔現代語訳〕　秋の田をかえす（耕す）ように、かえすがえすもかなしいのは、入滅する最期のときに仏がお説きになった法であるよ。

〔語釈〕　**○涅般**　松本には「涅槃経」とあるが、底本はじめ他本は「涅般」とある。題の章句の出典は『大般涅槃経』。釈尊の入滅とその意義を説く経典。「涅槃」は12番歌参照。**○秋暇**　『発心和歌集』諸本「暇」と誤るが、『涅槃経』本文は「耕」。**○秋の田のかへすがへすも**　土を掘りかえす、耕すの意の「かへす」と繰り返すの意の「かへすがへす」を掛ける。秋の田をかえす（耕す）ように、かえすがえすも。同様の言い掛けによって「かへすがへす」を用いた例に、「忘らるる時しなければ春の田をかへすがへすぞ人は恋しき」（拾遺集・恋三・八一一・紀貫之）がある。**○かなしきは**　かなしいのは。「かなし」は対象への思いが強く迫るような心情をいい、悲しみにも愛しみにもいう。ここでは、釈迦の入滅を悲しむとともに、入滅直前に説いた『涅槃経』の教えをありがたく思う心情を表現したものか。**○かぎりのたび**　釈迦入滅の折。「かぎり」は臨終、最期の意を表す和語。たとえば「先にたつ涙の道にさそはれてかぎりのたびに思ひたつかな」（兼澄集・三二）のように、「かぎりのたび」という言い回しは死後あの世へむかう旅の意で詠まれることもあるが、ここでの「たび」は機会、折の意。

〔補説〕　題の経文は『涅槃経』がすぐれた経典であることを、秋の耕田の比喩によって述べる。それを題とする当該歌においては、秋の耕田の比喩は踏襲しつつ、釈迦が入滅直前に説いた御法（涅槃経）に寄せる詠み手の心情を表現している。

55

願以此功徳　普及於一切　我等与衆生　皆共成仏道

いかにして知《し》るも知《し》らぬも世《よ》の人《ひと》を蓮《はちす》の上《うへ》の友《とも》となしてむ《ん》
　　仏《ほとけ》の道《みち》にさそひ入《い》れてむ《ん》

〔校異〕 ※歌ノ右肩ト「ほとけのみち」ノ右ニ合点アリ―ナシ（松・群）○うへの―上に（群）○なしてん―なしけん（群）○ほとけのみちにさそひいれてん―本行本文ニナシ、本文ノ右ニ異本注記デ「ほとけのみちにさそひいれイ」（松）、ナシ（群）

〔題〕 妙法蓮華経・巻第三・化城喩品第七（大正蔵・九 No. 262）岩波文庫『法華経』参照。

願以㆓此功徳㆒　普及㆓於一切㆒
我等與㆓衆生㆒　皆共成㆓仏道㆒（24c）

〔題意〕

この功徳をすべてのものに及ぼし、我等と衆生がみな成仏できますように。化城喩品において、梵天が仏に宮殿を奉ったときに唱えた偈の末尾の一節。

〔現代語訳〕

どうにかして、知っている人も知らない人も世の中の衆生すべてを、ともに蓮の上に成仏する友としよう（仏の道へと勧め入れよう）。

〔語釈〕 **○願以此功徳…**　詞書に経典名が記されていないが、『法華経』化城喩品所掲の偈である。自分も他の衆生もみな共に成仏を果たそうという主旨であることから、歌集を締め括る末尾の歌の題として、この偈が採用されたか。**○知るも知らぬも**　知っている人も知らない人も。この言い回しの歌例は多く、たとえば「これやこの行くも帰るも別れつつ知るも知らぬも逢坂の関」（後撰集・雑一・一〇八九・蝉丸）がある。**○蓮の上**　蓮華の上。極楽浄土の蓮の台《うてな》の上に生ずること、すなわち成仏することを表す。4番歌に「蓮葉の上」とある。「ひとたびも南無阿弥陀仏といふ人の蓮の上にのぼらぬはなし」（拾遺集・哀傷・一三四四・空也上人）。**○友となしてむ** 共に成仏へ至る同行の友としよう。**○仏の道にさそひ入れてむ** 下句の異なる歌形。松本は異本注記として記し、群本はこの部分を欠くが、底本・宮一本・宮五本は本文の左に本文と同じ字の大きさで記す。「蓮の上の友となしてむ」が本行本文で「仏の道にさそひ入れてむ」が異伝と見るよりも、「蓮の上の友となしてむ、仏の道にさそひ入れてむ」という反復表現によって歌集末尾を締め括ったと見るべきか。「百石に八十石そへて給ひてし、乳房の報い今日ぞ我がするや、今ぞ我がするや、今日せでは何かはすべき、年も経ぬべし、さ代も経ぬべし」（百石讃歎、拾遺集・哀傷・一三四七）などのように、仏を讃歎する頌歌（和讃）において、反復表現は見られる。

〔**補説**〕当該歌の題とされた偈は名高く、廻向文として読誦された。たとえば、平安末期の康和四年（一一〇二）以後成立の三善為康『拾遺往生伝』に、伯耆国円空上人が命終の時に、極楽往生を願って経を読ませて禅定に入る毎日の作法を続けるさまを語るくだりに、「又観二仏於順逆一、演二三身於即一一。其結句頌曰、願以此功徳、普及於一切、我等与衆生、皆共成仏道。毎日念仏後頌如レ此」（巻下・二九）とある。現在においても、勤行の終わりに唱えられるという（『天台宗日常勤行式』比叡山延暦寺発行、昭和六二年初版・平成二〇年改版など）。そのような偈を題とする歌を末尾に置くことで、『発心和歌集』全体の配列によって、あたかも勤行の所作をなぞらえるかのような構成になっている（解説参照）。なお、和歌において同じ章句を題とした後代の歌例に、「秋の野の草の葉ごとにおく露をあつめば蓮の池たたふべし」（聞書集・七）、「おこなひの果てにとなふることくさを植ゑける袖やあまのはごろも」（拾玉集・二四五二）などがある。

極楽願往生和歌

敬白

極楽願往生歌

1

イロイロノ花ヲツミテハ西方ノミタニソナヘテツユノミヲクイ

〔校訂本文〕

イロイロノ花ヲ摘《ツ》ミテハ西方ノ弥陀《ミダ》ニ供《ソナ》ヘテ露《ツユ》ノ身《ミ》ヲ悔《ク》イ

〔現代語訳〕

さまざまの色の花を摘んでは西方の阿弥陀仏に供えて、露のようにはかない身を悔いることだ。

〔語釈〕 **○イロイロノ花**　さまざまの色の花。仏教に関わる内容でこの語句を詠む歌例に「いろいろの花散りくれば雲居より飛びかふ鳥と見えまがひけむ」（発心和歌集・四一「分別功徳品」）などがある。**○花ヲ摘ミテハ**　花を摘んでは。摘んだ花を仏に供えることをいう。「野辺の草むらにまじりて花を摘みつつ、仏に奉るわざをのみして」（無名草子）。和歌に「花」を「摘む」と表現する例は少ないが、「法のため摘みたる花をかずかずに今はこの世のかたみにぞする」（大斎院御集・三〇）があり、「花」を仏に供えるさまを詠む歌に「折りつればたぶさにけがるたてながら三世の仏に花たてまつる」（後撰集・春下・一二三・僧正遍照）などがある。**○西方ノ弥陀**　さいほうのみだ。西方極楽浄土にいる阿弥陀仏。「西方に阿弥陀仏はますなればことわりなれやなもととなふる」（久安百首・四八六・藤

2

原季通）。「西方」にいる阿弥陀仏については7番歌に後掲。〇露ノ身　露のようにはかない身。歌例は多く、「草の葉におかぬばかりの露の身はいつその数にいらむとすらん」（後拾遺集・雑三・一〇一一・藤原定頼）などがある。〇悔イ　後悔する、悔いて省みる。動詞「悔ゆ」の連用形。「身」を「悔ゆ」と捉える歌に、「燻ゆ」を掛ける例だが「したにのみくゆる我が身は蚊遣火のけぶりばかりをこととやは見し」（相模集・二四八）などがある。

〔補説〕『極楽願往生和歌』は、いろは四十七字を歌頭と歌末に置く沓冠歌四十七首と、別和歌一首の計四十八首からなる。当該歌はその冒頭歌であり、第五句を動詞「悔ゆ」の連用形止めとすることによって、歌の頭と末に「イ」字を置く沓冠歌とした。

ロクロクニメクリアフトモノリノミチタエテオコナヘサカノコノコロ

〔校訂本文〕

録録《ロクロク》ニメグリアフトモ法《ノリ》ノ道《ミチ》絶エデ行《オコナ》ヘ釈迦《サカ》ノコノコロ

〔現代語訳〕

ただ凡庸で人につき従うままに仏の教えにめぐりあったのだとしても、絶えず仏道修行に自ら励み続けよう、釈迦の子であるからには。

〔語釈〕〇録録ニ　底本「ロクロクニ」。「録録」は、特にすぐれたところもなく凡庸なさま、また、人のいいなりに随従するさまをいう漢語。『色葉字類抄』巻上・重点に、「録々　ロク、、　ウナツキアハス」とある。古来の漢籍に見られる語で、表記は「碌碌」「禄禄」「鹿鹿」等と通用する。たとえば「公等録録、所謂因レ人成レ事者也」（史記・巻七十六・平原君虞卿列伝第十六）の注に「音禄。按王劭云、録借字耳。又説文云、録録、随従之貌」（史記索隠）とあり、「当時録録」（漢書・蕭何曹参伝第九「賛曰」）の顔師古注に「録録猶二鹿鹿一、言レ在二凡庶之中一也」とある。

また、車が絶えず回り続ける音を擬音的に表す語「轆轤」があり、『色葉字類抄』に「轆々　ロク、、　不絶義也」と掲出する。この意の場合も「碌碌復碌碌、百年雙轉轂」（賈島・古意）とあるように、表記は「碌碌」と通用することがある。当該歌においては、凡庸の意に、車が回る音の意も響かせて、「メグリアフ」「絶エデ」と縁語的に繋がっていよう。**〇法ノ道**　仏法の道。仏道。「めぐりあふ」とともに詠む歌例に「行く末もかけ離れじな法の道めぐりあひぬる三つの車は」（相模集・一八九）などがある。**〇絶エデ行ヘ**　絶えることなく行いなさい。「行ふ」は仏道修行すること。4番歌に「行ヒタツ」とある。**〇釈迦ノコノコロ**　釈迦の子は自らで、の意か。「釈迦の此頃」、「釈迦の子の頃」ととる説もある。釈迦は、仏教の開祖釈迦牟尼の略称で、サンスクリット語Śākyaに相当する音写。「サカ」はその直音表記。「釈迦の子」は、釈迦の弟子、仏道に入門した者の意。「便非二沙門一非二釈迦子一」（大般若波羅蜜多経）などとある。「〜ノコロ」は解釈が定めがたいが、「ころふす」「ころに」「ころと」などの語形で用いられ、自分自身・自らの意を表す「ころ」か。『色葉字類抄』に「自　コロ」（巻下・人躰）とある。「其茂徳高才別二自《コロ》二有レ伝」（興福寺本大慈恩寺三蔵法師伝永久四年点・巻第四）。

〔補説〕和語には基本的に語頭がラ行音の語彙がない。いろは四十七字の「ロ」字を歌の頭と末に置く沓冠歌を詠作するにあたり、当該歌では「録録」という漢語を用いて歌に詠みこんだ。

3

ハカナシヤコノヨノコトヲイソクトテミノリノミチヲシラヌワカミハ

〔校訂本文〕

ハカナシヤコノ世《ヨ》ノコトヲイソグトテ御法《ミノリ》ノ道《ミチ》ヲ知《シ》ラヌ我《ワ》ガ身《ミ》ハ

〔現代語訳〕

はかないことだ。この世の諸事をせわしく行うといって、仏法の道を知らない我が身は。

〔語釈〕　**○ハカナシヤ**　はかないことだ。むなしいことだ。この初句を「我が身」を省みる心情とともに詠む歌例に、「はかなしや我が身も残りすくなきに何とて年の暮をいそぐぞ」（堀河百首・除夜・一一一九・紀伊）などがある。**○コノ世ノコト**　この世の中のこと。この世におけるさまざまな物事。歌例に「夢とのみこの世のことの見ゆるかなさむべきほどはいつとなけれど」（千載集・雑歌中・一一二三・永縁）などがある。当該歌での「この世」は現世を言う。**○イソグ**　物事を急《せ》いで行う。ここでは、この世での諸事ばかりに追われて、来世での極楽往生を願う仏道には思いを致さず、むなしく過ごしてきた状態を表すのだろう。26番歌・35番歌でも「イソギ」が用いられており、そこでは早く極楽往生したいと願って準備にいそしむことを表現している。**○御法ノ道**　仏法の道。仏道。28番歌・38番歌に「法ノ道」とある。

ニハカニモヲコナヒタツトアタナラシタ、コクラクノコトヲオモフニ

〔校訂本文〕

ニハカニモ行《オ(ヲ)コナ》ヒタツトアダナラジタダ、極楽《ゴクラク》ノコトヲ思《オモ》フニ

〔現代語訳〕

急に仏道修行を始めたといって無駄ではあるまい。ただ極楽浄土に往生することを思うのだから。

〔語釈〕　**○ニハカニモ**　急に。だしぬけに　**○行ヒタツト**　仏道修行しようと思い立つといって。「行ひたつ」は、仏道修行するの意の「行ひ」と、物事や動作を起こす意の「〜たつ」の複合動詞。**○アダ**　徒。無駄である、はかない。**○極楽ノコト**　前の3番歌「ハカナシヤコノ世ノコトヲ」にも、「〜ノコトヲ」という語句があり、同趣の言い回しが繰り返し用いられている。

〔補説〕　動詞「行ふ」（おこなふ）の底本における表記は、当該の四番歌が「ヲコナヒ」、二番歌には「オコナヘ」

とあり、一定していない。平安期にア行音のオとワ行音のヲの発音上の区別がなくなっていたことから、オとヲの表記の混用も諸文献に見られる（築島裕『平安時代語新論』、遠藤邦基『国語表記史と解釈音韻論』など）。『極楽願往生和歌』では、12番歌で、歌の沓冠に「ヲ」を置く表記上のきまりから「音（おと）」を「ヲト」と記し、27番歌で同様の制約から、「フルノスミカオ」で格助詞「を」を「オ」と記す。ほかは「音（おと）」を「ヲト」（一七）、「置く（おく）」を「ヲク」（八）、「起き（おき）」を「ヲキ」（一〇・二〇）、「おそれ」を「ヲソレ」（二二）、「愚か（おろか）」を「ヲロカ」（四二・四四）のように、比較的ヲの表記を用いる傾向が強い。

5

ホトモナクヨルヒルミルニアカヌカナネテモサメテモサカミタノカホ

〔校訂本文〕

ホドモナク夜昼《ヨルヒル》見《ミ》ルニ飽《ア》カヌカナ寝《ネ》テモ覚《サ》メテモ釈迦弥陀《サカミダ》ノ顔《カホ》

〔現代語訳〕

間をおかず夜昼見ても飽きないことだよ。寝ても覚めても思い浮かべる釈迦と阿弥陀仏の顔は。

〔語釈〕

〇ホドモナク　間もない。時間が短い。「ほどもなく誰もおくれぬ世なれどもとまるは行くを悲しとぞ見る」（後撰集・哀傷歌・一四一九・伊勢）など歌例は多い語句。ここでは、時間的な間をおかず、の意。**〇夜昼見ルニ飽カヌカナ**　夜も昼も見ても飽きないことだ。「夜昼」については15番歌の語釈に後掲。「見る」は目で見る、また、思い描く。仏教的には、観想する。仏の姿を観想する方法は『観無量寿経』ほか諸経典に説かれており、同経の十六想観の第八観・像想観には、「想二彼仏一者、先当レ想レ像」とある。また「如二十住毘婆沙云一、新発意菩薩、先念二仏色相一云云、又諸経中、為二初心人一、多説二相好功徳一」（往生要集・巻中・第四観察門）とあるように、初心の人はまず仏の具体的な姿を観想するのがよいとされた。阿弥陀仏を観想するさまを記す例は、「只弥陀ノ相好、浄土ノ荘厳ヲ観ジテ、他ノ思ヒ無クシテ静カニ寝タリシ也」（今昔物語集・巻十五ノ一）など多い。**○寝テモ覚メテモ**　寝ていても目覚めていても。絶えず思いを寄せ続けることを表す定型表現。「わりなくも寝ても覚めても恋しきか心をいづちやらば忘れむ」（古今集・恋歌二・五七〇・よみ人しらず）のように、和歌においては恋歌に詠まれることが多い。『往生要集』大文第十問答料簡の第四「尋常念相」に、「二散業、謂行住坐臥、散心念仏」というように、行住坐臥に仏の姿を念ずることが説かれる。**○釈迦弥陀ノ顔**　釈迦と阿弥陀仏の顔。「釈迦」については2番歌参照。「天台大師云、念㆓阿弥陀仏㆒、即是念㆓一切仏㆒」（往生要集・第四観察門）には、阿弥陀仏を観想すればすべての仏を念ずることになると説かれている。当該歌では、釈迦と阿弥陀仏の「顔」を見る、と詠む。「釈迦」と「弥陀（阿弥陀）」を並列して捉える発想で詠んだ例に、「釈迦阿弥陀おなじ教への一つ道呼ぶもおくるるちかひたがふな」（新撰和歌六帖・仏事・八九九・藤原信実）がある。阿弥陀仏の尊顔を見ることを詠む歌に、「まはりつつ宝の橋にひざまづき弥陀のみ顔を今日見たてまつる」（忠盛集・八五「蓮花初開楽」）などがある。

6

ヘシトサハアタナルツユノヨロツヨヲコノミヲステ、ノリヲコソオモヘ

〔校訂本文〕

経《へ》ジトサハアダナル露《ツユ》ノヨロヅ世《ヨ》ヲコノ身《ミ》ヲ捨《ス》テテ法《ノリ》ヲコソ思《オモ》ヘ

〔現代語訳〕

この世でもう過ごすまいというくらいならば、はかない露のように続く世々で、この身を捨ててただ仏法を思おう。

〔語釈〕　**○経ジトサハ**　過ごすまいというならば。「経」は時を過ごす、歳月を送る。「じ」は打消意志の助動詞。「さは」は、それならば、それでは。「アダナル露ノヨロヅ世ヲ」と倒置。なお、『新編国歌大観』の翻刻は「へし

とさは」、勉誠社文庫も「経しとさは」。『極楽願往生歌　明恵上人集　本文と索引』では「経しとせは」。底本の表記は「サ」に近い字体である。本注釈では「経ジトサハ」と校訂本文をたてた。**〇アダナル露ノ**　はかない露のように。「あだ」は4番歌参照。「あだなる露」を「世」とともに詠む歌例に、「みづぐきのあとはたえせぬ世の中をあだなる露のいかでそめけん」（範永集・八二）などがある。**〇ヨロヅ世**　限りなく長く続く世。『万葉集』『古今集』から見られる歌語で、和歌においては「春日山岩根の松は君がため千歳のみかはよろづ世ぞ経む」（後拾遺集・賀・四五二・能因法師）のように、御代が永遠に続くことを祝う発想で詠むことが多い。ここでは、前世・現世・来世の三世にわたって世の中が持続するさまを表現したか。**〇コノ身ヲ捨テテ**　この我が身を捨てて。身をなげうって仏法に専心するさまをいう。「身を捨つる人はまことに捨つるかは捨てぬ人こそ捨つるなりけれ」（詞花集・雑下・三七二・読人不知）とあるような、俗世を捨てて遁れるさまも含意するか。

7

トシヲヘテミタノ上トヲネカフミハヒトヨリサキニコセヤカナフト

〔校訂本文〕

年《トシ》ヲ経《ヘ》テ弥陀《ミダ》ノ浄《上》土《ド》ヲ願《ネガ》フ身《ミ》ハ人《ヒト》ヨリサキニ後《ゴ》世《セ》ヤカナフト

〔現代語訳〕

長年のあいだ阿弥陀仏の極楽浄土を願ってきた身は、人より先に来世の望みが叶うかと思うのである。

〔語釈〕　**〇弥陀ノ浄土**　阿弥陀仏のいる西方極楽浄土。「浄土」は清浄国土を約めた語で、穢土の対。地獄・餓鬼・畜生の三悪趣や五濁などがなく、仏・菩薩が住する清らかな世界。浄土には、阿弥陀仏の西方極楽浄土、薬師如来の東方浄瑠璃浄土、観世音菩薩の補陀落浄土などがあるとされる。阿弥陀仏の西方極楽浄土は、死後の来世に赴く浄土として、広く盛んに信仰された。8番歌、16番歌、32番歌参照。**〇人ヨリサキニ**　他の人より先に。この言い回しを来世の往生への願いとともに詠む歌に、「すぐれたる蓮の上を願ふ身は人よりさきにいそがるるかな」（成尋阿闍梨母集・一二三）がある。**○後世**　生まれ変わった後の世。来世。**○カナフ**　来世において西方極楽浄土に往生したいという願いが叶うこと。

8

チキリヲクミタノ上トノ西《ニシ》ヨリハムカヘテミセヨコクラクノミチ

〔校訂本文〕

契《チギ》リ置《オ（ヲ）》ク弥陀《ミダ》ノ浄土《上ド》ノ西《ニシ》ヨリハ迎《ムカ》ヘテ見《ミ》セヨ極楽《ゴクラク》ノ道《ミチ》

〔現代語訳〕

結縁を交わしておいた阿弥陀仏の浄土のある西方から、来迎して見せてください、極楽への道よ。

〔語釈〕　**○契リ置ク**　約束しておく。和歌において、恋人と互いに交わす約束や友と交わす約束など、さまざまに詠まれる言い回しであるが、ここでは、来世に往生する機縁を作るために仏道と縁を結ぶこと。結縁。当該歌と同じように、後世への願いとともに詠む歌例に、「契り置きし蓮の上の露にのみあひ見しことを限りつるかな」（成尋阿闍梨母集・五二）などがある。「置く（おく）」の底本表記は「ヲク」。オとヲの表記の混用については4番歌の補説参照。**○弥陀ノ浄土**　7番歌参照。**○西**　極楽浄土のある西の方。底本「西」の右に小字で「ニシ」。**○迎ヘテ**　来迎のこと。往生しようと願う人の臨終に、浄土から仏菩薩が迎えに来ること。来迎を含意する「迎ふ」を「契り」とともに詠む歌例に、「紫の雲居を願ふ身にしあればかねて迎へを契りこそ置け」（在良集・三一「冬日雲居寺」）がある。**○極楽ノ道**　極楽への道。この言い回しを詠む歌に、地蔵菩薩の詠と伝える「極楽ノ道ノシルベハ我身ナル心ヒトツガナホキナリケリ」（今昔物語集・巻十七ノ二十九）などがある。

9

リヲシリテオモフネカヒノタカハスハイチネムアミタタノマル、ナリ

〔校訂本文〕

利《リ》ヲ知《シ》リテ思《オモ》フ願《ネガ》ヒノタガハズハ一念《イチネム》阿《ア》弥《ミ》陀《ダ》頼《タノ》マルルナリ

〔現代語訳〕

仏の利益を知って極楽往生を思う願いが違《たが》うことがないならば、わずか一念でも阿弥陀仏を自ずと頼みにするのである。

〔語釈〕 **○利**　利益、得《とく》になること。物質的な利益《りえき》を言うことも多いが、ここでは仏教的な利益《りやく》のことか。すなわち、仏菩薩などが人に恩恵を与えて救済する、また人が仏菩薩から受ける恩恵。「故今、為レ欲下円ヨ満菩薩願行一、自在利中益一切衆生上、先求二極楽一、不レ為二自利一」（往生要集・大文第四正修念仏）。**○願ヒ**　極楽往生したいと願うこと。の意。**○タガハズハ**　違うことがないならば。「たがふ」は反する、そむくの意。「ずは」は、〜ないならば、〜なくては、**○一念**　わずかに心に思う。「一念信解」（法華経・分別功徳品）など諸経典に広く見られる仏教語。「一念」の「念」とは心に思うの意。念仏（仏を念じること）の実践方法は、古来さまざまに説かれ、仏の姿を思い浮かべること（観想念仏）や、阿弥陀仏の名号を称《とな》えること（称名念仏）などがある。当該歌における「一念」は、阿弥陀仏の名号（南無阿弥陀仏）を称える称名念仏の意か。「有云、一心称ヨ念南無阿弥陀仏一、遥二此六字一之頃、名二一念一也、云云」（往生要集・大文第十問答料簡）とある。30番歌の「南無阿弥陀仏ト称ヘテハ」参照。または、阿弥陀仏の姿を思い浮かべる観想念仏の意とも解せるか。歌集において阿弥陀仏を「一念」すると表した例には、西行『聞書集』の歌題「一ヨ念弥陀仏一即滅二無量罪一」（三六）がある。**○阿弥陀**　阿弥陀仏。「又観経云。一ヨ念阿弥陀仏一除二八十億劫生死之罪一」（窺基撰・阿弥陀経疏）。**○頼マルルナリ**　自ずから頼みにされるのである。動詞「頼む」に自発と断定の助動詞が連接した句。

10

〔補説〕『無量寿経』巻上において、阿弥陀仏四十八願の第十八願に、「設我得レ仏。十方衆生至心信楽。欲レ生二我国一乃至十念」と「十念」が説かれる一方、同経巻下には「其有レ得レ聞二彼仏名号一。歓喜踊躍乃至一念」というように「一念」が説かれる。このことから、浄土教学において「一念」は、「十念」と並んで、解釈が重要な論題とされていた語である（往生要集・大文第十問答料簡ほか）。

ヌルコトハタ、コクラクノコヒシサニユメニミムトテヲキモアカラヌ

〔校訂本文〕
寝《ヌ》ルコトハタダ極楽《ゴクラク》ノ恋《コヒ》シサニ夢《ユメ》ニ見《ミ》ムトテ起《オ(ヲ)》キモアガラヌ

〔現代語訳〕
寝ることは、ただ極楽の恋しさゆえにすることで、極楽を夢に見ようとして、なかなか起き上がることもできないことだよ。

〔語釈〕**○寝ルコトハ**　この言い回しを用いた歌例は稀である。当該歌では、「寝ル（ぬる）」と「起キモアガラヌ」によって、「ヌ」を歌頭と歌末に詠みこむ沓冠歌としている。睡眠時に極楽浄土の様相を見るさまは、「又善導和尚云、…（中略）…而発下見二仏菩薩及極楽界相一之願上、即随レ意入観及睡得レ見、除レ不二至心一、云云」（往生要集・大文第五助念方法）などと記される。**○極楽**　極楽浄土。歌例は「極楽ははるけきほどと聞きしかどつとめて至るところなりけり」（拾遺集・哀傷・一三四三・仙慶法師）などがある。**○夢ニ見ムトテ**　極楽浄土を恋しく思うゆえに、その極楽浄土のさまを夢に見ようとして、の意。「極楽」を「夢」に見たいと願う発想の歌例に、「うたたねのほども忘れず極楽を夢にも見むと思ふ心も」（成尋阿闍梨母集・一七二）などがある。**○起キモアガラヌ**　起き上がることもない。「起きあがる」という動詞を用いた歌例は少ない。「今朝見れば露のすがるに折れふして起きもあがらぬ女郎花か

な」（山家集・二七八）のように草木が横になって萎れたさまを擬人的に捉えて詠む歌はわずかに見出せる。ここでの「起キモアガラヌ」は、「寝」た人が、夢のなかで何とか極楽を見たいと願って、なかなか起きあがろうとしない、ということ。なお、「起き（おき）」の底本表記は「ヲキ」。オとヲの表記の混用については4番歌の補説参照。

11

ルリノタマカケテカ、ヤクコクラクノホトケノスカタユメニノミ、ル

〔校訂本文〕

瑠璃《ルリ》ノ玉《タマ》カケテカカヤク極楽《ゴクラク》ノ仏《ホトケ》ノ姿《スガタ》夢《ユメ》ニノミ見ル

〔現代語訳〕

瑠璃の玉を懸けて輝く極楽の仏の姿を夢にばかり見ることだ。

〔語釈〕 **○瑠璃** 七宝の一。天竺・中国で珍重された宝玉。極楽浄土は諸仏典において、瑠璃をはじめとする七宝で飾られ、光り輝く美しい世界として描写される。「又宝地上宝樹行列、宝樹下各有二一仏二菩薩一。光明厳飾遍二瑠璃地一、如三夜闇中燃二大炬火二」（往生要集・大文第二欣求浄土「蓮華初開楽」）。「瑠璃の地と人も見つべし我が床は涙の玉としきにしければ」（和泉式部集・二八七）。**○玉カケテ** 宝玉を懸けて、掲げて。ここでは、極楽浄土が瑠璃の玉に飾られたさまをいう。仏教に関わる内容で「玉」を「かく」と詠む歌例に、『法華経』五百弟子受記品の衣裏繋珠の喩を題として詠んだと伝えられる「玉かけし衣の裏をかへしてぞおろかなりける心をばしる」（新古今集・釈教歌・一九七一・源信）などがある。**○カカヤク** 光り輝く。極楽浄土のさまを「かかやく」と捉えた歌に、『阿弥陀経』の七宝池の蓮華のさまを描いた章句を題とする「いろいろの蓮かかやく池水にかなふ心や澄みて見ゆらむ」（発心和歌集・一八）などがある。**○極楽ノ仏ノ姿** 極楽浄土にいる阿弥陀仏の姿。**○夢ニノミ見ル** 夢にばかり見る。「ノミ」は現実には見ることができないが夢のなかだけでは、との含意。極楽浄土を夢に見るという発想は、

10番歌参照。

12 ヲトニキ、コ、《（ママ）》ヲツクスコクラクノネカヒタカフナツユノワカミヲ

〔校訂本文〕

音《オ（ヲ）ト》ニ聞キ《キ、》 心《コ、（ロ）》ヲ尽《ツ》クス極楽《ゴクラク》ノ願《ネガ》ヒタガフナ露《ツユ》ノ我《ワ》ガ身《ミ》ヲ

〔現代語訳〕

うわさに伝え聞き、心を尽くす極楽浄土への願いを、どうか違えてくださいますな、露のようにはかない我が身であるのを。

〔語釈〕 **○音ニ聞キ** うわさに伝え聞く。有名である。「音（おと）」の底本表記は「ヲト」。17番歌においても「音」を「ヲト」と表記する。オとヲの表記の混用については4番歌の補説参照。当該歌では、歌の頭と末に「ヲ」を置くという沓冠歌の表現上のきまりから、「ヲト」と記すことを要した。**○心ヲ尽クス** 思いを尽くして極楽へ往生したいと願うこと。底本「コ、ヲツクス」。「コ、」の後に「ロ」が欠脱と考えられる。補って校訂した。**○願ヒタガフナ** 「願ひ」が「たがふ」という言い回しは、9番歌参照。**○露ノ我ガ身ヲ** 露のようにはかない我が身であるのを。ここでの文末の「ヲ」は、詠嘆をこめて確認する意の助詞か。歌の構文としては据わりが悪いが、これによって歌末に「ヲ」字を置く沓冠歌の表現上のきまりに応じている。はかないものを「露」の比喩で詠むのは類型的表現。「我が身」を「露」と捉える発想の歌例に、「露をなどあだなる物と思ひけむ我が身も草におかぬばかりを」（古今集・哀傷歌・八六〇・藤原惟幹）などがある。当該歌では、はかない露のような我が身はいつこの世から消えるか分からない、この世での生を終えたあかつきには極楽へ往生したい、と願っているのである。

13
ワタツミノソコノイロクツミナ、カラスクハムコトヲネカフアミタワ

〔校訂本文〕
ワタツミノ底《ソコ》ノイロクヅミナナガラスクハムコトヲ願《ネガ》フ阿弥陀《アミダ》ハ《ワ》

〔現代語訳〕
海底にいる魚類もみなすべて、掬い上げるように救済しようと願っているのだ、阿弥陀仏は。

〔語釈〕　**○ワタツミノ底**　海底。**○イロクヅ**　鱗をもった生き物、魚類や竜など。「底」「いろくづ」「すくふ」という言葉の取り合わせで、水底にいる魚類も仏に救済されると詠む歌に、法華八講の折に詠まれたとされる「水底に沈める底のいろくづを網にあらでもすくひつるかな」（公任集・五〇六・藤原道長、栄花物語・玉葉集に「宇治川の底に沈めるいろくづを網ならねども」の歌形で所収）がある。たとえば『法華経』提婆達多品に、「海中」に住む竜王の娘である竜女が、女身は五障のある存在だが男子に身を変じて成仏を遂げたとある。このように、海底にいる「いろくづ」は救済され難い存在である。当該歌では、そのような物もみな仏は救おうと願う、と詠むことで、阿弥陀仏の救済が遍くゆきわたるありがたいものであることを表現した。**○ミナナガラ**　みなすべて。**○スクハムコト**　救済すること。「救ふ」の意に、水を手で掬い上げる意の「掬ふ」を懸ける。**○阿弥陀ハ**　阿弥陀仏は。底本「アミダワ」。歌の頭と末に「ワ」を置く沓冠歌の表現上のきまりにもとづき、格助詞「は」をハ行転呼音に従って「ワ」と表記した。

14
カスカナルトコロトキケトコクラクヲネガフワカミハチカクイタルカ

〔校訂本文〕
カスカナルトコロト聞《キ》ケド極楽《ゴクラク》ヲ願《ネガ》フ我《ワ》ガ身《ミ》ハ近《チカ》ク至《イタ》ルカ

〔現代語訳〕

かすかにしか分からないところだと聞くが、極楽往生を願う我が身は、近く到達しているだろうか。

〔語釈〕 **○カスカナル**　かすかである。知覚ではっきりと認められない。「かすか」は、「眇邈　カスカナリ　ハルカナリ　ベウハク」（色葉字類抄）とあるように、空間的に広々として遠く果てしない意にも通ずる。ここでは、「カスカナルトコロ」と「近ク至ルカ」を対比的に表現した。**○近ク至ルカ**　近くですぐ到達できるだろうか。「至る」は到達する、至り着く。「カスカナルトコロ」である極楽浄土も、切実に往生を願う我が身にとっては近い所だろうか、というのである。

〔補説〕 極楽浄土は遥か彼方だと聞いていたが、すぐ至り着けるところだったという発想の歌例に、「極楽を願ひて詠み侍りける」と詞書のある「極楽ははるけきほどと聞きしかどつとめて至るところなりけり」（拾遺集・哀傷・一三四三・仙慶法師）があり、参考になる。

15

ヨルヒルモコ、ロニカクルコクラクノイケノミキハニワレヲスマセヨ

〔校訂本文〕

夜昼《ヨルヒル》モ心《コヽロ》ニカクル極楽《ゴクラク》ノ池《イケ》ノミギハニ我《ワレ》ヲスマセヨ

〔現代語訳〕

夜も昼も心にかけている極楽浄土の池の水ぎわに、澄んだ境地で私を住ませてください。

〔語釈〕 **○夜昼モ**　夜も昼も。絶えず。「夜昼のかずはみそぢにあまらぬをなど長月といひはじめけん」（拾遺集・雑下・五二一・藤原伊衡）などとあるように、「夜昼」という言い回しの歌例は少なくない。『極楽願往生和歌』においては、5番歌に既出。**○極楽ノ池**　極楽にある池。極楽浄土には、八種の功徳をそなえる水（八功徳水）をたたえ、

宝玉で荘厳された宝池がある。**○ミギハ**　水ぎわ。水のほとり。ここでは、極楽浄土の宝池の岸のこと。**○我ヲスマセヨ**　私を住ませてください。居住する意の「住む」に、心を澄ませるの意の「澄む」を響かせる。「池」の「みぎは」に「すむ」と詠む歌例に、「君すめばにごれる池もなかりけりみぎはのたづも心してゐよ」（小大君集・六二）などがある。極楽往生を遂げた者は心が澄んだ状態にあるという（補説掲出『往生要集』など参照）。当該歌の「我ヲスマセヨ」では、自分も極楽に住して心が澄んだ境地に至りたいと願う思いを表現した。

〔補説〕『往生要集』大文第二欣求浄土では、極楽浄土にある宝池のすばらしさを次のように叙述している。すなわち、宝池は、黄金・白銀・水精・瑠璃・珊瑚・虎魄・車磲・馬瑙・白玉・紫金で荘厳され、宝池の波は快楽の音を響かせ、洗浴する者は心が澄み、池のほとりには栴檀の樹があり、良き香が漂わせて微妙の音を出しているという。

黄金池底白銀沙、白銀池底黄金沙、水精池底瑠璃沙、瑠璃池底水精沙、珊瑚虎魄、車磲馬瑙、白玉紫金、亦復如レ是。八功徳水、充二満其中一、宝沙映徹、無二深不一レ照。…（中略）…彼諸菩薩及声聞衆、入二於宝池一洗浴之時、浅深随レ念、不レ違二其心一、蕩二除心垢一、清明澄潔。…（中略）…池畔河岸有二栴檀樹一。…（以下略）

（第四「五妙境界楽」）

16

タツネツルカヒモアルカナ西方ノ上トノナカニスクレタルミタ

〔校訂本文〕

タヅネツルカヒモアルカナ西方ノ浄《上》土《ド》ノナカニスグレタル弥陀《ミダ》

〔現代語訳〕

さがし求めてきた甲斐もあったよ。すばらしい西方の極楽浄土のなかにいる最もすぐれた阿弥陀仏を。

〔語釈〕 **○タヅネツル**　さがし求めてきた。「たづぬ」は所在がはっきりしないものをさがし求める。仏教との関わりで「たづねつる」と詠む歌例に、「吹く風のかをるにしるしたづねつる御法の花のひらくべしとは」（林下集・三六七）などがある。**○カヒモアルカナ**　甲斐もあったよ。「かひ」は効果やしるし。「たづね」た「かひ」があるという発想は、「杉たてる宿をぞ人はたづねける心の松はかひなかりけり」（拾遺集・恋四・八六六・よみ人しらず）などのように、人や花や鳥の鳴く音をさがし求める歌において広く詠まれてきたもの。ここでは、西方の極楽浄土を司る阿弥陀仏をたずねると表現した。**○西方ノ浄土**　西方極楽浄土。「西方」は1番歌参照。7番歌・8番歌に「弥陀ノ浄土」とある。**○スグレタル**　すぐれている、この上なく卓越している。極楽往生を願う内容で「すぐれたる」と詠んだ歌例に、「すぐれたる蓮の上を願ふ身は人より先にいそがるるかな」（成尋阿闍梨母集・一二三）などがある。

17

レイナラヌヲトヲシテコソヨモスカラコクラクミヨトユメニツケツレ

〔校訂本文〕

例ナラヌ音《オ（ヲ）ト》ヲシテコソ夜《ヨ》モスガラ極楽《ゴクラク》見《ミ》ヨト夢《ユメ》ニ告《ツ》ゲツレ

〔現代語訳〕

尋常ではないほどすばらしい音が聞こえてきて、夜どおし極楽浄土を見なさいと、夢においてお告げになったのだ。

〔語釈〕 **○例ナラヌ**　ふつうと異なる。ここでは、尋常ではないほど霊妙ですばらしい、の意だろう。**○音ヲシテコソ**　「音をして」という言葉続きが解しにくいが、音が聞こえてきて、といった意と考えておく。極楽浄土においては、えも言わぬ心地よい音がするという（往生要集・大文第二欣求浄土など）。また、極楽往生を願う人の臨終にあたって仏菩薩が来迎する時にも、楽の音が聞こえるといい、「楽所の物の音どもいといみじくおもしろし。これみな法の声なり。あるひは天人、聖衆の伎楽歌詠するかと聞ゆ」（栄花物語・巻十七おむがく）などとある。ここでは、極楽浄土を見よという夢告に「例ナラヌ音」が伴うと表現した。なお、「音」の底本表記は「ヲト」。4番歌の補説参照。**〇夜モスガラ**　夜明けまでずっと。夜どおし。一晩中。**〇極楽見ヨト**　極楽浄土のさまを見なさいと。ここでの「見る」は、極楽浄土の様相を思い浮かべる、観想する。極楽浄土を観想することを記す文献は多い。「我レ一心ニ極楽ヲ観念スルニ、他ノ思ヒ出来レバ、其ノ妨ト成ル故也、ト云テ、即チ西ニ向テ、掌ヲ合セテ失ニケリ」（今昔物語集・巻十五ノ八）などとある。観想については、5番歌「夜昼見ルニ飽カヌカナ」の語釈参照。**〇夢ニ告ゲツレ**　夢でお告げになったのだ。夢によって、往生の予告や極楽浄土の様相が知らされるという話は、往生伝や説話集などに見られる。たとえば慶滋保胤『日本往生極楽記』に、僧広道が夢のなかで、「無量音楽」が聞こえるところに行ってみると、二子の功徳によって母の老女が極楽往生を遂げたと告げられ、そののち自身も夢告どおりに往生した、という話がある（『今昔物語集』巻十五ノ二十一などにも所収）。

18

ソテヌレテノコヘハクチヌヒヲソヘテホトケノスカタミテモアカヌソ

〔校訂本文〕

袖《ソデ》濡《ヌ》レテノゴヘバ朽《ク》チヌ日《ヒ》ヲソヘテ仏《ホトケ》ノ姿見《スガタミ》テモ飽《ア》カヌゾ

〔現代語訳〕

袖を濡らして拭うと、その袖が朽ちてしまいそうだ。日々を重ねて見る仏の姿は、何度見ても飽きないことだよ。

〔語釈〕　**〇袖濡レテノゴヘバ**　袖が濡れた状態になって拭うと。涙を袖で拭うさま。**〇朽チヌ**　朽ちてしまった。

「ぬ」は完了の助動詞と解しておく（『極楽願往生歌　明恵上人歌集　本文と索引』）。「かぎりぞと思ふにつきぬ涙かなおさふる袖も朽ちぬばかりに」（後拾遺集・恋四・八二八・盛少将）などとあるように、涙に濡れて袖が朽ちてしまうとは、思いが甚だしいことを強調する表現。ここでは、仏の姿は何度見ても飽きることがなく、そのたびに感涙で袖が朽ちてしまうほどであるとして、仏を讃仰する思いを表現した。**○日ヲソヘテ**　日々を重ねて。一日一日を繰り返し、日数が多くなってゆくこと。「日にそへて」の歌例は多いが「日をそへて」の歌例は稀である。群書類従本『康資王母集』に「日をそへて雪の仏は消えぬらんそれも薪のつきぬとやみし」（一三八）があるが、これも同集龍谷大学本等には「日にそへて」とある。**○仏ノ姿**　仏の姿かたち。同じ語句は11番歌に既出。**○見テモ飽カヌゾ**　見ても飽きないことだ。5番歌に「夜昼見ルニ飽カヌカナ」とある。

19

ツレモナキヒトノコ、ロヲミルカラニイトフワカミモツユニタトヘツ

〔校訂本文〕

ツレモナキ人《ヒト》ノ心《コ、ロ》ヲ見《ミ》ルカラニイトフ我《ワ》ガ身《ミ》モ露《ツユ》ニタトヘツ

〔現代語訳〕

つれない人の心を見るにつけても、うとましく思う我が身をも露に喩えることだ。

〔語釈〕　**○ツレモナキ人ノ心**　つれない人の心。「忘れ草枯れもやするとつれもなき人の心に霜はおかなむ」（古今集・恋歌五・八〇一・源宗于）のように、恋人の冷淡な心を表す場合が多く、「見る」と連接する歌例に、「つれもなき人の心を見るよりは身をなげつるといづれまされり」（忠岑集・一一二・躬恒）などがある。当該歌も、言葉の取り合わせは恋歌に通ずるところがある。**○見ルカラニ**　見るにつけて、または、見るとともに。**○イトフ我ガ身**　うとましく思われる我が身。**○露ニタトヘツ**　露に喩えることだ。「我が身」をはかない「露」に喩える表現は、

12番歌「露ノ我ガ身ヲ」に既出。

20 ネテモマタヲキテハニシニムカヒヰテコクラクネカフワレカシノヒネ

〔校訂本文〕

寝《ネ》テモマタ起《オ(ヲ)》キテハ西《ニシ》ニ向《ム》カヒ居《ヰ》テ極楽願《ゴクラクネガ》フワレガシノビ音《ネ》

〔現代語訳〕

寝てもまた起きては西に向かって坐していると、極楽往生を願う私のひそやかな声が響いている。

〔語釈〕 **○寝テモマタ起キテハ**　寝てもまた翌朝起きては。寝ているときも起きているときも、始終心を寄せているさまを表す。同趣の発想は、5番歌の「寝ても覚めても」に既出。「起き（おき）」の底本表記は「ヲキ」。オとヲの表記の混用については4番歌の補説参照。**○西ニ向カヒ居テ**　極楽浄土のある西の方角に向かって坐して。**○極楽願フ**　極楽浄土へ往生できるよう願う。**○シノビ音**　声をひそめて人知れず泣く声。「血涙　シノヒネ」（色葉字類抄）、「吟　シナケル　忍泣也」（同上）とある。歌例には「あやしくもあらはれぬべきたもとかなしのび音にのみ泣くと思ふを」（後拾遺集・恋四・七七七・和泉式部）などがある。泣くさまを詠む表現は、18番歌「袖濡レテノゴヘバ朽チヌ」に既出。ただし後代において「貞能、小松殿ノ御墓ニ参テ、夜深ルマデハ忍音ニ念仏申」（源平盛衰記・巻三十一・貞能参小松殿墓・小松大臣如法経）のように、念仏する声を「しのび音」と表現する例があることを考慮すれば、当該歌においても、ひそやかな声で念仏するないしは読経するさまと解することも可能か。

21 ナニコトモイハレサリケリツミノミハツユノワカミヲナケクワサカナ

〔校訂本文〕

何《ナニ》ゴトモ言《イ》ハレザリケリ罪《ツミ》ノ身《ミ》ハ露《ツユ》ノ我《ワ》ガ身《ミ》ヲ嘆《ナゲ》クワザカナ

〔現代語訳〕

何も言葉にできないことだ。罪業のある身では、露のようにはかない我が身を嘆くばかりであるよ。

〔語釈〕 **○何ゴトモ言ハレザリケリ** 何も言えないことだ。同様の歌句の例に、「何ごとも言はれざりけり身の憂きはおひたる蘆のねのみなかれて」(古今六帖・一六八九)がある。当該歌では、我が身を嘆く思いが言葉で表せないほど深いさまをいう。**○罪ノ身** 罪のある身。「罪」は、仏教上の戒律や道理・道徳にそむく嫌悪すべき行為、罪業。極楽往生やさとりへ至る道の妨げとなるもの。歌例に「日の光照らさばなどかくらからんかく闇ふかき罪の身なりと」(久安百首・尺教・一三八六「軍荼利」・小大進)などがある。「罪ノ身」と第四句「露ノ我ガ身」で「身」の語が重複しており、熟さない言い回しだが、「罪のみは」とも解しがたい。**○露ノ我ガ身** 底本「ヨ」の上に「ミ」と重ね書きか。同様の歌句が12番歌に既出。『極楽願往生和歌』は同語を繰り返し用いる傾向があり、詠者が我が身を省みていう「身」は、特に頻出する語である。**○嘆クワザカナ** 「わざ」はすること、行い。何事も言葉にできず、自分がすることと言えば我が身を嘆くことばかりである、といった意であろうか。

22

ラセチ鬼ノヲソレハワレニアラシカシサカノミマヘニイソクコ、ロラ

〔校訂本文〕

羅刹《ラセチ》鬼ノオ《ヲ》ソレハ我《ワレ》ニアラジカシ釈迦《サカ》ノミマヘニイソグ心《コヽロ》ラ

〔現代語訳〕

羅刹への恐れはわたくしにはあるまい。釈迦の御前に赴こうと急ぐ心であるよ。

〔語釈〕 **○羅刹鬼** 羅刹。サンスクリット語 rākṣas、rākṣasa の音写。インドの神話伝説に登場する鬼神の一種で、

仏典にもさまざまな逸話とともに現れる。慧林『一切経音義』巻第二十五に「羅刹、此云悪鬼也。食㆓人血肉㆒。或飛㆑空或地行。捷疾可㆑畏也」とあるように、食人鬼とされることが多く（今昔物語集・巻五ノ一ほか）、その姿は「其ノ形猛ケク恐ソロシクシテ、頭ノ髪ハ焔《ほの》ホノ如ク、口歯ハ剣ノ如シ。目ヲ瞋《い》カラカシテ普ク四方ヲ見廻ラス」（三宝絵・上「雪山童子」）などと描かれる。また、雪山童子が羅刹の唱えた偈の後半を聞こうとして我が身を与えたという釈迦前生譚（同上）は名高く、『法華経』陀羅尼品においては、十羅刹女が法華経護持者を守護する善神的な存在として描かれる。当該歌では、恐ろしい悪鬼のイメージで詠まれていよう。**○オソレ**　羅刹を恐れること。底本表記「ヲソレ」。オとヲの表記の混用については4番歌の補説参照。**○我ニアラジカシ**　わたくしにはあるまい。釈迦のもとに赴きたいと願っているので、羅刹を恐れることはない、との意であろう。**○釈迦ノミマヘ**　釈迦の御前。「霊山の釈迦のみまへに契りてし真如朽ちせずあひ見るつかな」（拾遺集・哀傷・一三四八）に見える歌句。**○イソグ心ラ**　急ぐ心である。「いそぐ」は早く事を行おうと急《せ》く。「心ら」の「ら」は接尾語で、「酒ら」「子ら」のように名詞について事物をおおよそに示す。和歌で「心」が「いそぐ」という場合、桜の開花を望む思いや、老い先短い心境を詠むことが比較的多く、後者は、命終の後に往生を遂げて仏のもとへ赴きたいとはやる発想にも繋がる。歌例に、「月に寄せて極楽を願ふといふことを人の詠ませ侍りけるに」と詞書のある、「やよや待てかたぶく月にことづてん我も西にはいそぐ心あり」（玉葉集・釈教歌・二六九七・顕昭）などがある。3番歌参照。

23

ムラサキノクモノタナヒクオホソラニサムカクスルハタレムカフラム

〔校訂本文〕

紫《ムラサキ》ノ雲《クモ》ノタナビク大空《オホゾラ》ニ散楽《サムガク》スルハ誰《タ》レ迎《ムカ》フラム

〔現代語訳〕

紫雲がたなびく大空において楽を奏でているのは、いったい誰を極楽へ迎えるのだろうか。

〔語釈〕 **○紫ノ雲**　紫色の雲。紫雲。極楽往生を遂げる人のもとには、臨終の際に阿弥陀仏が紫雲に乗って来迎する。「紫の雲」という語句の歌例に、「へだてなき心の月は紫の雲とともにぞ西へ行きける」（基俊集・八七）などがある。**○タナビク**　雲や霞などが横に長く引く。「聳　タナヒク」（色葉字類抄・巻中・天象）とある。雲がたなびくさまを詠む歌は古来多いが、来迎の紫雲が「たなびく」と詠む歌例には、『往生要集』十楽の「聖衆来迎楽」を題とする、「ひとすぢに心の色をそむるかなたなびきわたる紫の雲」（聞書集・一四四）などがある。**○散楽スルハ**　音楽を奏でているのは。「散楽　サンガク」（色葉字類抄・巻下・人事）とある。「散楽」は、もともとは古代中国の民間の舞楽を言い、主に即興性や滑稽さを含む諸芸能を指して用いられた語。たとえば、「次御㆓幸尊勝寺㆒、御導師律師増珍、…呪師十三手、散楽等雑芸種々之間、天已徹明」（中右記・康和五年正月八日）では、尊勝寺修正会で法会の後に散楽・雑芸が行われたとある。ただし、当該歌における「散楽」は、こうした芸能を具体的に指すのではなく、音楽を奏でること一般を表すのだろう。**○誰レ迎フラム**　誰を迎えるのだろうか。

〔補説〕 紫雲がたなびき、麗しい音楽が聞こえてきて、浄土に迎えとられるというイメージは、「彼ノ尋寂ガ家ノ上ニ当テ、紫雲聳ク。空微妙ノ音楽ノ音有テ、尋寂、蓮花ノ台ニ居テ、空ニ昇テ去ヌ」（今昔物語集・巻十五ノ二十九）などとあるように、極楽往生のさまとして広く浸透していた。それを図像化した来迎図には、楽器を持った仏菩薩が阿弥陀仏に随伴して、雲に乗って空から現れる光景が描かれる（京都知恩院蔵阿弥陀二十五菩薩来迎図など）。当該歌ではそうしたイメージを、「ム」字を歌の頭と末に置く沓冠歌において表現した。

ウシヤウシイトヘヤイトヘカリソメノカリノヤトリヲイツカワカレウ

〔校訂本文〕

憂《ウ》シヤ憂《ウ》シ厭《イト》ヘヤ厭《イト》ヘカリソメノ仮《カリ》ノ宿《ヤド》リヲイツカ別《ワカ》レウ

〔現代語訳〕

ああ、つらいことだ。疎ましく思うなら思え。はかない仮の宿のようなこの世からいつ別れようか。

〔語釈〕　**○憂シヤ憂シ**　「憂し」は、世をつらく憂きものと思う。「や」は詠嘆・提示・呼びかけの意を表す間投助詞。**○厭ヘヤ厭ヘ**　嫌う、疎ましく思う意の動詞「厭ふ」の命令形を反復した歌句。疎ましいこの世から離れたいという心情を表す。**○カリソメノ**　仮の。確かな基盤がなく、はかない状態をいう。「カリソメノ仮ノ」という言葉続きは意味上重複するところがある。**○仮ノ宿リ**　一時的な仮の住まい。和歌においては、はかないこの世を暗示したり、旅寝の宿を表したりすることが多い。当該歌は前者の意。「仮の宿り」のようなこの世を「厭ふ」べきものと捉える発想は、「厭ふべき仮の宿りは出でぬなり今はまことの道を尋ねよ」（西行法師家集・六三九）などと詠まれる。また、「仮の宿り」を離脱することを、「別れ」ると表現した歌には、「今ぞとも言ひだにおかで白露の仮の宿りを別れぬるかな」（万代集・三四七四）などがある。なお、『極楽願往生和歌』では36番歌に「仮ノ宿」、40番歌にも「仮ノ宿リ」とある。**○イツカ別レウ**　「カ」は係助詞。「ウ」は助動詞「む」を「う」で表記した形。助動詞「む」は、mu の発音が平安時代中頃から n となった例があるらしく、表記上「う」と記した例は、「鶏足山より慈尊の　出でたまはう世に参り会はむ」（梁塵秘抄・二七八）などにも見える（築島裕『平安時代語新論』）。当該歌もその例の一つと言えるけれども、歌の頭と末に「ウ」字を置く沓冠歌の表現上のきまりに従って、「別レウ」の表記で書かれたものである。

25

ヰテモタチワカミヲステ、コクラクノカタトオモヘハミチヲノミトヰ

〔校訂本文〕

居《ヰ》テモ立《タ》チ我《ワ》ガ身《ミ》ヲ捨《ス》テテ、極楽《ゴクラク》ノカタト思《オモ》ヘバ道《ミチ》ヲノミ問ヒ《トヰ》

〔現代語訳〕

座っていても立ち、我が身を捨てて、極楽の方向だと思うと、そちらへ向かう道ばかりを尋ねることだ。

〔語釈〕 **○居テモ立チ**　座っていても立ち。この言い回しを用いた和歌の例は見出しがたいが、「あしひきの葛木山にゐる雲の立ちても居ても君をこそ思へ」（拾遺集・恋三・七七九・よみ人しらず）など古歌以来多く詠まれた「立ちてもゐても」とほぼ同義を五字句で表したものか。**○我ガ身ヲ捨テテ**　和歌において「身を捨つ」は、身を投げ打つほど強く思いを注ぐさまや、世を捨てて仏道を志すさまを表すことが多い。ここでも極楽往生を強く願う思いを表す。同趣の発想の歌例に、「極楽にはいかにも悪しき事をば名にだにいはずといへることを」と詞書のある「あしざまのことのみまなき身を捨てて名をだにいはぬ国へゆかばや」（散木奇歌集・九五四）などがある。**○極楽ノカタ**　極楽浄土のある方向。**○道**　極楽浄土への道。8番歌、48番歌参照。**○問ヒ**　動詞「問ふ」の連用形。底本の表記「トヰ」。31番歌では「トヘハ」（問へば）、32番歌には「トフ」（問ふ）と表記している。ここでは、歌の頭と末に「ヰ」を置く沓冠歌の表現上のきまりにもとづいて、ハ行音をワ行音で発音するハ行転呼音に従って「トヰ」と表記した。

〔補説〕 たとえば、「アシヒキノヤマヒハストモフミカヘルアトヲモミヌハクルシカリケリ」（後撰集・恋二・六三一、片仮名本による）の「ヤマヒ」は、意味上で山居《やまゐ》と病《やまひ》を掛けており、ハ行音のヒとワ行音のヰの発音の区別がなくなっていたことを示す、和歌における例である（築島裕『平安時代語新論』）。ハ行転呼音の発音を表記に反映させて、「ヒ」を「ヰ」と表記した和歌の例として、『類聚古集』（平安末期写）に、「しひ（強）」を「しゐ」、「ゆひ（結）」を「ゆゐ」と記した例などがあることが考察されている（遠藤邦基『国語表記史と解釈音韻論』など）。当該歌において、「問ひ」の意を「トヰ」と表記して沓冠歌としているのも、平安末期におけるハ行転呼音と表記の意識を示す事例と言える。

26

ノトカニハサラニオモフナウロノヤトイソキテユカムアミタフノミノ

〔校訂本文〕

ノドカニハサラニ思《オモ》フナ有漏《ウロ》ノ宿《ヤド》イソギテ行《ユ》カム阿弥陀仏《アミダブ》ノ身《ミ》ノ

〔現代語訳〕

のんびりと思っていてはいけないぞ。煩悩の汚れのある宿を急いで出て行こう、阿弥陀仏の身のもとへ。

〔語釈〕 **○ノドカニハ** 「のどか」はさしせまった感じがなく、のんびりとして静かなさま。「いそぎ」と対照的な状態。**○有漏ノ宿** 漏は煩悩。さまざまな心の汚れや煩悩があることを「有漏」といい、ないことを「無漏」という。諸仏典に見られる仏教語であるが、「有漏」の状態を極楽往生と対比して示したものに、「我従二今日一、乃至一善、不レ為二己身有漏果報一、尽為二極楽一、尽為二菩提一」（往生要集・大文第四正修念仏）などがある。和歌の例には、「有漏の身は草葉にかかる露なるをやがて蓮にやどらざりけむ」（新勅撰集・釈教歌・五七五・空也上人）がある。「有漏の宿」とは、煩悩にまみれたこの世に生きる状態を、かりそめの宿りの比喩で捉えた表現。**○イソギ** 物事を急《せ》いで行う。準備する。「いそぐ」と「行く」を詠みこんで、この世を離れることを望むさまを詠む歌例に、「彼の岸へ行かまほしさは我もあれば都の方はいそがれぬかな」（頼政集・六五二）などがある。ここでも、早く阿弥陀仏の極楽浄土へ往生したいとはやる思いを表現した。「いそぐ」については3番歌・22番歌参照。**○阿弥陀仏ノ身ノ** 歌末を助詞「の」で留め、これによって、「ノ」字を歌の頭と末に置く沓冠歌のきまりを満たしている。

27

オモヒテモナキフルサトソサカミタモコタヒナミセソフルノスミカオ

〔校訂本文〕

思《オモ》ヒ出《デ》モナキフルサトゾ釈迦弥陀《サカミダ》モコタビナ見《ミ》セソフルノスミカヲ《オ》

〔現代語訳〕

思い出もないふるさとであるぞ。だから、釈迦も阿弥陀仏も今度こそ見せてくれるな、長く暮らしてきて古びた住処を。

〔語釈〕 ○思ヒ出モナキ　思い出となることがらもない。歌例に、「思ひ出《いで》もなきふるさとの山なれど隠れゆくはたあはれなりけり」（詞花集・雑下・三九一・大江正言）などがある。○フルサト　昔なじみの場所、暮らしてきた土地。ここでは、早く出離したいと願う心情から、これまで暮らしてきたこの世も、心残りとなる「思ヒ出」もないような「フルサト」に過ぎない、と捉えたものか。○釈迦弥陀　釈迦と阿弥陀仏。「釈迦弥陀」と続ける表現は、5番歌・35番歌参照。○コタビ　このたび。今度。今回。「こたみ」とも。和歌においては「このたび」に比べると「こたび・こたみ」の例は多くなく、「いづれともわかぬ心はそへたれどこたびは先に見ぬ人のがり」（蜻蛉日記・上）などが散見する程度である。○フルノスミカヲ　年月を経過して古びた住処を。「古る」の意と「経る」の意を兼ねる。「すみか」に「ふる」と詠む歌例に、「都のみ恋しきものはうきめかるあまのすみかにふる身なりけり」（斎宮女御集・二四四）などがある。

〔補説〕 第五句の底本表記は「フルノスミカオ」。4番歌の補説参照。ア行音のオとワ行音のヲの発音上の区別がなくなっていたことから、オとヲの表記を混用した例も平安期の諸文献に見られる。だが、遠藤邦基『国語表記史と解釈音韻論』によれば、助詞「を」を「お」と表記する例は殆どなく、助詞「を」は「を」と書くという、ある種の仮名遣いの規範意識があったことが窺えるという。『極楽願往生和歌』の当該歌では、助詞「を」を「オ」と表記しているが、これは歌の頭と末に「オ」字を置いて沓冠歌とするという、「あくまでも修辞上の要請に基づいた例外的表記と位置づけられる」（遠藤前掲書）。

28

クラケレトサカノヒカリノアカリニテノリノミチニハマトハテソユク

〔校訂本文〕

クラケレド釈迦《サカ》ノ光《ヒカリ》ノアカリニテ法《ノリ》ノ道《ミチ》ニハマドハデゾ行《ユ》ク

〔現代語訳〕

暗い迷妄の状態にあるけれど、釈迦が照らしてくださる光明を頼りにして、仏法の道には迷わず行くのだ。

〔語釈〕 **○クラケレド** 暗いけれど。「くらし（冥）」は、心が迷いや煩悩にとらわれているさま、冥妄の状態。そのさまを、視覚的に光が少なく暗い状態に喩えて表現する。暗い迷妄を仏の光明が照らすという発想で詠んだ和歌といえば、「くらきよりくらき道にぞ入りぬべきはるかに照らせ山の端の月」（拾遺集・哀傷・一三四二・和泉式部）がある。和泉式部歌は、『法華経』化城喩品「従レ冥入二於冥一、永不レ聞二仏名一」を踏まえた詠である。**○釈迦ノ光ノアカリ** 釈迦が放つ光、その明るさ。「光ノアカリ」は仏教語「光明」の訓読であろう。光明は仏菩薩の慈悲や智慧の象徴。諸経典において、仏のさとりや教えを表したり、仏身から放たれる光として記されたりし、仏像では光背という形で図像化された。釈尊在世時の説話に「仏ノ相好端厳ニシテ、金色ノ光明ヲ放テ、普ク城門ヲ照シ給フヲ見テ、二人ノ小児、歓喜ノ心ヲ発シテ」（今昔物語集・巻二ノ十四）と語られる。阿弥陀仏の四十八願をしるす『無量寿経』の経文には、第十二願に、無量の光明を放つことを誓願した「設我得レ仏、光明有二能限量一、下至レ不レ照二百千億那由他諸仏国一者、不レ取二正覚一」がある。**○法ノ道** 仏法の道、仏道。38番歌参照。3番歌に「御法ノ道」が既出。**○マドハデゾ行ク** 迷うことなく行く。『極楽願往生和歌』では、47番歌にも仏の導きによって「法ノ道」に迷うことなく入るという同趣の発想が詠まれている。

29

ヤスラカニユクヘキミチモヲロカニテノリヲネカハヌミトハシラスヤ

〔校訂本文〕

ヤスラカニ行《ユ》クベキ道《ミチ》モオ《ヲ》ロカニテ法《ノリ》ヲ願《ネガ》ハヌ身《ミ》トハ知《シ》ラズヤ

〔現代語訳〕

やすらかに行くべき道もおろそかにして、仏法を願うことなく過ごしてきた愚かな身であると知らないのか。

〔語釈〕 **○ヤスラカニ** 穏やかで平安である。障害がなくたやすいさま。底本「ヤ」は判読困難。**○行クベキ道** 進むべき道。法の道（仏道）または極楽往生への道を指すのだろう。「ヤスラカニ行クベキ道」とは、障害もなく穏やかに行くべき道である、ということ。**○オロカニテ** 「おろか」は、物事の程度や状態が不十分なさまが原義。「疎《おろ》か」（粗略である、おそろか）も「愚か」（思慮が不十分で、愚鈍である）も同根。『色葉字類抄』には、「愚」に「ヲロカ　ヲロカナリ」の訓を掲げて「頑」「踈」（疎）「簡」も同じとする。当該歌においては、上からの繋がりでは「行クベキ道」をおろそかにしての意、下への繋がりでは「法ヲ願ハヌ身」は愚かであっての意、が読みとれる。底本の表記は「ヲロカニテ」。『極楽願往生和歌』には、当該の29番歌のほかに、42番歌・44番歌に「おろか（おろかし）」の語例があるが、表記はいずれも「ヲロカ」。観智院本『類聚名義抄』には、「愚　オロカナリ」、「詳愚　ヲロカニシテ」とある。オとヲの表記の混用については、4番歌の補説参照。**○法ヲ願ハヌ身** 仏法を得たいと願わない身。仏道に勤しむのを怠ってきた身をいう。**○知ラズヤ** ～と知らないのか。「や」は反語。自らに問いかけ、我が身を省みる心情。

30

マトフトモナモアミタフトトナヘテハイノチヲハラハミチヒケヨエマ

〔校訂本文〕

マドフトモ南無阿弥陀仏《ナモアミダブ》ト称《トナ》ヘテハ命終《イノチヲ》ハラバ導《ミチビ》ケヨ閻魔《エマ》

〔現代語訳〕

迷ったとしても、南無阿弥陀仏と称えて命を終えたら、どこに進んだらよいかわからなくなる。導いてくれよ、閻魔よ。

〔語釈〕 **〇マドフトモ**　「まどふ」は迷う。ここでは、命が尽きたあと、死者が赴く道において迷うさまをいうか。**〇南無阿弥陀仏ト称ヘテハ**　「南無」は帰依するの意のサンスクリット語 namas の音写。「南無阿弥陀仏」は、阿弥陀仏に帰依いたしますの意。これを六字の名号と言い、口で称えることを称名念仏という。9番歌参照。「南無阿弥陀仏」の念仏を和歌にそのまま詠みこんだ例に、「ひとたびも南無阿弥陀仏といふ人の蓮の上にのぼらぬはなし」（拾遺集・哀傷・一三四四・空也上人）がある。**〇命終ハラバ**　命を終えたならば。「命終はる」は「命終《みようじゆう》」の訓読。「老ニ臨テ、既ニ命終ラムト為ル時ニ成テ、念仏ヲ唱テ絶入ナムト為ルニ」（今昔物語集・巻十五ノ四）など語例は多い。**〇導ケヨ**　導いてくれよ。極楽往生へ導いてくれ、と願いをこめて呼びかける表現。次の31番歌にも「頼ム弥陀コソ我ヲ導ケ」というように、極楽往生へ「導ケ」という言い回しが用いられている。ただ、31番歌は呼びかける対象が「弥陀」（阿弥陀仏）であるのに対して、当該歌は「閻魔」に対する呼びかけである。補説参照。**〇閻魔**　冥界にいて、死者の生前の行いを審判し、賞罰を与える王。サンスクリット語 Yama の音写。焔摩、焔魔などとも表記し、閻魔王、閻羅とも言う。『地蔵菩薩発心因縁十王経』（地蔵十王経）によれば、閻魔は十王の一で、死者は閻魔の庁で生前の行いを裁かれるという。「法蔵、遂ニ命終シテ、閻魔王ノ御前ニ至ル」（今昔物語集・巻七ノ九）などとある。

〔補説〕　閻魔は死者を裁く存在であるが、同時に、閻魔は衆生を救済する地蔵菩薩が姿を変えた存在なのだと捉える信仰があった。古くは『日本霊異記』下巻・第九に「欲㆑知㆑我、々閻羅王、汝国称㆓地蔵菩薩㆒、是也」とあり、『地蔵十王経』にも「第五閻魔王国、地蔵菩薩」とある。当該歌における「導ケヨ閻魔」といった、閻魔に対して呼びかける発想の根底には、地蔵菩薩の化身である閻魔に、救済を願う信仰があるのだろう。「極楽願往生和歌序」

の末尾にも、「然則閻魔之庁善□、記二札文一置相違哉乎。敬白」というように、「閻魔」に極楽往生を願う思いを訴えることが記されている。『極楽願往生和歌』の出土場所つまり元々埋められたと想定される場所は、当時の六波羅蜜寺の寺域内であった。六波羅蜜寺は、地蔵信仰が根ざし、死後は地蔵菩薩に救われたいと願う人々の信仰を集めた寺である。『極楽願往生和歌』に「閻魔」が詠まれるのは、六波羅蜜寺周辺という地がもつ宗教的意味合いと関連があるだろう。解説参照。

ケムリタツトコロヲトヘハチクタウタノムミタコソワレヲミチヒケ

〔校訂本文〕
煙《ケムリ》立ツトコロヲ問《ト》ヘバチク道《ダウ》頼ム弥陀《ミダ》コソ我《ワレ》ヲ導《ミチビ》ケ

〔現代語訳〕
煙が立っている所を尋ねると、そこは地獄道である。頼みにする阿弥陀仏こそがわたくしを極楽浄土へ導いてくださるのだ。

〔語釈〕 **○煙**　底本「ケムリ」。古くは「介夫利」（新撰字鏡）とあるが、「煙　ケムリ」（大般若経音義〔無窮会本〕、鎌倉初期か）と見える。『名語記』（一二七五年献納）に「ケフリトモ、ケムリトモ両様ニカキアヒタリ」（巻五）とある。ここでの「煙」は、死後に赴くところ（地獄）で火煙が立つさまをいうか。加えて、死んで火葬される際に立ちのぼる煙のイメージも含むか。「煙」を「立つ」と表して火葬の煙を詠む歌例には、「思ひきや雲の林をうちすてて空の煙に立たむものとは」（蜻蛉日記・上巻）などがある。**○問へバ**　あの煙が立っている所はどこかと尋ねると、の意。**○チク道**　底本「チクタウ」。勉誠社文庫本に「此の句一字脱せり」とある。『極楽願往生歌　明恵上人歌集　本文と索引』は「塵衢道《ちんくだう》」（「塵衢」は塵に汚れた町、俗世間の意）をあてる。ほかに、「千悪道」（吉澤義則）、「畜趣道」（中田祝夫）、「地獄道」（遠藤和夫）と解する説がある。地獄のことをいう「地獄道」ととるのが最も理解しやすいか。地獄は、生前の悪業によって死後に陥る世界であり、そこでは灼熱の炎と煙の責苦に苛まれるという（45番歌の補説参照）。「地獄道」という語は「所謂三種地獄道。熱地獄。冷地獄。黒地獄」（十住毘婆沙論）など諸仏典に見られる。あるいは、「塵垢道《ぢんくだう》」と解することもできるか。「塵垢」は仏教語で、塵のような垢穢、心を汚す煩悩のこと。クは「垢」の呉音（類聚名義抄・観智院本に掲出）。「在家則染㆓諸塵垢㆒。出家則離㆓諸塵垢㆒」（十住毘婆沙論）などがあるように、「塵垢」は俗世界にいるかぎり離れられないものであり、諸々の塵垢に満ちた現世が「塵垢道」である。「塵垢道」の例は多くないが、『自在王菩薩経』（鳩摩羅什訳）に、「是人不了義故。行㆓塵垢道㆒常為㆑所㆑牽。為㆓誰所㆒㆑牽。為㆓声所㆒㆑牽」が見出される。**〇頼ム弥陀コソ**　頼みにする阿弥陀仏こそが。阿弥陀仏を「頼む」さまは9番歌「一念阿弥陀頼マルルナリ」に既出。**〇我ヲ導ケ**　私を導いてくれ。前の30番歌でも、「命終ハラバ導ケヨ」というように、死後に導いてほしいと願う思いが詠まれていた。

〔補説〕　語釈で記したように、「チクタウ（チク道）」の解釈が定めがたい。試みに、「地獄道」で解釈し、加えて「塵垢道」と捉える可能性も示してみた。前者の場合、一首は、死後に赴くことになるかもしれない地獄道とはどのような所かと問い、地獄に陥らずに済むよう阿弥陀仏の導きを頼む、といった歌意となろう。後者の場合は、煙のような塵垢が立ちのぼる所をどこかと問うと、そこは現世にほかならず、死後は往生できるよう阿弥陀仏の導きを頼む、といった歌意となるか。

フカクタ、アサユフネカフコクラクノミタノ上トハミユヤトソトフ

〔校訂本文〕

深《フカ》クタダ朝夕《アサユフ》願《ネガ》フ極楽《ゴクラク》ノ弥陀《ミダ》ノ浄《上》土《ド》ハ見《ミ》ユヤトゾ問《ト》フ

〔現代語訳〕

深く心をこめて、ただ朝夕ひたすらにそこへ往生したいと願う、阿弥陀仏の極楽浄土は見えましたか、と問うことだ。

〔語釈〕 **○深クタダ**　深く心をこめて、ただひたすら、の意。「極楽」を「深く」願うさまを詠む歌に、「人ごとにみな極楽を願へども我が心にはなほ深くのみ」（拾玉集・九九七）などがある。**○朝夕**　朝と夕。朝晩。ここでは、朝も夕も常に、といった意。歌例に、「雲の上に朝夕かくる頼みをば天照る神はいかにしつるぞ」（成通集・九八）などがある。**○極楽ノ弥陀ノ浄土**　阿弥陀仏がいらっしゃる極楽浄土、の意。

コクラクハコ、ロカラニテキラハレスクチニアミタフタツナフシトコ

〔校訂本文〕

極楽《ゴクラク》ハ心《コヽロ》ガラニテ嫌《キラ》ハレズ口《クチ》ニ阿弥陀仏《アミダブ》絶《タ》ツナ臥《フ》シ床《ドコ》

〔現代語訳〕

極楽浄土は、心の質によって嫌われる所ではない。口に阿弥陀仏を称えることを絶やすな、寝所では。

〔語釈〕 **○心ガラ**　心柄。心の持ちかた、もって生まれた心の質。「ふみを読み、さとくらうらうじく、心がらもいとかしこければ」（落窪物語・巻四）。和歌の例は多くないが、「うつせみの世をいたづらになくなくもあはれかなしき心がらかな」（新撰六帖・一三二四・藤原信実）などが見出される。あるいは、「心から」で、心ゆえの意か。**○嫌ハレズ**　嫌われることがない。「嫌ふ」は嫌がって選び捨てる、分け隔てして差別する意。ここでは、極楽浄土は、心の質によって人を差別するわけではなく、誰にでも極楽へ往生する可能性が開かれている、ということを、「嫌ハレズ」と表現したか。仏の恩恵はあらゆる衆生に分け隔てなく注がれるというのが、仏教の考え方である。

そんな仏の恩恵にも「嫌はれ」そうだと自省する発想の歌に、「心して数はかりなき光にも嫌はれぬべき身をいかにせん」（散木奇歌集・八八三「無量光仏」）がある。**〇絶ツナ**　底本「タツナ」。「絶つな」と捉え、阿弥陀仏と称えることをやめるな、の意と解した。**〇臥シ床**　夜臥す所。寝所、ねや。「ふしどこ」は、同義の類語「ふしど」「ふしどころ」に比して用例が少ない語で、和歌においては「本つめに今はかぎりと見えしよりたれならすらん我がふしどこに」（好忠集・四四七）が見出される程度である。

34

エラフトモミニハフサウソナハレハツヒニハタレモホトケトソミエ

〔校訂本文〕
選《エラ》ブトモ身《ミ》ニハ仏性《ブサウ》ソナハレバツヒニハ誰《タ》レモ仏《ホトケ》トゾ見《ミ》エ

〔現代語訳〕
かりに選ぶことがあるとしても、身には仏性がそなわっているので、最後には誰しもが仏に成ると見えることだ。

〔語釈〕　**〇選ブトモ**　成仏できる者とできない者を選別することが、もしかりにあったとしても、の意か。仏教の考え方では、すべての衆生はそもそも仏性をそなえており、選別されることなく誰でも仏に成る可能性を持っている、と捉える。「選ぶ」という語は、和歌においては用いた例が少ない和語。ここでは、「令下一切衆生。普於二衆生一無中レ所選択上。令三一切衆生。悉得二清浄平等之心一」（大方広仏華厳経）などとあるような仏教語「選択」の意味合いと通ずるところもあろうか。**〇仏性**　すべての衆生が本来具えている仏の本性、仏と成る可能性。「仏性常住ノ理リヲアラハシテ、一切衆生ニハミナ仏ノタネアリ」（三宝絵・下「山階寺涅槃会」）とある。底本「フサウ」は、仏性（ブツシヤウ）のいわゆる促音無表記、拗音の直音表記。仏供（ぶっく）を「ふく」（三巻本枕草子・八七段）、菖蒲（しやうぶ）を「昌サウ蒲」（西大寺本金光明最勝王経古点）と記す類。〇**ツヒニハ**　最後には、結局。当該歌と通ずる発想で「つひには」と詠む例に、「仏も昔は人なりき　われらも終《つひ》には仏なり　三身仏性具せる身と　知らざりけるこそあはれなれ」（梁塵秘抄・二三二）がある。

35

テヲスリテニシニムカヘバサカミタモイソキテヨトソユメトシメシテ

〔校訂本文〕

手《テ》ヲスリテ西《ニシ》ニ向《ム》カヘバ釈迦弥陀《サカミダ》モイソギテヨトゾ夢《ユメ》ト示《シメ》シテ

〔現代語訳〕

手を擦り合わせて西方に向かうと、釈迦も阿弥陀仏も急ぎなさいよと、夢として現れてお示しになるのだ。

〔語釈〕　〇**手ヲスリテ**　手を触れ合わせてこする。願いを乞い、神仏に祈るときの動作。「これやこの世の末のために現れさせ給へる第十六の釈迦牟尼仏、とて手を擦り涙をこぼす多かり」（狭衣物語〈内閣文庫本〉・巻二）。〇**西ニ向カヘバ**　20番歌参照。〇**釈迦弥陀**　5番歌・27番歌参照。〇**イソギテヨ**　「イソギ」は物事を急《せ》いて行う、準備する。3番歌・22番歌・26番歌参照。「テヨ」は完了の助動詞「つ」の命令形。極楽浄土へ往生するための準備を早くしなさいよ、の意。極楽浄土のある「西」の方角に思いを向けて「いそぐ」さまを詠む歌に、「やよやまてかたぶく月にことづてん我も西にはいそぐ心あり」（玉葉集・釈教歌・二六九七・顕昭）などがある。〇**夢ト示シテ**　夢として示して。仏が夢に現れ、告知を与えるさまをいう。17番歌参照。「夢」で「示す」と表した例に、「まどろみたりける夢に、観音の示したまひけるとなむ」（風雅集・釈教歌・二〇四二左注）などがある。

36

アチキナキヨトハシラスヤカリノヤトナカキスミカトアタニオモフア

〔校訂本文〕
アヂキナキ世《ヨ》トハ知《シ》ラズヤ仮《カリ》ノ宿《ヤド》長《ナガ》キスミカトアダニ思《オモ》フア

〔現代語訳〕
この世はどうしようもなくつまらぬ世なのだと知らないのか。かりそめの宿を、永続する住まいだとはかなく思っているわたくしは。

〔語釈〕　**○アヂキナキ世**　どうしようもなくつまらない世。「あぢきなし」は、どうにもできない事柄に対する、諦めを含んだ不満な思いを表す。「世の中をなほあぢきなしと思ひたつころ」（能因法師集・七一詞書）。**○仮ノ宿**　一時的な仮の宿所。この世で生きるはかなさを比喩的に捉えた語。24番歌の「仮ノ宿リ」参照。**○長キスミカ**　長く暮らす住まい。この世が永続すると思って生きている状態を表す。歌例に、「草枕かりになにとて思ふらむいづくか長きすみかなるべき」（御室五十首・九七）などがある。ここでの「長キスミカ」は「仮ノ宿」と対照的なもの。**○アダニ思フア**　歌の末に「ア」字を置く沓冠歌の表現上のきまりに従って詠んだ第五句だが、末尾の「ア」の解釈は詳らかにしない。主として上代の文献に見られる自称の代名詞「あ」で、わたくし、我の意と解せるか。『極楽願往生歌　明恵上人歌集　本文と索引』は、感動詞「あ」と解する。

サツキヤミクラキホトタニワヒシキニマシテヨミチヲオモフカナシサ

〔校訂本文〕
五月闇《サツキヤミ》クラキホドダニワビシキニマシテ黄泉路《ヨミヂ》ヲ思《オモ》フカナシサ

〔現代語訳〕
五月闇が暗い程度のことでさえつらいのに、ましてや黄泉へ行く道を思うと悲しいことだよ。

〔語釈〕　**○五月闇**　五月雨のころの夜の暗さ、またその暗闇。和歌においては、ほととぎすや橘など夏の景物とともに詠まれることが多く、「五月闇倉橋山のほととぎすおぼつかなくも鳴きわたるかな」（拾遺集・夏・一二四・藤原実方）のように、「くら（暗）」と同音を含む語にかかる枕詞的に用いられることもある。ここでは、五月闇が暗い、という意で第二句に繋がる。**○クラキホドダニ**　暗い程度のことでさえ。「五月闇」の暗さを、死後の世界へ行く道のさまと関わらせて詠んだ歌に、「ほととぎす死出の山路のくらきよりいかで五月の闇に来つらん」（田多民治集・四〇）などがある。**○黄泉路**　黄泉へ行く道。黄泉は死後の世界、冥土。そこに至る道は暗闇であるというイメージがある。「黄泉路」という語の歌例に、「かみにおける文字はまことの法なれば歌もよみぢをたすけざらめや」（散木奇歌集・九九四、千載集・雑歌下に所収）がある。

キ、シヨリノリノミチコソワスラレネオモフアマリニワレヒトリナキ

〔校訂本文〕

聞《キ》キシヨリ法《ノリ》ノ道《ミチ》コソ忘《ワス》ラレネ思《オモ》フアマリニ我《ワレ》ヒトリ泣《ナ》キ

〔現代語訳〕

仏の教えを聞いてから、仏法の道を忘れることができない。強く思うあまりに、わたくしひとりで泣くことだ。

〔語釈〕　**○聞キシヨリ**　聞いた時から。聞くとすぐに。**○法ノ道**　28番歌参照。**○思フアマリニ**　思うあまりに。あまりにも強く思った結果、の意。仏法を聞いて強く思いを寄せるさまを「思ふあまり」と表現した歌例に、『法華経』随喜功徳品の「聞二一偈一随喜」を題とする「御法聞く苔のむしろの露けきは思ふあまりの涙なりけり」（出観集・七五六）などがある。**○我ヒトリ泣キ**　わたくしひとりで泣く。和歌において「ひとり泣く」という場合、「誰聞けと声高砂にさを鹿のながながし夜をひとりなくらん」（後撰集・秋下・三七三・よみ人しらず）などとあるよう

に、つがいを離れた鹿や鳥の鳴くさまを詠むことが多いが、ここでは、詠み手自身が仏道を思って独りで涙するさまを詠む。

39

ユメニタニミマクホシサニコクラクノヨルヒルヌレハマトロメハミユ

〔校訂本文〕

夢《ユメ》ニダニ見《ミ》マクホシサニ極楽《ゴクラク》ノ夜昼《ヨルヒル》寝《ヌ》レバマドロメバ見《ミ》ユ

〔現代語訳〕

せめて夢のなかで見たいと思うゆえに、極楽浄土のさまが、夜昼寝たり、まどろんだりすると見えてくることだ。

〔語釈〕 **○夢ニダニ** せめて夢のなかでも。現世にいるうちに見ることはできないが、せめて夢のなかで極楽浄土を見たいということ。「極楽」を「夢」に見るという発想は、10番歌「タダ極楽ノ恋シサニ夢ニ見ムトテ」、17番歌「夜モスガラ極楽見ヨト夢ニ告ゲツレ」に既出。**○夜昼寝レバ** 夜昼寝ると。「夜昼」寝るとは、昼も夜も分かたず、常に極楽を見たいと願い続ける思いを表現したものか。15番歌「夜昼モ心ニカクル極楽ノ」を参照。**○マドロメバ** 底本「□（判読不能）ロメハ」で最初の文字をミセケチしてその右に「マト」。「まどろむ」は、うとうとする、少しの間浅く眠る。「寝ぬる夜の夢をはかなみまどろめばいやはかなにもなりまさるかな」（古今集・恋歌三・六四四・在原業平）があるように、「夢」と結んで恋歌で用いられることが比較的多いが、ここでは極楽への思いを詠む。「夜昼寝レバ」と「マドロメバ」に助詞「ば」が繰り返され、やや熟さない歌形である。

メモアハスカリノヤトリヲウチステ、イツチユカムツケヨカシユメ

〔校訂本文〕
目《メ》モ合《ア》ハズ仮《カリ》ノ宿《ヤド》リヲウチ捨《ス》テテイヅチヘ行《ユ》カム告《ツ》ゲヨカシ夢《ユメ》

〔現代語訳〕
目も合わずに眠れないかりそめの宿のような世を捨て去って、どこへ行けばよいだろうか、告げ知らせてくれ、夢よ。

〔語釈〕 **○目モ合ハズ** 目も合わない。よく眠れない状態である。「目」が「合」うとは、まぶたが合うことで、「ことさらに寝入り給へど、さらに御目も合はで、暁がたになりにけり」（源氏物語・明石）のように、打消を伴って眠れない意に用いることが多い。歌の例には「長き夜すがら　目も合はず　歎き明かして」（能宣集・三〇八）などがある。**○仮ノ宿リ** 24番歌、36番歌参照。**○ウチ捨テテ** 思い切って捨てて。「うち捨つ」の歌例に、「うち捨てて君しいなばの露の身は消えぬばかりぞありと頼むな」（後撰集・離別・一三一〇・むすめ）などがある。**○イヅチヘ行カム** 底本判読しづらいが、「イツチユカム」（または「イツチユヘカム」）の「ユ」（または「ユヘ」）をミセケチにしてその右に「ユ」と記すように見える。傍記に従えば「イヅチ行カム」となるが、「イヅチヘ行カム」と校訂。「イヅチ」は不定の方向・場所を表す。どの方向へ行こうか、の意。「世を捨てて山に入る人山にてもなほ憂き時はいづち行くらむ」（古今集・雑歌下・九五六・凡河内躬恒）などと詠まれる。**○告ゲヨカシ夢** 知らせてくれ、夢よ、の意。「カシ」は念を押して強調する助詞。かりそめの宿のようにはかないこの世を捨てて、一体どの方向へ行けばよいのか、それを夢告によって知らせてくれ、と呼びかける体である。「夢」が「告」げるさまは、17番歌「極楽見ヨト夢ニ告ゲツレ」に既出。歌例には「ありなしの魂のゆくへを惑はさで夢にも告げよありし幻」（狭衣物語・巻三）などがある。

41 ミヲステ、ノリヲモトムルトモカラハツヒニハミダノコクラクニスミ

〔校訂本文〕

身《ミ》ヲ捨《ス》テテ法《、ノリ》ヲ求《モト》ムルトモガラハツヒニハ弥陀《ミダ》ノ極楽《ゴクラク》ニ住《ス》ミ

〔現代語訳〕

我が身を捨てて仏法を求める人々は、最後には阿弥陀仏の極楽浄土に住むことができるのだ。

〔語釈〕 **〇身ヲ捨テテ** 「身」を「捨」てるという表現は、6番歌「コノ身ヲ捨テテ法ヲコソ思へ」、25番歌「我ガ身ヲ捨テテ極楽ノカタト思へバ」に既出。**〇法ヲ求ムル** 仏法を希求する。求道。身を捨てて「法」を「求む」さまを詠む歌例に、源信作の『法華経』勧持品の法文歌と伝えられる「命をば捨てて法をぞ求むべき水にやどれる月ぞこの世は」（万代集・釈教歌・一六五二）などがある。**〇トモガラ** なかま、同輩。『色葉字類抄』は「輩・倫・儔・徒」に「トモガラ」の訓を付す（巻上・人倫）。漢文訓読的な文脈で使われる傾向が強い語彙で、「深き御うつくしみ、大八洲にあまねく、沈めるともがらをこそ多く浮かべたまひしか」（源氏物語・明石）は、源氏の供人の男性が住吉神社に願を立てた会話文で用いられた例である。「これらの人の歌をさきとして、今の世のことを好むともがらに至るまで」（後拾遺集・序）のように、歌集の序や左注・歌合判詞には見られるが、和歌の実作における用例は稀である。**〇ツヒニハ** 最後には。結局。34番歌参照。

42 シテノヤマナケキテコユトキケトミナメニミヌヒトノコ、ロヲロカシ

〔校訂本文〕

死出《シデ》ノ山嘆《ヤマナゲ》キテ越《コ》ユト聞《キ》ケドミナ目《メ》ニ見《ミ》ヌ人《ヒト》ノ心《コ、ロヲ》オロカシ

〔現代語訳〕

死出の山は嘆いて越えるものだと聞くけれど、目で見たことがない人の心は、みな愚かしいのだ。

〔語釈〕 **○死出ノ山**　死後、来世へ向かう際に越える山。「よみぢをば、しでの山といふ」（能因歌枕）とあり、歌例に「死出の山たどるたどるも越えなで憂き世の中になに帰りけん」（後撰集・雑二・一一六六・よみ人しらず）などがある。『地蔵十王経』では、閻魔王国との境に「死天山」（死出の山）があり、死者はこの山を越える際に「破レ膝割レ膚、折レ骨渦随、死而重死」というように、死にさらに死を重ねるような苦に遭うと記される。**○嘆キテ越ユト聞ケド**　死出の山は嘆きながら越えるものだと聞くけれど、の意。**○ミナ**　みんな。誰しもが。44・45番歌参照。**○目ニ見ヌ人**　目で見たことがない人。「目に見ぬ人」という言い回しの歌例には、「世の中はかくこそありけれ吹く風の目に見ぬ人も恋しかりけり」（古今集・恋歌一・四七五・紀貫之）などがある。当該歌では、死出の山を人は誰しも見たことがない、の意か。**○心オロカシ**　心が愚かである、賢くない。語幹「オロカ」に形容詞語尾のついた語形。「オロカ」の語義と表記については、29番歌「オロカニテ」の語釈参照。「心オロカ」については、44番歌の補説に後掲。当該歌の「オロカシ」とは、死出の山のことを、話に聞くだけで見たこともないのに、いたずらに恐れるのは愚かだ、の意か。すなわち、来世へ赴くための心の修養が十分でない人間のありようを、愚かしいと表したものか。「夫極楽世界者、不退之浄土也。…（中略）…覆レ瓫性愚、待二日月之曲照一」（続本朝往生伝・序）などがあるように、愚かであっても来世で極楽へ往生したいと願うとの認識がある。

43

ヱニウツシネカヘヤネカヘホトケタチニシヘヤニシヘアケヨナモコヱ

〔校訂本文〕

絵《ヱ》ニ写《ウツ》シ願《ネガ》ヘヤ願《ネガ》ヘ仏《ホトケ》タチ西《ニシ》ヘヤ西《ニシ》ヘアゲヨ南無声《ナモゴヱ》

〔現代語訳〕

絵に写し、ひたすら拝み願えよ、み仏を。ひたすら西へむかってあげろよ、南無阿弥陀仏の声を。

〔語釈〕 **○絵ニ写シ**　絵に写して。仏の姿を図像に描くこと。**○仏タチ**　この場合の「タチ」は軽い敬意を表す。歌に用いた例では、「阿耨多羅三藐三菩提の仏たち我がたつ杣に冥加あらせたまへ」（和漢朗詠集・仏事・六〇二・伝教大師）が名高く、「唱レバ声ノヲハリニ仏タチ台ヲヨセテ迎ヘ給ヘリ」（他阿上人集・三六二）などとも詠まれた。**○願ヘヤ願ヘ**　西方極楽浄土へ往生することを願えよ、と呼びかける表現。**○西ヘヤ西ヘアゲヨ**　西へ西へと声をあげよ。このような命令形を繰り返して呼びかける言い回しは、24番歌「憂シヤ憂シ厭ヘヤ厭ヘ」にも見られる。**○南無声**　南無阿弥陀仏と唱える声。30番歌「南無阿弥陀仏ト称ヘテハ」を参照。「南無声」という語句は用例が見出しがたいが、和歌において南無阿弥陀仏を声に出すさまを詠んだ例には、選子内親王の詠と伝える「阿弥陀仏ととなふる声に夢さめて西へながるる月をこそ見れ」（金葉集・雑部下・六二〇）や、「夜をかさね西へといそぐ月影をうちながめては南無阿弥陀仏」（拾玉集・五四一一）などがある。

ヒスカシノコ、ロヲロカノヒトハミナタ、コクラクヲノチノヨニコヒ

〔校訂本文〕

ヒズカシノ心《コヽロヲ》オロカノ人《ヒト》ハミナタヾ極楽《ゴクラク》ヲ後《ノチ》ノ世《ヨ》ニ乞《コ》ヒ

〔現代語訳〕

心がひねくれて愚かな人はみな、ただ極楽を来世に願い求めるだけなのである。

〔語釈〕 **○ヒズカシ**　心がひねくれている。また、愚かで口やかましい。ヒズカシや接尾語を伴うヒズカシマの語形で、主に漢文訓読の文献に現れ、和歌・和文には見出しがたい語彙である。『類聚名義抄』には、「嚚」に「カタクナシ、カマビスシ」、「ヒズカシ」、「〓」に「古嚚字、ヒズカシ、オロカシ」とある。『色葉字類抄』は、「嚚・

佷・嚚」の和訓に「ヒスカシ」を掲げて「已上同、愚也」と注する。長寛二年（一一六四）書写の『大般若経字抄』に「嚚　ヒスカシキ」。寛治二年（一〇八八）釈成安述で長承二年（一一三三）書写の『三教指帰注集』に、「父頑《クナ》ニ母嚚《ヒスカシニシテ》」（出典は尚書・虞書「堯典」）とある。**○心オロカノ**　心が愚かである。42番歌に「心オロカシ」とある。同歌の語釈参照。**○後ノ世**　後世。死後の来世。「極楽願往生和歌序」に、「蓋聞、和歌者仏神道哀後世菩提叶給道也」というように、「後世」の語が見える。「後の世」の歌例は多く、たとえば「後の世をかねて見るこそかなしけれかかるほのほに入るにやあるらん」（赤染衛門集・三三三）などがある。**○乞ヒ**　望みが叶うように願い求める。極楽往生したいと希求することをいう。

〔補説〕当該の44番歌に「ヒズカシノ心オロカノ人」、前掲の42番歌に「心オロカシ」というように、人の「心」を「オロカ」である捉える発想の語句が繰り返し用いられている。当該歌においては、極楽往生したいと願っているのに、それは死後の来世のことだとばかり思って、いまの現世での行いをおろそかにする人間のありようを愚かだと表したものか。なお、仏教の教えを知らず、道理や物事を解さないことをいう仏教語に「愚癡」があり（色葉字類抄・巻中・畳字に所掲）、「愚癡」は三毒（最も根本的な三種の煩悩）の一である。「今昔、天竺ノ安息国ノ人、愚癡ニシテ仏法ヲ不悟ズ」（今昔物語集・巻四ノ三十六）などとある。『極楽願往生和歌』に現れる、人の「心」を「オロカ」と捉える発想の背景の一つかもしれない。

45

モユルヒヲアツシトオモフヒトハミナムナシキカラハハヒトナルミモ

〔校訂本文〕
燃《モ》ユル火《ヒ》ヲ熱《アツ》シト思《オモ》フ人《ヒト》ハミナムナシキカラハ灰《ハヒ》トナル身《ミ》モ

〔現代語訳〕

燃える火を熱いと思う人はみな、死後の空しい亡骸は灰となる身なのだ。

〔**語釈**〕**○燃ユル火**　燃え上がる火。火は、仏教的な発想においては、火のように激しい心（心火。怒りや憎しみ、嫉妬など）の喩えや、地獄における熱火の責苦など、さまざまなイメージで表象される。たとえば「彼ノ聖人、嗔恚《しんい》ヲ以テ弟子童子ヲ呵責シ罵詈ス。其ノ嗔恚ノ火、忽ニ出来テ宝塔ヲ焼也」（今昔物語集・巻十三ノ六）とあるのは前者の例で、嗔恚（怒りや憎しみ）が火に喩えられ、さとりを妨げる煩悩とされる。後者の地獄の熱火のイメージは、『往生要集』に詳述されている（補説参照）。**○熱シト思フ**　火を熱いと思う。何かにもとづく発想だろうが、具体的な典拠は未詳。「滅二却心頭一火亦涼」（碧巌録）とあるような、さとりの境地に至れば火も熱く思わないという発想に、何らかの関連があろうか。この発想は、唐の杜荀鶴の詩句「安禅不三必須二山水一、滅二得心中一火自涼」（「夏日題悟空上人院」）に拠るとされるが、仏教経典にも「其中衆生遇二斯光一者。身病心病皆得二除愈一。心火滅已身得二清涼一」（大乗理趣六波羅蜜多経〈般若訳、大正蔵・八 No. 261〉）などといった類想が見られる。『正法念処経』にも、「度二生死海一。能以二戒水一滅二欲心火一。能以二慈水一滅二瞋心火一」（巻第五・生死品之三）のように、死後に彼岸へ渡る際に心火を滅してさとりに導かれるとある。以上のような発想を踏まえて当該歌の「燃ユル火ヲ熱シト思フ」を試解するならば、さとりの境地に至らず、心に燃える火を熱いと思っている人は、の意と解せるか。ただし、解釈は定めがたい。補説参照。**○ムナシキカラ**　むなしくなった亡骸。歌例に、「恋しきにわびてたましひ迷ひなばむなしきからの名にや残らむ」（古今集・恋歌二・五七一・よみ人しらず）などがある。**○灰トナル身モ**　灰となる身も。死後に亡骸が燃やされて灰になるさまをいう。「灰」は「火」と縁語。「燃えはてて灰となりなん時にこそ人を思ひのやまむ期《ご》にせめ」（拾遺集・恋五・九二九・よみ人しらず）のように、亡骸が灰になることは、心内に燃える思いの火との関わりで詠まれる。「灰トナル身モ」の助詞「も」は、これによって歌頭と歌末に「モ」字を置く沓冠歌の表現上のきまりを満たした語法。

〔**補説**〕語釈に掲げた試解にもとづいて、一首の歌意を解釈すれば、心の火を滅せず熱いと思っている人は、身もむなしい亡骸が灰となるだけなのだ、となる。この場合は、現世で生きている間に煩悩の火を断ち切れないと、死後の身はむなしいばかりで極楽往生もできない、という主旨を詠んだ歌と解せよう。

一方、「燃ユル火」を、地獄における熱火と捉えることもできるかもしれない。地獄は苛烈な火の責苦に満ちた所とされる。『往生要集』大文第一厭離穢土によれば、たとえば地獄のなかの「刀輪処」は「猛火熾烈」であり、「叫喚地獄」では「猛炎鉄室」に入れられて苦しむ。このイメージを踏まえて一首の歌意を解釈すれば、燃える火を熱いと思う人はみな、むなしい亡骸が灰となる身となっても苦しむ、となろう。この場合は、来世で地獄の熱火の責苦に苛まれる人は、死後に亡骸が灰になった後も苦しみ続けている、といった主旨を詠んだ歌と解される。

セチニタ、コクラクネカフワレナレハヲハラムトキハホトケキタラセ

〔校訂本文〕

セチニタダ極楽願《ゴクラクネガ》フ我《ワレ》ナレバ終《ヲ》ハラム時《トキ》ハ仏来《ホトケキ》タラセ

〔現代語訳〕

ただひたすらに極楽往生を願うわたくしであるから、臨終の時は、仏よ、迎えに来てくださいませ。

〔語釈〕 **〇セチニ** ひたすらに。ぜひともそうしたいと強く求め願うさま。**〇極楽願フ** 極楽浄土へ往生したいと願う。**〇終ハラム時ハ** 臨終する時は。「終はる」は命終。30番歌に「命終ハラバ」とある。**〇仏来タラセ** 底本「ホトケキタラセ」で「ケ」は本行本文右に補入。仏よ、来てくださいませ、の意。臨終に仏菩薩が迎えに来る（来迎する）さま。「セ」は「わが背子は仮廬作らす」（万葉集・巻一・一一）のような主として上代の文献に見られる、尊敬の意を表す助動詞の命令形か。用例が稀な言葉続きであるが、当該歌ではこれによって、歌末に「セ」字を置く沓冠歌の表現上のきまりを満たしている。

47

スヘテミナホトケノコトヲオモフヒトツヒニハノリノミチニマトハス

〔校訂本文〕

スベテミナ仏《ホトケ》ノコトヲ思《オモ》フ人《ヒト》ツヒニハ法《ノリ》ノ道《ミチ》ニマドハズ

〔現代語訳〕

仏のことを思う人は全てみな、最後には仏道に迷うことがないのだ。

〔語釈〕 **○スベテミナ** 全ての人がみな。「すべて」を詠みこんだ歌例に「小山田のもるももらぬも世の人のすべては仮の宿りなりけり」（和泉式部集・三五七）などがある。**○仏ノコトヲ思フ人** 仏のことを思う人は。仏の教えに深く帰依する人のさま。**○ツヒニハ** 34番歌・41番歌参照。**○法ノ道** 2番歌・3番歌・28番歌・38番歌参照。**○マドハズ** 迷わない。仏道に迷うことなく邁進すること。28番歌にも「法ノ道ニハマドハデゾ行ク」とあった。「法の道」に「まどふ」という発想を詠んだ歌例に、「入りがたき法の道にやまどはましあまねき門のひらかざりせば」（有房集・四六九「普門品」）などがある。

48

別和歌

ヒマモナクコ、ロニカクルコクラクノナヲイソカシキミチヲシ□□□

〔校訂本文〕

別和歌

ヒマモナク心《コ、ロ》ニカクル極楽《ゴクラク》ノナホ《ヲ》イソガシキ道《ミチ》ヲシ□□□

〔現代語訳〕

絶え間なく心にかける極楽への、やはり急がずにはいられない道を、（以下、底本判読困難）

〔**語釈**〕 **○別和歌** 別の和歌。いろは四十七字を歌頭と歌末に置く沓冠歌は、前の47番歌まで。その四十七首とは別に、もう一首加えた歌であるということ。『極楽願往生和歌』の総歌数は、当該歌を含む計四十八首。これは、阿弥陀四十八願にちなんだ歌数であろう。阿弥陀四十八願は『無量寿経』に説かれる。阿弥陀仏が法蔵菩薩と称した修業時代に、すべての衆生を救済するために立てた四十八の誓願。**○ヒマモナク** 絶え間なく、間断なく。「ヒマ」は時間や物事がとぎれる間。「ひまもなく心一つに見る人のもらせばもるる水もありけり」（斎宮女御集・六七）のように、空間的な隙間の意と掛けることも多いが、ここでは時間的な絶え間もなく、常に極楽浄土のことを心にかけるさまを詠む。類似した言い回しの歌に、「ひまもなく心にかかる吉野山さればぞ人に思ひ入りけん」（風葉集・雑三・一三七六・吉野院御歌）などがある。**○イソガシキ道** 急《せ》かされるような道。「いそがし」は、気が急いて落ち着かないさま、せわしいの意。歌例は「都へと行きかふ人の道もなみ年のせめてもいそがしきかな」（海人手古良集・三八）などが散見する。ここでは、極楽への道に早く行きたいと急がずにはいられない心情を表すのだろう。22番歌「釈迦ノミマヘニイソグ心ラ」のほか、26番歌・35番歌にも仏のもとに急いで行きたいという心情が詠まれていた。**○道ヲシ□□□** 歌の末尾が判読しづらい。勉誠社文庫や『極楽願往生歌　明恵上人歌集　本文と索引』は、「ミチヲシラヘ□」とし、「道ヲシラベム」と補う可能性を示す。

極楽願往生和歌序

〔底本翻刻〕 ※改行は底本に従う

敬白

極楽願往生和歌序云

蓋聞和歌者仏神道哀後世菩提叶給道也

其三十一字之和歌数四十八行注連偏後世菩提

懸意家中往生之地穴儲命終入滅与□宿

仰願者安置随身若干仏経王等之中猶□□（底本料紙欠損）

三千仏九万七千百八十九基銀塔同法花□（底本料紙欠損）

典仁王経等各不誤本 撰（ママ） 願而極□（底本料紙欠損）

浄□（底本料紙欠損） 令往生給数年之仏経供養之目録前

条々記別畢然則閻魔之庁善法□□（底本料紙欠損）、

記札文置相違哉乎敬白

康治元年壬戌六月二十一日壬午日□□（底本料紙欠損）

〔校訂本文〕

敬白。極楽願往生和歌序云、蓋聞、和歌者仏神道哀後世菩提叶給道也。其三十一字之和歌、数四十八行注連、偏後世菩提懸意。家中往生之地穴儲命終入滅与寝宿。仰願者安置随身若干仏経王等之中、猶□□三千仏九万七千百八十九基銀塔同法花□（妙カ）典仁王経等、各不誤本撰願而極□（楽）浄□（土）令往生給。数年之仏経供養之目録、前条々記別畢。然則閻魔之庁善法□□、記札文置相違哉乎。敬白。

康治元年壬戌六月二十一日壬午日□□（底本料紙欠損）

〔訓読〕

敬つて白す。極楽願往生和歌序に云はく、蓋し聞くならく、和歌は仏神の道を哀れみ、後世菩提を叶へ給ふ道なりと。其の三十一字の和歌、数へて四十八行に注し連ね、偏に後世菩提に意を懸く。家中往生の地穴を儲けて命終入滅し与に寝宿す。仰ぎ願はくは、安置せる随身の若干の仏経王等の中に、猶□□三千の仏、九万七千百八十九基の銀塔、同じく法花妙典・仁王経等、各《おのおの》本の撰願を誤らずして、而して極楽浄土に往生せしめ給はんことを。数年の仏経供養の目録、前の条々に記し別かち畢んぬ。然れば則ち閻魔の庁の善法□□、札文に記し置くことに相違あらんや。敬つて白す。

康治元年壬戌六月二十一日壬午日

〔現代語訳〕

敬って申し上げる。極楽願往生和歌の序に云うには、和歌は、仏神が賞美する道であり、後世でさとりをひらくことを叶えてくださる道である。その三十一字の和歌を、四十八行にわたって連ねるのは、ひとえに後世でさとりをひらきたいと心に思うからである。家中に往生を遂げる地となる穴を掘ってともに過ごし、命果てて涅槃に入る際の備えとする。仏を仰いで願うことには、身に携えて安置している尊い仏教経典等のなかの、□□三千の仏や九万七千百八十九基の銀塔、同じく法華経や仁王経等が、それぞれ仏がお立てになった本来の誓願からはずれることなく、極楽浄土へ往生させてくださらんことを。ここ数年積んできた仏教経典供養の目録は、先の条々に分かち記した。よって、閻魔の庁で善法に従って札に記し置いたことに相違はあろうか。敬って申し上げた。

〔語釈〕 **○敬白** 『極楽願往生和歌』の冒頭と末尾、紺紙金泥供養目録の冒頭、白紙墨書供養目録の冒頭と末尾にも「敬白」とある。願文や諷誦文等の頭語・結語の定型表現。「敬白。奉レ書二写一切経律論等一事……皆嘗二法味一、併遊二覚苑一。敬白。大治三年十月二十二日」（「白河法皇八幡一切経供養願文」藤原敦光、本朝続文粋・巻十二願文上）。**○極楽願往生和歌序云** 歌の冒頭には「極楽願往生歌」とあったが、序では「極楽願往生和歌」と称す。**○蓋聞** 序や願文等の冒頭に用いられる定型表現。「蓋聞。律以二懲粛一為レ宗。令以二勧誡一為レ本。格則量レ時立レ制。式則補レ闕拾レ遺」（「弘仁格序」藤原冬嗣、本朝文粋・巻八書序）ほか。**○仏神** 神仏、仏と神。「八日以後及五月予重病、運命有レ恐、有二仏神一助二存命一也」（中右記・寛治五年四月八日）など日記記録類にも見られる語。**○道哀** 和語の語順で「道を哀れみ」と訓じ、和歌の道をめでるの意。「目に見えぬ鬼神をも哀れと思はせ」（古今集・仮名序）。和歌は神代の昔から始まり、神があわれむものであると論じた『古今集』仮名序を承け、神のみならず、仏も神も和歌をめでるという発想は、平安後期の歌学書に現れる。たとえば藤原清輔『袋草紙』には「仏神感応歌」が掲げられる。『奥義抄』序には和歌について、「仏も光をやはらげてこの事をのたまふ。…神もかたちをあらはしてこれにはこたへ給ふ」とある。**○三十一字之和歌** 五七五七七の三十一文字の和歌。**○数四十八行** 底本「数」は重ね書きしたような筆跡。「四十八行」は、『極楽願往生和歌』が、いろは歌を沓冠とする四十七首に別和歌一首をくわえた計四十八首で、一首一行の四十八行で表記されていることをいう。**○家中往生之地穴儲命終入滅与寝宿** 「与寝宿」の部分、判読しづらく、訓読にも不審が残るが、『極楽願往生歌　明恵上人歌集　本文と索引』の翻字と訓読に従った。家の敷地内に、自分が往生する地を定めて穴を掘り、臨終後にさとりへ導かれる準備をしたということ。この記述に拠れば、『極楽願往生和歌』および供養目録が出土した場所（つまり西念が土中に埋めた所）に、西念の住まいがあったことになる。**○仰願者**　「仰願」は願文に用いられる定型表現。ここでは「仰願者」と助詞を付す和語的な語法となっている。「仰願、大悲極大悲、医王大医王、廻二蓮眼一而照見、動二菓唇一而納受」（「医師惟宗俊則堂供養願文」江都督納言願文集・巻六）など。**○安置随身**　身近に携えて安置する。紺色金泥供養目録に「奉安置随身三十日仏名目録」と同様の語句がある。**○仏経王等**　尊い仏教経典類。「経王」は、経典中で最も尊いもの、経の中の王の意。**○猶□□三千仏**　料紙欠損のため、二字分または三字分未詳。「～三千仏」と同様の語句が、紺紙金泥供養目録に「奉迎供養図絵金色随意曼陀羅一補、奉其中顕仏名経一万三千仏」と見え、ここでもそれを指す可能性が高い。だとすると欠損部分を「一万三千仏」と補える。**○九万七千百八十九基銀塔**　紺色金泥供養目録に、「奉迎供養書写金銀泥塔経目録…都合并九万七千百八十九基　塔字也」とあるものを指す。すなわち「迎供養」のために、『法華経』『無量義経』『観普賢経』『般若心経』『仁王般若経』を金字で書写し、各字の上に銀字で塔を記した、一字宝塔経の書写供養のこと。迎供養とは、極楽浄土への来迎を願って功徳を積む行いをいうのだろう。**○同法花□典仁王経等**　前項に掲げた『法華経』『仁王般若経』の書写のこと。底本料紙欠損部分は「法花妙典」と解する。**○不誤本撰願**　底本の字体は「撰」だが「誓」の誤記を想定すべきか。紺紙供養目録および白紙墨書目録に同趣の語句が見え、そこでは「不誤本誓願」とある。「誓願」は、仏がすべての衆生を救済したいと願い、それを成し遂げようと誓うこと。阿弥陀の四十八願などをいう。「不誤本誓願（本《もと》の誓願を誤らずして）」ならば、そもそも立てた誓願に違うことなく、（わたくしを救済し）極楽往生を導いてくださる、の意となる。**○閻魔之庁**　閻魔は死者を生前の所行によって裁いて賞罰を与える王。閻魔の庁は、その審判を行う法廷。「遥ニ堕テ、閻魔ノ庁ニ至ヌ」（今昔物語集・巻十七ノ十九）。**○善法**　正しい教法。また道理にかなった方法。**○記札文置相違哉乎**　「記」の上に一字分または二字分の欠損があり訓読の語順と解釈を定めがたい。「札文」は生前の所行を記した札。「或ハ文案ニ向ヒ札ヲ勘ヘテ、罪人ノ善悪ヲ注ス」（今昔物語集・巻十三ノ三十五）や「亡人先身若福若罪諸業皆書尽持、奏二與閻魔法王一。其王以レ簿、推二問亡人一」（地蔵十王経）などとあるように、死者は閻魔に生前の所行を書いて奏上し、閻魔も死者の行いを書き記したものにもとづいて善悪を裁くとされていた。本序文では、この極楽願往生歌を書き記して、往生への願いの思いを閻魔に奉るといった含意があろうか。解説参照。**○康治元年**　一一四二年。永治二年が四月二十八日に康治と改元。

紺紙金泥供養目録所収願文

一

〔底本翻刻〕　※改行は底本に従う

弟子僧西念跪礼拝合掌而白仏言天王寺之
西海令投身入海之条往生之赴願有斯伝
聞天王寺之西門者極楽之東門通然者
則致信心之誠奉当寺之御仏前造立
供養二尺皆金色観世音菩薩像一躰白髪
漉交紺紙金字書写法華経一部八巻
無量義経観普賢経般若心経阿弥陀経各一巻
五百日温室湯巻数年来之仏経供養物
目録為梵天帝釈宮之訴即目録懸頸向西
方奉釈迦弥陀諸仏菩薩如来於合掌拝念

而白言非他二親尊霊曽我部氏藤原尊霊
法界衆生平等利益自他共伴為後世菩
提往生極楽成仏不命終之期待進保延
六年庚申歳八月□九日庚辰彼岸之内
不惜身命入滅仰願三世之諸仏十方之
大士当供養仏経安置随身之若干仏菩
薩経王等不誤本誓願轄白牛之車迎紫
金之座乃至功徳余上従鉄囲下及砂界遍
湿法雨悉洗苦塵敬白
保延六年八月九日　　僧西念敬白

〔校訂本文〕

一、弟子僧西念跪礼拝合掌而白仏言、天王寺之西海令投身入海之条、往生之赴願有斯。伝聞、天王寺之西門者極楽之東門通。然者則致信心之誠、奉当寺之御仏前、造立供養二尺皆金色観世音菩薩像一躰、白髪漉交紺紙金字書写法華経一部八巻、無量義経、観普賢経、般若心経、阿弥陀経各一巻、五百日温室湯、巻数年来之仏経供養物目録、為梵天帝釈宮之訴。即目録懸頸、向西方奉釈迦弥陀諸仏菩薩如来於合掌拝念。而白言、非他二親尊霊曽我部氏藤原尊霊、法界衆生平等利益、自他共伴為後世菩提往生極楽成仏、不命終之期待、進保延六年庚申歳八月□九日庚辰彼岸之内、不惜身命入滅。仰願三世之諸仏十方之大士、当供養仏経安置随身之若干仏菩薩経王等、不誤本誓願、轄白牛之車、迎紫金之座。乃至功徳余上従鉄囲下及砂界、遍湿法雨、悉洗苦塵。敬白。

保延六年八月九日　僧西念敬白

〔訓読〕

一、弟子の僧西念、跪きて礼拝し合掌して仏に白して言はく、天王寺の西海に投身し入海せしむるの条、往生の赴きの願ひ斯れ有り。伝へ聞くならく、天王寺の西門は極楽の東門に通ずと。然れば則ち信心の誠を致し、当寺の御仏前に、二尺の皆金色観世音菩薩像一体を造立供養し、白髪漉き交ぜの紺紙に金字にて法華経一部八巻、無量義経、観普賢経、般若心経、阿弥陀経各一巻を書写し、五百日の温室湯、巻数、年来の仏経供養の惣目録を奉り、梵天帝釈宮の訴と為す。即ち目録を頸に懸け、西方に向かひて釈迦弥陀諸仏菩薩如来に合掌し拝念し奉る。而して白して言はく、他ならぬ二親の尊霊曽我部氏藤原の尊霊、法界の衆生に平等の利益あり、自他共に伴りて後世の菩提往生極楽成仏の為に、命終の期を待たず、進みて保延六年庚申の歳八月九日庚辰彼岸の内に、身命を惜しまず入滅せんとす。仰ぎ願はくは、三世の諸仏、十方の大士、当に供養すべき仏経、安置せる随身の若干の仏菩薩経王等、本の誓願を誤たず、白牛の車を轄し、紫金の座を迎へむ。乃至功徳の余、上は鉄囲に従ひ下は砂界に及ぶまで、遍く法の雨に湿《うるほ》し、悉く苦塵を洗はむ。敬つて白す。

保延六年八月九日　僧西念敬白

〔現代語訳〕

弟子の僧西念が、跪いて礼拝し合掌して仏に申し上げる。天王寺の西の海に身を投げて海に入ろうとしたのは、往生したいという願いがあるからである。伝え聞くことには、天王寺の西門は極楽浄土の東門に通ずるという。だから、信心のまことを尽くし、天王寺の御仏前に、二尺の皆金色の観世音菩薩像一体を造立供養し、白髪を交ぜ漉きにした紺紙に金字で、『法華経』一部八巻、『無量義経』『観普賢経』『般若心経』『阿弥陀経』各一巻を書写し、五百日間の温室での行いや、年来供養を重ねてきた諸仏典の巻々の総目録を奉り、梵天と帝釈の宮への訴えとする。その目録を頸に懸け、西方に向かって釈迦・阿弥陀仏・諸仏菩薩如来に合掌して拝み念じ、次のように申し上げる。二親の尊霊である曾我部氏と藤原氏の尊霊をはじめ、法界にやどる衆生すべてに平等に利益が与えられるという。自他共にかりそめに、後世にさとりをひらいて往生して極楽で成仏するために、定命が尽きるのを待たず、進んで保延六年庚申の年八月九日庚辰の日に、彼岸の期間に、身命を惜しまず入滅しようとするのである。仏を仰いで次のように願う。三世の諸仏や十方の大士、そしてここで供養する仏教経典や、身に携えて安置している若干の仏菩薩や経典等が、本の誓願に違わず、白牛の車をころがし、紫金の座で迎えてくださることを。または、あり余る功徳が、上は鉄囲山から下は砂界に及ぶまで、遍く法の雨で潤し、悉く苦塵を洗うことを。敬って申し上げた。

保延六年八月九日　　僧西念敬白

〔語釈〕 **○弟子〜白仏言**　弟子の某が仏に申し上げる、という言い回しは、願文の冒頭の定型表現。「弟子師頼等、異口同音、前白レ仏言」（「右兵衛督師頼為厳親左府七十御賀願文」江都督納言願文集・巻三、本朝続文粋・巻十二所収）。**○天王寺之西海令投身入海之条**　四天王寺は極楽浄土の東門に通ずると信じられ（次項参照。『四天王寺御朱印縁起』など）、四天王寺から海に入水して往生を願う営みは往生伝その他に多く記される。「便詣二天王寺一。七日断食。一心念仏。着二浄衣一。々裏盛沙。往二海中一将レ投レ身」（後拾遺往生伝・巻下「上人行範」）。**○天王寺之西門者極楽之東門通**　「東門通」は和語の語順で「東門に通ず」と訓じた。「其寺ノ西門ニ、太子自ラ、釈迦如来転法輪所　当極楽土東門中心、ト書給ヘリ。是ニ依テ、諸人彼ノ西門ニシテ弥陀ノ念仏ヲ唱フ」（今昔物語集・巻十一ノ二十一）とあり、実際に西門の鳥居の扁額に上記の句が彫られていたという。**○二尺皆金色観世音菩薩像一躰**　白紙墨書供養目録（「奉安置供養前畢年来仏経惣目録」）に、「天王寺御舎利堂内」に供養したものとして「奉一尺六寸皆金色救世観世音菩薩一躰〈同供養籠了〉」とある。付録参照。**○白髪漉交紺紙金字書写法華経一部八巻…**　同じく「天王寺御舎利堂内」に供養したものとして、「奉紺紙金字法華経一部具経并願文数年仏経供養目録共籠了」とある。付録参照。

○五百日温室湯　「温室」は寺院に設けられた浴室、湯屋。身体の清浄を尊ぶことから、仏教において洗浴は功徳の行いとされる。『三宝絵』下「温室」参照。関秀夫『平安時代の埋経と写経』は当該箇所を、「五百日間の温室湯料を贈った目録」と解釈する。「期永代毎月一箇度温室料、所寄進如件」（東大寺温室田寄進状・永久五年七月十五日、東南院文書五ノ二・平安遺文所収）などとあるように、温室料を寺院に寄進する行為は文書類に散見する。しかしここは、湯料の寄進というより、西念自身が五百日間洗浴を行ったとも解釈できるか。**○梵天**　帝釈天と並んで諸天の最高位にあり、仏法を守護するとされる。もとは古代インド思想で宇宙の根源原理とされるbrahmanを神格化した神。**○帝釈宮**　帝釈天の住む宮殿。帝釈天は、梵天と並んで仏法の守護神とされ、須彌山の頂上にある喜見城に住むという。**○訴**　言上する、祈る。ここでは梵天や帝釈天に対して極楽往生への願いを訴えること。**○二親尊霊**　「尊霊」は霊魂を敬って言う語。自身の父方母方の霊をいうか。**○曽我部氏藤原尊霊**　西念の出自は未詳だが、この記述によれば曽我部氏と藤原氏の血縁であったことになるか。**○法界**　意識の対象となるものすべて。また、真如そのものの現れとしての全世界。「法界」「自他」「尊霊」の語を用いて供養の行いについて述べる類似した言い回しは、「右為奉始本願聖霊先師等尊霊并先亡後滅寺衆及自他法界成等正覚」（東大寺温室田寄進状・永久五年七月十五日、前掲）などのように見られる。**○佯**　いつわる、ふりをするの意の漢字。このあたり語順も含め解釈が定めがたい。**○不命終之期待**　命終《みょうじゅう》の期《ご》を待たず、と訓読しておく。語順が正格の漢文とは異なる。**○保延六年庚申歳八月□九日**　一一四〇年。彼岸の期間の日。**○彼岸之内**　「彼岸」は此岸《しがん》を渡った向こう岸の意で、輪廻の苦しみを超えた理想の境地。日本では、春分・秋分を中日とし前後三日ずつをあわせた七日間を指し、その時に行う仏事を彼岸会という。ここでは秋の彼岸。春分と秋分は太陽が正東から出て正西に沈むことから、善導『観無量寿経疏』が説く日想観にもとづいて、西方極楽浄土を観想して往生を念じることが行われた。彼岸の期間に四天王寺に詣でて往生を願う行為に及んだ例も見られる。「而間治暦年中八月。彼岸中詣二天王寺一。一心念仏。満二百万遍一。…高唱二弥陀尊一。専行礼拝。向レ西而行。臨レ海而滅」（拾遺往生伝・巻下「永快聖人」）。**○不惜身命**　身命を惜しまず。

「不レ惜二身命一　乃可二為説一」（法華経・譬喩品）。**〇仰願**　極楽願往生和歌序の語釈「仰願者」の項参照。**〇三世之諸仏**　過去・現在・未来（前世・現世・後世）に存在するすべての仏。「三世諸仏」は諸仏典に頻出する語句で、「三世諸仏の説法の儀式もかくやと、歓喜の涙留めがたし」（栄花物語・巻十七おむがく）のように、物語・説話にも見られる。**〇十方之大士**　「十方」は、東・西・南・北、東南・西南・東北・西北、上・下の十の方角。それぞれに衆生の住む所と浄土があるとされる。「大士」は偉大な人の意で、菩薩の異称、または菩提心をおこした人をいう。「十方大士来会不レ絶」（法華文句・巻第九上「釈従地涌出品」）などとある。「三世」と「十方」の対句表現も、「故知三世覚王。十方大士」（宗鏡録・巻第三十）など古来見られる。**〇経王**　極楽願往生和歌序の語釈「仏経王等」の項参照。**〇不誤本誓願**　極楽願往生和歌序の語釈「不誤本撰願」の項参照。**〇轄**　車輪を車軸に止めるくさび、また、車のきしる音。ここでは「白牛之車」の車輪がまわるさまを言い、成仏へと導かれることを表したものか。**〇白牛之車**　『法華経』譬喩品の火宅の喩に出る大白牛車のこと。火宅の喩は、父の長者が、火事の家から子どもを誘い出すために、羊車・鹿車・牛車を与えると言い、実際には三人の子どもに大きな白牛が引く車を与えたという話で、すべての衆生を成仏に導く教えの譬喩。「幼き子どもは稚《いとけな》し、三つの車を請ふなれば、長者は我が子の愛《かな》しさに、白牛の車ぞ与ふなる」（梁塵秘抄・七二）。**〇紫金之座**　「紫金」は紫磨金の略。紫色を帯びた金で、最上質の黄金。「珊瑚虎魄、車磲瑪瑙、白玉紫金」（往生要集・大文第二「五妙境界楽」）。来迎の雲を紫雲というが、ここでは紫金の座で浄土への迎えが来るさまを表すか。**〇上従鉄囲**　「鉄囲」は鉄囲山《てっちせん》。仏教の宇宙観において、須彌山を囲む九山八海の一つで最も外側にある、鉄でできた山。**〇下及砂界**　「砂界」は沙界に同じ。恒河沙の世界の意。恒河沙は数が計り知れないことの喩え。「恒沙界之内、大鉄囲之外、各随二所求一、共得二抜済一」（「為故尚侍家人七々日果宿願」法会願文（元慶六年三月十三日）菅家文草・巻十二）や「凡厥、鉄囲沙界、平等利益」（「自料為先妣周忌追善供養願文」江都督納言願文集・巻三）などとあるように、鉄囲山から沙界に至るまでという意の言い回しは、願文等の末尾に用いられる類型的表現。**〇法雨**　仏法が衆生を遍く救済することを、雨が万物を潤すのに喩えた語。「澍二甘露法雨一」

滅ヨ除煩悩燄二」（法華経・観世音菩薩普門品）など諸経典に頻出する。**〇悉洗苦塵**　心を苦しめ汚す塵をすべてすすぎ清めよう。「苦塵」は執着や煩悩を喩える。語例に「以二三部之妙力一、救二六道之苦塵二」（「遠江内侍為先妣周忌追善願文」江都督納言願文集・巻五）、願文の末尾に「塵」を「洗」うと表した類例に、「凡厥非有想非夢想。同洗二六塵一。共到二十地一。敬白」（「前女御源朝臣為二亡息第三親王周忌一願文」藤原敦光、本朝続文粋・巻十三）などがある。**〇敬白**　極楽願往生和歌序の語釈「敬白」の項参照。

白紙墨書供養目録所収願文

〔**底本翻刻**〕

右伝聞天王寺之西門者極楽之東門通
然則不死期命終之時待而去保延六年
庚申八月九日庚辰彼岸之内後世菩提之
料仏経供養之日即御寺西海数年勤行
供養若干仏経目録懸頸向西方雖
投身入海□□（判読困難）深海縁浅而造立書写
仏経俟未来□（判読困難な字を小字で補入）延引先了於今者蒙仏
神之告住宅之内穴掘儲而為梵天
帝釈閻魔之庁訴存生之時兼
賜後世菩提往生之地畢雖然数年

御供養仏経之目録三通□《（逮？）》注不幾死
仰願者三世之諸仏十方之大士経王
等不誤本誓願轄白牛之車迎
紫金之座乃至功徳余之上鉄囲之
下及砂界遍湿法雨悉洗苦塵
敬白
　永治二年三月十七日　　沙弥西念敬白

〔校訂本文〕

右伝聞、天王寺之西門者、極楽之東門通。然則不死期命終之時待、而去保延六年庚申八月九日庚辰彼岸之内、後世菩提之料、仏経供養之日、即御寺西海数年勤行供養若干仏経目録懸頸向西方、雖投身入海□□深海縁浅而造立書写仏経俟未来□延引先了。

於今者蒙仏神之告、住宅之内穴掘儲而為梵天帝釈閻魔之庁訴、存生之時、兼賜後世菩提往生之地畢。雖然数年御供養仏経之目録三通□（「逮」？）注不幾死。仰願者三世之諸仏十方之大士経王等、不誤本誓願、轄白牛之車、迎紫金之座。乃至功徳余之上鉄囲之下及砂界、遍湿法雨、悉洗苦塵。敬白。

　永治二年三月十七日　　沙弥西念敬白

〔訓読〕

右伝へ聞くならく、天王寺の西門は極楽の東門に通ずと。然れば則ち死期命終の時を待たず、而して去ぬる保延六年庚申八月九日庚辰彼岸の内、後世菩提の料、仏経供養の日、即ち御寺の西海に、数年勤行供養せる若干の仏経の目録を頸に懸け西方に向かひ、身を投げ海に入ると雖も□□深き海に縁浅くして、造立書写せる仏経、俟未来□、先に延引し了んぬ。

今においては、仏神の告を蒙り、住宅の内に穴を掘り儲けて、梵天、帝釈、閻魔の庁に訴へを為し、存生の時より兼ねて後世菩提往生の地を賜り畢んぬ。しかれども数年御供養せる仏経の目録三通□（を）注し、幾ばくもなくして死せんとす。仰ぎ願はくは、三世の諸仏、十方の大士経王等、本の誓願を誤らず、白牛の車を轄し、紫金の座を迎へむ。乃至功徳の余の上は鉄囲、下は砂界に及ぶまで、遍く法雨に湿《うるほ》し、悉く苦塵を洗はむ。敬つて白す。

永治二年三月十七日　　沙弥西念敬白

〔現代語訳〕

右に伝え聞くことには、天王寺の西門は極楽浄土の東門に通ずるという。だから死ぬ時期となって命が尽きる時を待たず、去る保延六年庚申の年八月九日庚辰の日、彼岸の期間内の、後世での菩提のために仏教経典を供養した日に、四天王寺の西の海で、数年勤行供養を重ねた若干の仏教経典の目録を首に懸けて西方に向かった。身を投げて海に入ったが、深い海なのに仏縁は浅く、造立し書写した仏教経典類も来世を待たず、先延ばしになった。

今は、仏神のお告げを受け、住宅の内に穴を掘って、梵天・帝釈および閻魔の庁への訴えとし、現世に在る時から後世でさとりをひらいて往生する地を賜ったのであった。しかし、ここ数年供養してきた仏教経典の目録三通を注記してから、ほどなく死のうと思うのである。仏を仰いで次のように願う。三世の諸仏や十方の大士および尊い経典等が、本の誓願に違わず、白牛の車をころがし、紫金の座で迎えてくださることを。または、あり余る功徳が、上は鉄囲山から下は砂界に及ぶまで、遍く法の雨で潤し、悉く苦塵を洗うことを。敬って申し上げた。

永治二年三月十七日　　沙弥西念敬白

〔語釈〕 **○右伝聞**　紺紙金泥供養目録の冒頭近くにも「伝聞」とある。**○天王寺之西門者極楽之東門通**　同趣の表現が紺紙金泥供養目録（語釈参照）にもある。**○不死期命終之時待**　死期命終の時を待たず、と訓読しておく。語順が正格の漢文とは異なる。**○去保延六年…**　西念は、保延六年八月九日に、供養した仏経の目録を首に懸けて、四天王寺の西海に身を投じた。紺紙金泥供養目録参照。**○御寺**　四天王寺のこと。**○深海縁浅而…延引先了**　深い海に身を投げたものの、仏縁が未だ浅くて極楽往生は果たせず先延ばしとなり、この世にとどまったことをいうのだろう。**○蒙仏神之告**　仏神の託宣を受け。**○住宅之内穴掘儲而…**　住居の敷地内に穴を掘り、生前からそこを自身の往生の地と定めた。『極楽願往生和歌』、紺紙金泥供養目録、白紙墨書供養目録を埋納したことをいう。**○梵天帝釈**　「梵天」「帝釈」は紺紙金泥供養目録に既出。**○閻魔之庁訴**　「閻魔之庁」は序に既出、「訴」は紺紙金泥供養目録に既出。閻魔の庁において訴えるという表現は、「世間人殿ヲハ熒惑精ト申也、閻魔庁乃訴仁仕ラントテ来也云々」（江談抄・第三）など散見する。**○数年御供養仏経之目録**　数年積んだ功徳を記した供養目録。**○三通□**　判読しがたい字もあって、意味するところが判じがたい。白紙墨書供養目録は、西念がそれまで行ってきた供養の営みを概括的にまとめたものかと思われ、その記載内容は、「奉安置供養前畢年来仏教惣目録」、「奉斯仏教内□所堂寺籠目録」、「奉伝読供養大般若経目録」の三つの段落と、末尾の願文で構成されているように読みとれる（解説参照）。目録が「三通」であるとは、この三つを指すか。ただし、「三通」のところを『平安遺文』や『極楽願往生歌　明恵上人歌集　本文と索引』は「五通」と翻刻しており、そう解するほうがよいのかもしれない。後考を俟ちたい。**○三世之諸仏**　紺紙金泥供養目録に既出。**○十方之大士**　紺紙金泥供養目録に既出。**○不誤本誓願**　極楽願往生和歌序の語釈「不誤本撰願」の項参照。紺紙金泥供養目録にも同じ表現がある。**○轄**　紺紙金泥供養目録に既出。**○白牛之車**　紺紙金泥供養目録に既出。**○紫金之座**　紺紙金泥供養目録に既出。**○上鉄囲之下及砂界**　紺紙金泥供養目録に同趣の表現が見える（同目録語釈参照）が、「上従鉄囲下及砂界」とあって語順と語句に小異がある。**○法雨**　紺紙金泥供養目録に既出。**○悉洗苦塵**　紺紙金泥供養目録に既出。**○敬白**　極楽願往生和歌序の語釈参照。**○永治二年三月十七日**　一一四二年。底本の字体は「五月」と読めなくもないが、先行諸書と同様に「三月」と解しておく。同年四月二十八日に康治と改元された。極楽願往生和歌序の年記は「康治元年壬戌六月二十一日壬午日」とあり、これによれば、同じ年の三月に白紙墨書供養目録、六月に『極楽願往生和歌』が記されたことになる。

紺紙金泥供養目録・白紙墨書供養目録（翻刻）

一、改行は底本に従った。
一、褪色または欠損により判読困難の箇所は□で示した。
一、これまで刊行された先行文献における紺紙金泥供養目録・白紙墨書供養目録の全文の翻刻には、三宅米吉・津田敬武「院政時代の供養目録」（帝室博物館学報第四冊、一九二四年一二月、勉誠社文庫『極楽願往生歌』はその複製）を嚆矢として、『平安遺文』、山田巌・木村晟『極楽願往生歌　明恵上人歌集　本文と索引』、関秀夫『平安時代の埋経と写経』がある。

底本を実際に見ると、経年により褪色がすんだためか、あるいは出土当初の状態から既に判読が困難であったのか、先行文献で翻字されている箇所が現状では判読しづらい場合があった。とくに紺紙金泥供養目録の前半部分がそれにあたる。そのような場合、先行文献を参考して判読すべき字を想定し、できるかぎり翻刻を示すこととした。

紺紙金泥供養目録（翻刻）

敬白

一

奉安置妙法蓮華経□名目録
妙法蓮華経序品第一
妙法蓮華経方便品第二
妙法蓮華経譬喩品第三
妙法蓮華経信解品第四
妙法蓮華経薬草喩品第五
妙法蓮華経授記品第六
妙法蓮華経化城喩品第七
妙法蓮華経五百弟子受記品第八
妙法蓮華経授学無学人記品第九
妙法蓮華経法師品第十
妙法蓮華経見宝塔品第十一

妙法蓮華経提婆達多品第十二

妙法蓮華経勧持品第十三

妙法蓮華経安楽行品第十四

妙法蓮華経従地涌出品第十五

妙法蓮華経如来寿量品第十六

妙法蓮華経分別功徳品第十七

妙法蓮華経随喜功徳品第十八

妙法蓮華経法師功徳品第十九

妙法蓮華経常不軽菩薩品第二十

妙法蓮華経如来神力品第二十一

妙法蓮華経嘱累品第二十二

妙法蓮華経薬王菩薩本事品第二十三

妙法蓮華経妙音菩薩品第二十四

妙法蓮華経観世音菩薩普門品第二十五

妙法蓮華陀（ママ）羅尼品第二十六

妙法蓮華経妙荘厳王本事品第二十七
妙法蓮華経普賢菩薩勧発品第二十八
無量義経　観普賢経　般若心経　阿弥陀経

一
奉安置随身三十日仏名目録
一日定光仏　二日燈明仏　三日多宝仏
（坐像仏画）　（坐像仏画）　（坐像仏画）
四日阿閦仏　五日弥勒仏　六日二万燈明仏
（坐像仏画）　（坐像仏画）　（坐像仏画）
七日三万燈明仏　八日薬師如来　九日大通智勝仏
（坐像仏画）　（坐像仏画）　（坐像仏画）
十日日月燈明仏　十一日歓喜仏　十二日難勝仏
（坐像仏画）　（坐像仏画）　（坐像仏画）
十三日虚空蔵仏　十四日普賢仏　十五日阿弥陀如来
（坐像仏画）　（坐像仏画）　（坐像仏画）

十六日陀羅尼仏　十七日龍樹仏　十八日観世音仏
（坐像仏画）　（坐像仏画）　（坐像仏画）
十九日日光仏　廿日月光仏　廿一日無尽意仏
（坐像仏画）　（坐像仏画）　（坐像仏画）
廿二日施無畏仏　廿三日得大勢仏　廿四日地蔵仏
（坐像仏画）　（坐像仏画）　（坐像仏画）
廿五日文殊師利仏　廿六日薬上仏　廿七日盧舎那仏
（坐像仏画）　（坐像仏画）　（坐像仏画）
廿八日大日如来　廿九日薬王仏　卅日釈迦牟尼仏
（坐像仏画）　（坐像仏画）　（坐像仏画）
大聖不動明王　大梵天王　帝釈天王　毘沙門天王
（坐像仏画）　（坐像仏画）　（坐像仏画）　（坐像仏画）
一　奉安置□（随）身年来勤行供養仏経惣目録
一　奉読誦千部法華経巻数 大法師快智読
奉熊野御宝前供養畢

一　奉図絵供養迎浄土阿弥陀如来一補
　法華経一部八巻　在具経共
一　奉千本率都婆造立供養畢
一　奉読誦経王巻数大法師覚誉読
　寿命経三万巻　毗沙門経三千巻
一　奉厨子内御仏三躰造立供養畢
一　奉造立図絵供養仏経目録
　造立仏菩薩五躰内
　三尺皆金色阿弥陀如来一躰
　一尺六寸皆金色薬師如来一躰
　一尺六寸皆金色観世音一躰
　一尺六寸地蔵菩薩二躰
　図絵迎浄土阿弥陀如来一補
　法花経七部五十六巻在具経各具
一　奉読誦供養千部法花経巻数大法師□□聖人

一　奉一日書写供養法花経一部具経共同□弁聖人

一　奉造立供養厨子内毗沙門三尊内

吉祥天女一躰　千尼子童子一躰

一　奉色紙法花経一部具経共書写供養畢

一　奉読誦経王目録大法師智□巻数

法花経百部　并法花□共

仁王経三百六十部　并仁王□共

本願薬師経千巻

一　奉勤行供養逆修五十日毎日一躰一部仏経目録

奉造立等身皆金色阿弥陀如来一躰

奉図絵仏菩薩四十九補内丈六□□□躰

奉書写紺紙金字法花経一部八巻

無量義経　観普賢経

般若心経　阿弥陀経等各一巻

奉摺写法華経五十部　四百巻

無量義経五十巻　　観普賢経五十巻
般若心経五十巻　　阿弥陀経五十巻
一　奉六万九千三百八十四本率都婆宋龍供養畢
一　奉千日講演一身勤行在各目録
請僧三人皆講師人別三百二十五座
隆範大徳　　覚禅大徳　　延徳大徳
奉座別各法花経一品備香花燈油□□勤行畢
一　奉迎供養図絵金色随意曼陀羅一補
奉其中顕仏名経一万三千仏
一　奉迎供養書写金銀泥塔経目録
浅紺紙金字法花経一部八巻
無量義経　　観普賢経
般若心経各一巻　　仁王般若経一部
其上銀塔　　其中金字等也
都合并九万七千百八十九基　　塔字也

一　奉造立供養一間板堂五十一宇　字四十九院
奉其中安置仏菩薩五十一躰内
中尊三尺大日如来一躰　皆綵色
奉即仏前備御燈明一万燈　字万燈会
法花（ママ）一部八巻　在具経共

一　奉三尺地蔵菩薩一躰造立供養畢
法花経一部八巻　在具経共

一　奉迎供養鋳銅八寸観世音菩薩一躰
奉造立供養三尺地蔵菩薩一躰
奉読誦千部法花経并千二百五十部
奉都合一万巻志満供養畢

一　奉二尺五寸地蔵菩薩一躰造立供養畢
法花経一部八巻　在具経共

一　奉図絵供養迎浄土阿弥陀如来一補
法花経一部八巻　在具経共

一　奉図絵供養厨子廻仏菩薩十七躰

一　奉図絵供養四尺薬師如来一補　天下病悩年

一　奉引施入天台山東塔十二禅僧法衣十二具

袈裟十二帖五条　衣十二領付衣

帷十二領　帯十二筋

奉仏布施共副畢　在十二禅僧請文

一　奉鞍馬御寺引供養仏経并御帳袈裟供米目録

奉引袈裟三百帖内百帖五条二百半袈裟

奉引三百口僧供米　人別各五升

奉副御仏供観□音一口吉祥天一口　毘沙門一口賓頭盧一口各一斗

奉造立等身毘沙門天王一躰

奉書写紺紙金字法花経八巻

無量義経　観普賢経

般若心経　阿弥陀経等各一巻

奉懸御帳一補　奉懸所司三人供米各三斗

奉御帳内即仏経安置龍畢

一　奉迎供養書写紺紙金字小字法花経一部

一　奉年来日別勤行仏経目録

始自康和二年至于保延六年宛日別一躰

奉摺写供養毗沙門天王目録

都合并万五千百八十躰四十一年分

始自嘉承二年至于保延六年

奉読誦自行寿命経巻数目録

都合并五十二万五千三百六十巻三十三年分

一　奉毎日読誦自行経王等目録

奉宛日別一品一巻読誦法花経三百三十三部

奉毎日読誦毗沙門経十巻未致懈怠

奉毎月十八日読誦三十三巻観音品未致懈怠

奉毎月十五日読誦阿弥陀経六巻念仏六万反未致懈怠

一　奉始自保延五年十月一日十済後世菩提料

一　奉別所山寺施入一石五斗納湯釜一口保延六年
後世菩提料　即寺僧円教房預申畢

一　奉読誦大般若経目録
四部　長門国転読　　三部　越前国気比宮転読
奉日吉七社宮読誦八部内
一部一宮　　一部聖真子　　一部客人宮
二部十禅師　一部二宮　　一部八王子
一部三宮保延六年三月九日甲申発願 同十九日甲午日結願
都合并十五部

一　奉引天台山三千口僧供米
保延六年三月十五日庚寅引始　同廿八日壬寅引畢
東塔千八百六十七ト 横川四百七十ト　西塔七百十七ト　都合三千五十四ト

一　奉死後料儲仏経目録
始自保延五年十二月五日辛亥日
奉造立一尺六寸皆金色阿弥陀如来九躰内

奉一躰出家日供養保延六年三月二日
奉摺写法花○経九部内　在各具経皆
奉一部出家日供養畢
奉先開眼之後件仏経宛毎七日一躰一部供養
残一躰一部仏経者
奉宛死後正日供養料兼後家預畢
全以不可有相違皆帝釈宮訴申畢
一　始自芳縁至于一犯二犯女人往生極楽成仏料
奉五千本率都婆造立供養畢
一　弟子僧西念跪礼拝合掌而白仏言天王寺之
西海令投身入海之条往生之赴願有斯伝
聞天王寺之西門者極楽之東門通然者
則致信心之誠奉当寺之御仏前造立
供養二尺皆金色観世音菩薩像一躰白髪
漉交紺紙金字書写法華経一部八巻

無量義経観普賢経般若心経阿弥陀経各一巻
五百日温室湯巻数年来之仏経供養物
目録為梵天帝釈宮之訴即目録懸頸向西
方奉釈迦弥陀諸仏菩薩如来於合掌拝念
而白言非他二親尊霊曽我部氏藤原尊霊
法界衆生平等利益自他共伴為後世菩
提往生極楽成仏不命終之期待進保延
六年庚申歳八月□九日庚辰彼岸之内
不惜身命入滅仰願三世之諸仏十方之
大士当供養仏経安置随身之若干仏菩
薩経王等不誤本誓願轄白牛之車迎紫
金之座乃至功徳余上従鉄囲下及砂界遍
湿法雨悉洗苦塵敬白

保延六年八月九日　　僧西念敬白

都合仏経目録

一　奉造立供養畢御仏七十八躰内

皆金色御仏十四躰　銅御仏一躰残皆綵色

図絵御仏五十三補　又躰別図絵御仏一万八十三躰

摺写御仏一万五千百八十躰　　四十年分　残不注

一　奉供養畢書写摺写経王等

法花経三千七百六十一部内

三千二百五十部三个度千部御経

百七十二部年来度々供養御経一部一日書写供養経

紺紙金泥御経五部内一部塔経上銀塔中金字一部小字

日別自行読誦法花経三百三十三部

日別自行読誦寿命経五十二万五千三百六十巻三十三年分

一　奉読誦供養畢大般若経五十部

一　保延六年八月二十八日□本法□堂

奉造立供養一寸六分皆金色阿弥陀如来五十躰准丈六仏

白紙墨書供養目録（翻刻）

敬白

奉安置供養前畢年来仏経物目録

一　都合仏菩薩如来積二万八千八百十躰内

造立皆金色御仏六十九躰 御供養先了

八寸銅鋳仏観音一躰 御供養同先了

造立採色御仏五十五躰 御供養先了　※コノ行補入

図絵皆金色御仏一万三千三十五躰 御供養先了

図絵摺写御仏一万五千六百五十躰 御供養先了

一　都合御経積三千六百八十八部内

書写紺紙金字法花経六部具経共 御供養先了

書写色紙法花経一部具経共 御供養先了

逆修二个度逆修御経五十九部御供養先了

二千部法花経二个度御供養先了伝読

千二百五十部読誦法花経万巻満供養先了

自行読誦法花経三百四十部御供養先了

自書写法花経一部具経共御供養先了 天台東塔三昧堂

一　奉斯仏経内□所堂寺籠目録

一　加賀国白山妙理権現御宝殿内

奉紺帋金字法花経一部具経并願文共籠了

奉同国々司代々御願寺等身皆金色阿弥陀如来一躰供養 籠了

一　鞍馬御寺御殿内

奉紺帋金字法花経一部并具経願文共供養籠了

奉等身毗沙門天王像一躰同供養籠了

一　天王寺御舎利堂内

奉紺紙金字法花経一部具経并願文数年仏経

供養目録共籠了

一　奉一尺六寸皆金色救世観世音菩薩一躰同供養籠了

一　天台山東塔三昧堂内

奉自書書写法花経一部具経共供養籠了

奉数年御供養仏経目録願文共供養籠了

一　六波羅御寺前池中嶋

奉埋如法経匣加埋年来仏経供養目録籠了

一　天台山比叡山千僧供米目録

東塔千八百六十七ト　西塔七百十七ト

横川四百七十ト

都合三千五十四ト

奉引□□米供養了

一　奉施入袈裟惣目録

都合三百四十三帖引施入畢

一　奉伝読供養大般若経目録

都合十七部　一万二百巻

右伝聞天王寺之西門者極楽之東門通
然則不死期命終之時待而去保延六年
庚申八月九日庚辰彼岸之内後世菩提之
料仏経供養之日即御寺西海数年勤行
供養若干仏経目録懸頸向西方雖
投身入海□□深海縁浅而造立書写
仏経俟未来□延引先了於今者蒙仏
神之告住宅之内穴掘儲而為梵天
帝釈閻魔之庁訴存生之時兼
賜後世菩提往生之地畢雖然数年
御供養仏経之目録三通□（逮?）注不幾死
仰願者三世之諸仏十方之大士経王
等不誤本誓願轄白牛之車迎
紫金之座乃至功徳余之上鉄囲之
下及砂界遍湿法雨悉洗苦塵

敬白

永治二年三月十七日　　沙弥西念敬白

解説

発心和歌集

一、はじめに

『発心和歌集』は、『法華経』『般若心経』その他の諸経典の要文を題として詠んだ法文歌をまとめた集である。歌数は五十五首から成り、村上天皇第十皇女で賀茂斎院をつとめた選子内親王の作と考えられている。漢文の序があり、その末尾の年記に「于時寛弘九載南呂也」とあることから、成立は寛弘九年（一〇一二）八月と見られる。この解説では、伝本、作者について、題と構成、勅撰和歌集への入集状況の順で、『発心和歌集』について記すこととする。

二、伝　本

『発心和歌集』の現存する伝本は、次の五本が知られている。

(1)　冷泉家時雨亭文庫蔵本
(2)　宮内庁書陵部蔵本（一五〇－五四二）
(3)　宮内庁書陵部蔵本（五〇一－八三三）

(4)　肥前島原松平文庫蔵本（一二三五―一七）

(5)　群書類従本

本注釈では、(1)冷泉家時雨亭文庫蔵本（以下、冷泉家本）を底本とし、『冷泉家時雨亭叢書　平安私家集　四』の影印に拠った。書誌を同叢書の解説（田中登氏）に従って記せば次の通りである。列帖装一帖。縦一六・五センチ、横一四・三センチ。表紙は茶地に丸に蝶萩唐草文を押し出した彩箋。本文料紙は斐紙。計二〇丁、本文墨付一七丁。前後それぞれ一丁を見返しに使用する（現状は前後とも表紙から剥離）。外題は表紙中央よりやや左寄りに打ち付け書きで「発心和歌集」、藤原定家筆。前の見返しに「大斎院御哥」と墨書があり、これも定家の手と思われる。本文は、冒頭部分が定家の筆で、以下は側近の筆であると見られる。序が一面七行、歌本文は一面九～一〇行。歌に集付および合点がほどこされたところがある。冷泉家本は、現存最古の伝本であるとともに、藤原定家が書写に関与した本であって、『発心和歌集』の伝本のなかで重要なものである。なお、同本は、CDROM版およびWeb配信版（古典ライブラリー「日本文学Web図書館」）の『新編私家集大成』で底本とされている。

その他の(2)～(4)はいずれも近世以降の写本である。それぞれ概略を記す。(2)宮内庁書陵部蔵本（一五〇―五四二）は、列帖装一冊。縦一六・二センチ、横一四・八センチ。表紙は茶色地蠟染に竜文卍繋ぎ紋様。外題は表紙左上に「発心集」と打ち付け書き、その右側に貼紙して「発心和歌集」とある。全二〇丁、本文墨付一七丁。書型と歌数や歌の順序にくわえ、一面の行数や字数、集付や合点も冷泉家本と一致する。ただし、漢字仮名の別や仮名の字母などにおいては小異がある。冷泉家本公開以前に刊行された書籍版の『私家集大成』（旧版）は、この本を底本とする。

(3)宮内庁書陵部蔵本は、袋綴一冊。縦二八・三センチ、横二〇・六センチ。表紙は鳥の子地に縹色の菊花折枝紋様。外題は表紙左上に水色に竜文の題簽「発心和歌集／〈小侍従集／大弐集附〉」（〈 〉内は小字割書）。『発心和歌集』『小侍従集』『二条大皇太后宮大弐集』を合写して一冊としたもので、その全丁数は計七七丁。(3)には、(1)(2)と同様の集付があるほかに、藍色の不審紙が貼られたところがある。この不審紙は、宮内庁書陵部所蔵の歌書に多く見られ、霊元院下命の『新類題和歌集』の撰集作業の痕跡を伝えるものであると指摘されている。[1]

なお、江戸時代前期の禁裏において、冷泉家本歌書にもとづく書写活動が行われていたことについては、酒井茂幸氏・久保木秀夫氏・田島公氏などの論考[2]により、現存する禁裏本の書誌的事項や歌書目録の記述の検討がおこなわれ、具体的に明らかにされている。(1)冷泉家本と(2)宮内庁書陵部本、そして(3)宮内庁書陵部本が現存する『発心和歌集』の伝本状況は、そうした禁裏本の書写活動のありようの一端をものがたる事例と位置づけられるだろう。

(4)肥前島原松平文庫蔵本は、袋綴一冊。縦二七・五センチ、横二〇・一センチ。表紙は紺色地に雷文繋ぎ蓮華唐草紋様の型押。外題は表紙左上の白色題簽に「発心和歌集」。全一四丁、本文墨付一二丁。『松平文庫影印叢書　第三巻私家集編二』、石原清志『発心和歌集の研究』に影印がある。『新編国歌大観　第三巻私家集編Ⅰ』で底本とされている。

右の(3)宮内庁書陵部本と(4)松平文庫本（略号、松）には、左記のような奥書および識語がある。(3)によって掲げ、下に(4)との異同を示す。便宜①②③④の記号を付した。

①写本云　　　　写本云―本云（松）

以藤大納言本書写之

寛元三年十二月日

②此発心和哥集　　　　此発心和哥集―右肩に「本云」アリ（松）

現在書目録之発心集赤染法文哥有序匡衡作云々　　之―云（松）
京極中納言定家入道本大斎院御哥云々
今載藤大納言者為家卿也
③校合了　　校合了―ナシ（松）

さらに松平文庫本には、これに続けて次のような識語がある。

④私云
大斎院者村上天皇之皇女選子内親王也
此内入撰集歌悉選子内親王之哥也

①②によれば、⑶宮内庁書陵部本と⑷松平文庫本のもとの本は、寛元三年（一二四五）十二月に、「藤大納言」すなわち藤原為家筆本を親本として書写し、藤原定家筆本も参照した本だったことになる。右の奥書と識語についての検討は、久保木秀夫氏の論文[3]に詳しい（後掲）。とくに②は『発心和歌集』の作者に関する言及として興味深い記述を含むが、それについては後述する。

以上のように、『発心和歌集』の現存する伝本の数は少ない。また、伝本間の本文の異同もわずかで、もとは同じ本から生じた本文であると考えられる。たとえば、先行の解題等で既に取りあげられている箇所であるが、九番歌の本文を例にあげる。

るこそつきせさりけるわかみよりひとのためまてなけきつゝくる………⑴冷泉家本、底本
るこそつきせさりけるわかみよりひとのためまてなけきつゝくる………⑵宮内庁書陵部本、略称「宮一」
る□《一字アキ》ころそつきせさりけるわか身より人のためまてなけきつゝくる……⑶宮内庁書陵部本、略称「宮五」
るころ《本ノマ、》そつきせさりける我身より人のため迄なけきつゝくる……………⑷松平文庫本、略称「松」
月ころそつきせさりけるわかみとりひとのためまて歎つゝくる…………⑸群書類従本、略称「群」

そのままでは解釈しがたい本文で、何らかの誤りが想定されるのだが、最古の写本である冷泉家本が写された段階で既にその誤りが生じており、他本も同じ本文を共有していることが分かる。初句の本文に、⑶宮内庁書陵部本（宮五）では一字アキ、⑷松平文庫本では「本ノマ、」の傍記があるのは、書写者が不審としながらも、もとの本文をそのまま伝えようとしたことを示す。群書類従本の「月ころそ」は後代の書写者の意図による改変であろう。この一例を見るだけでも、伝本間の違いはわずかな小異にとどまることが窺えよう。ただ、小異のなかにも、⑴冷泉家本と⑵宮内庁書陵部本（宮一）が極めて近く、忠実な転写というべき関係で、他方、⑶宮内庁書陵部本（宮五）と⑷松平文庫本と⑸群書類従本が近い傾向があることが知られる。これは、『発心和歌集』の本文に総じて見られる傾向である。

三、作者について

『発心和歌集』の作者は選子内親王であるとされている。最古の写本で藤原定家が書写に関与した冷泉家本に、

「大斎院御哥」(前掲)と記されていることから、定家が『発心和歌集』を選子の詠作をまとめた集であると認識していたことは確かであり、以後そのように考えられてきたのである。

選子内親王は、村上天皇第十皇女で、母は藤原師輔女の中宮安子。康保元年(九六四)四月二十四日に生まれ、天延三年(九七五)に賀茂斎院に卜定されて以来、円融・花山・一条・三条・後一条の五代五十七年間の長きにわたって在任したことから、大斎院と称される。長元四年(一〇三一)九月に老病のため退下、『小右記』同年九月二十八日条に「前斎院今夜出家云々」とある。そして長元八年(一〇三五)六月二十二日に、七十二歳で没した。『発心和歌集』の序には寛弘九年(一〇一二)八月の年記があるが、当時選子は四十九歳。前年の寛弘八年六月に一条天皇が譲位ののち薨去して三条天皇への代替わりがあったが、変わらず賀茂斎院の任にあること三十七年に及ばんとする頃であった。

賀茂斎院は、天皇即位の際に任ぜられ賀茂社に奉仕する未婚の内親王または皇族の女性である。斎院として賀茂に在る間、選子は、側近の女房たちはもちろん、さまざまな人々と広く交流を持っていた。和歌の贈答や季節に応じた風流の物品のやりとりといった文化文藝の活動の場が、斎院選子のもとで花開いていたことは、『枕草子』の記述や、選子周辺の和歌を記録した家集『大斎院前の御集』『大斎院御集』によって知られる。『源氏物語』は大斎院選子の依頼を受けて紫式部が執筆したという伝承が生まれたのも(無名草子など)、選子を当時の文化活動の中核をなした女性の一人と見なす位置づけをものがたる。

一方、神に仕える身である斎院にとって、仏教への信心は忌避すべきものとされていた。しかし選子は、「昔の斎宮斎院は、仏経などのことは忌ませたまひけれど、この宮には仏法をさへあがめためひて、朝ごとの御念誦欠かせたまはず」(大鏡・師輔)[4]と語られるように、斎院在任時から深く仏教に関心を寄せており、そのことは公に知られていたらしい。勅撰和歌集である『拾遺和歌集』に、次のような歌が入集する。

女院御八講捧物にかねして亀のかたをつくりてよみ侍りける　斎院

ごふ尽くす御手洗川の亀なれば法の浮木にあはぬなりけり　（哀傷・一三三七）

東三条院藤原詮子が催した法華八講に臨席できない選子が、供物を奉じた際の詠であるという。斎院として賀茂に在る自身を、罪業を尽くす「御手洗川の亀」と捉え、盲亀の浮木の喩え（五一番歌注釈参照）を踏まえて、仏法にめぐりあえないことを嘆く思いを詠む。また、「君すらもまことの道に入りぬなりひとりや長き闇にまどはん」（後拾遺集・雑三・一〇二六・選子内親王）は、詞書によれば、上東門院藤原彰子が出家した時に贈った歌であるといい、自分は未だ仏道に入ることができず迷妄の闇に惑うのかと詠む。このように、仏教に心を傾けたいと願う観点から見れば、斎院であるゆえ表立っては仏道に専心できない境遇とは、仏の教えから隔たった身と卑下して認識されるのであった。ただでさえ、仏教の思想においては、『法華経』提婆達多品の竜女成仏の逸話が知られるように、女性は救われ難く、容易に往生できない存在とされているのである。長く賀茂斎院として在るのは、仏教的にはまさに「ごふ（業）」を「尽くす」ものと捉えられていたのかもしれない。

であるならば、仏典の章句を題とする法文歌を詠んで『発心和歌集』を作成するという行為は、和歌によって仏の教えと結縁し、悟りを得たいとの願いにもとづく営みだったことになろう。序の冒頭に、「妾久係念於仏陀、常寄情於法宝、為菩提也」とあり、「爰知歌詠之功高、為仏事焉」と記される。この『発心和歌集』の序は、「妾」という女性の自称で始まるが、漢文で書かれた序は、男性の手によって作られた可能性が高い。漢籍と仏典に精通した学者層の人物に、序の作成を依頼したものであろうか。また、『発心和歌集』の歌題は、諸仏典から抜き出した要文を漢文の文体で引用する形式である。このあたりにも歌の詠み手本人ではない人の関与が感じられ、もしかしたら設題にも序の書き手と同じ人物が関わっていた可能性を考えてみてもよいのかもしれない。だとしても、その具体的な人物や成立事情は定かではない。賀茂斎院をつとめた内親王と学者層の男性が、内親王の仏教信仰に関連して接点を持つという人物関係の構図といえば、もとより作品の性質も成立事情も異なるけれども、斎院を退下したのち十七歳で出家した冷泉天皇皇女尊子内親王のために、源為憲が『三宝絵』を著した例があることが思い起こされるくらいだろうか。

平安期の私家集において、漢文で書かれた序を有するものは少ない。序ないしは序に準ずる前文をもつ家集に、『賀茂保憲女集』、『兼盛集』、『輔親集』などがあるが、いずれも和語による文である。漢文の序がある『千里集』〈句題和歌〉は、儒学者大江千里が漢詩文の句題を翻案した和歌を詠んで天皇に献上した集であった。漢文の序を冠するというのは、和歌の集としてはかなり改まった格の高い体裁であると言えるだろう。そのような格をもった体裁で法文歌の集を作ることによって仏教への信心を表現する、という営みを企画実践しそうな人で、かつ女性であるとすれば、帝の血を引く皇女として生まれ、その当時きっての文化文藝の場をかたちづくっていた大斎院選子内親王がその主体であると想定して、特に矛盾はない。

以上のように見てくると、『発心和歌集』は選子の作であるということに疑問は生じないようにも思われる。しかし、ここで考えなくてはならないのが、前掲の『発心和歌集』伝本のうち、(3)宮内庁書陵部本と(4)松平文庫本にある識語②の前半部分に、「此発心和哥集、現在書目録之発心集〈赤染法文哥／有序匡衡作云々〉」とあったことである。これに文献学的に検討をくわえたうえで、『発心和歌集』は赤染衛門の作だった可能性が高いと考えられると論じたのが、本解説注3掲出の久保木秀夫氏「『発心和歌集』選子内親王作者説存疑」である。以下その論考に導かれつつ、識語②をとりあげて、『発心和歌集』の作者の問題について考えてみたい。

「現在書目録」に「発心集」は赤染の法文歌で匡衡作の序を有するとの記載があるが、この「発心和歌集」がそれである、というのが右に引用した識語②の前半部分の内容である。「現在書目録」とは、藤原清輔・顕昭・経平編の『和歌現在書目録』を指す可能性が考えられる。『和歌現在書目録』は、現存本では中途以降が欠落している。『発心和歌集』の識語②が、その欠落部分の佚文であれば、同目録を編纂した清輔・顕昭ら六条藤家の歌人たちは、『発心和歌集』は赤染衛門の作で、序は夫の大江匡衡によるものと認識していたことになる。(5) すなわち、藤原定家以前にはそのような認識が存した可能性があるわけで、見過ごせない重要性を帯びてくる。

赤染衛門（生没年未詳）は、選子内親王とほぼ同じ時代に活動し、歌人としての事績と詠作を多く残した人である。『赤染衛門集』には、『法華経』二十八品を題とする法文歌や（四二七〜四五四、いわゆる流布本の歌番号による、以下同）、『維摩経』十喩を題とする法文歌（四五五〜四六二）、天王寺詣における詠作群（五二八〜五四〇）などが見え、部類した形態（いわゆる異本系）の『赤染衛門集』本文では、「仏事六十九首」の部立が設けられており、赤染衛門が法文歌や仏教に関連する和歌を詠むことに関心が深かったことが窺える。夫の大江匡衡は、文章博士や天皇侍読を歴任し、『本朝文粋』その他に漢詩文が多く入集する学者であった。従って、赤染衛門が詠んだ法文歌の集に匡衡が序を付すというのも、あり得そうな話ではあろう。そして、『発心和歌集』を赤染衛門の作であると想定してみると、漢文の序を冠する格を有する『発心和歌集』の体裁も、表立っては仏教を忌避すべき賀茂斎院の立場にある選子内親王が、いかに仏教への信心篤きことが公然の事実であったとしても、その信心を敢えて改まった形で表明するような歌集を作るだろうか、との疑問をむしろ生じさせるという。

それでは、『発心和歌集』と赤染衛門との間に、どれほどのような関連が認められるのだろうか。和歌表現の点から捉え直してみたい。その際にまず注意されるものとして指摘されるのが、次のような歌である。

おなじ品〔五百弟子品〕の心を　　赤染衛門

ゑひのうちにつけし衣の玉そともむかしのともにあひてこそきけ　（玉葉和歌集・釈教歌・二六五三）[6]

五百弟子授記品

以無価宝珠　繫着内衣裏　嘿与而捨去　時臥不覚知

ゑひのうちにかけし衣のたま〳〵もむかしのともにあひてこそしれ　（発心和歌集・三一）

『法華経』五百弟子授記品の衣裏繫珠の喩を題材とする詠である。右は『玉葉和歌集』（以下、玉葉集と記す）に「赤染衛門」の作者表記で入集する歌だが、その本文は、並べて掲げた『発心和歌集』三一番歌に酷似する。だが、これをもって『玉葉集』の撰者が、『発心和歌集』を赤染衛門の作と認識していたと言えるかというと、必ずしもそうは断定できない。同じ『玉葉集』釈教歌に、次の歌も採録されているからである。

釈教歌の中に　　選子内親王

あきらけき法のともし火なかりせは心のやみのいかてはれまし　（玉葉和歌集・釈教歌・二六三一）

授学無学人記品

世尊慧燈明　我聞授記者　心歓喜充満　如甘露見灌

あきらけきのりのともし火なかりせはこゝろのやみのいかてはれまし
（発心和歌集・三三二）

『法華経』授学無学人記品を題とする歌である。『発心和歌集』三三二番歌と歌形を同じくする歌が、ここでは「選子内親王」の作者表記で『玉葉集』に所収する。この歌は、『万代和歌集』釈教歌にも見えるが、そこでも作者はやはり選子内親王とされている。このように、『玉葉集』には、『発心和歌集』所収歌と同一と思われる歌が、一つは作者「赤染衛門」として、一つは作者「選子内親王」として収められているのである。これをどう考えればよいのか、明確な説明を導くことは容易ではない。

ただ、少なくとも右に見てきた『玉葉集』の入集状況から考えられるのは、『発心和歌集』所収歌が後代における撰集作業で受容された時点で、作者についての認識に混同の生じることがあったらしいということである。だとするならば、選子内親王と赤染衛門を混同して捉える認識を引き起こす要因が何かあったのだろうか。そこで『赤染衛門集』を見てみると、次のような歌が見出される。

聖霊院に夜更てまうてたりしに、みあかしのあかく見えしに
世をてらすのりのともしひなかりせは仏のみちをいかてしらまし
（五三一、榊原家本による）

天王寺詣における聖霊院での詠であるが、さやかに照らす法灯を詠む一首の発想や、「法のともし火なかりせば〜いかで〜まし」という構文は、前掲の『発心和歌集』の三三二番歌「あきらけき」とよく似ている。

選子内親王や赤染衛門が活動した平安中期は、仏教に関連する題材を和歌に詠む営みが盛んになり始めた初発期

にあたる。その時期に詠まれた法文歌には、類似した発想や和歌表現が現れる傾向がある。たとえば、同じ『法華経』勧持品を題材として詠む、『発心和歌集』『赤染衛門集』『公任集』所収歌を掲げてみたい（ここでの引用の表記は読みやすく改める）。

憂きことのしのびがたきをしのびてもなほこの道を惜しみとどめむ　（発心和歌集・三七）

身にかへて法を惜しまむ人にこそしのびがたきをしのびてはみめ　（赤染衛門集・四三九）

さまざまに憂き世の中を思ひつつ命にかへて法を惜しまむ　（公任集・二七二）

いずれも勧持品の同じ部分、「為説是経故　忍此諸難事　我不愛身命　但惜無上道」の偈を題材とする詠歌である。「忍此諸難事」に対応する「しのびがたき」や、「但惜無上道」に対応する「この道を惜しみ」「法を惜しまむ」というように、経文を訓読的に和語に置き換えた語句を用いる点で発想が共通する。このように、同時代の法文歌にある程度表現の類型性が認められるなかで、とくに『発心和歌集』と『赤染衛門集』の二者について、似通うところがある例を挙げるとすれば、次の歌もその一つと言ってよいだろうか。

請転法輪

十方所有世間燈　最初成就菩提者　我今一切皆勧請　転於無上妙法輪

のよまてもひろめてしかなかへるとてのりのちきりをむすひをきすへ　（発心和歌集・一一）

（かへるとてのりのちきりをむすひをきすへのよまてもひろめてしかな）

普賢品

行末の法をひろめにきたりけるちかひをきくかあはれなる哉

（赤染衛門集・四五四）

『発心和歌集』は普賢十願の「請転法輪」題、『赤染衛門集』は『法華経』普賢菩薩勧発品を題とする詠である。前者の本文は書写時の誤脱を含む可能性があるので考察は慎重であらねばならないが、両者とも、普賢菩薩が後世に仏法を弘める誓いをたてたことを題材とする歌である。それを、「法」を「ひろめ」るという語句で表す点では些か発想が類似すると見ることができるだろう。

選子と赤染は同じ頃に生き、ともに旺盛な和歌活動が知られる女性である。しかも、どちらも仏典を題とする法文歌を積極的に詠んでいるうえに、その法文歌の発想に通うところがあるなら、それを受容した後人において自ずと混同が生じることもあったのではないだろうか。そして『発心和歌集』について、定家が選子内親王の作と明記している一方で、『和歌現在書目録』の編者は赤染衛門の作と認識していたとするならば、その混同は、定家の考えと、定家以前に成立していたと思われる『和歌現在書目録』の編者周辺に存した考えとの相違、という時点まで遡ることになる。

それでは、そもそも『発心和歌集』自体の作者は、選子内親王だったと考えるべきなのか、赤染衛門だったと考えるべきなのか。どちらがより蓋然性が大きいかという問題になりそうだが、少なくとも藤原定家が選子内親王の作と強く理解していた事実と、その後も選子の作と捉えられ続けてきた経緯は、やはり重く受け止めておくほうがよいのではないだろうか。本注釈において、『発心和歌集』の序や和歌を読み解くことを試みたわけだが、注釈という作業は、作者について内部徴証から考えることでもあると言えるかもしれない。ここで注釈を試みたかぎりでは、選子内親王の作と考えて矛盾はなく、どうしても赤染衛門の作と考えなければ不都合が生じる要素は見出せなかった。(ただし逆に言うと、どうしても選子内親王の作と考えなければ不都合であるとまでは断ぜられず、他の可能性も否定できないとも言える。)

前述のように、漢文の序を有する法文歌の家集という『発心和歌集』の体裁も、どちらかというと皇統の女性である選子内親王が作成に関わったと考えるほうが、より似つかわしいように思われる。序に記される寛弘九年(一〇一二)八月は、選子にとっては、代替わりの後も賀茂斎院の任にあって四十九歳を迎えた年の秋にあたるが、その年齢は女性の厄年であり(拾芥抄)、それが意識されていたかという指摘もある(三角洋一「『発心和歌集』略注」)。一方、赤染衛門にとっては、一ヶ月前の寛弘九年七月に夫の大江匡衡が死去しており(小右記・七月十七日条)、その直後にあたる頃であった。夫の死が法文歌の集を作ることと何か関わりがあったのではないかと想像してみるのも興味深いが、かりに序を匡衡が書いたとすると、その匡衡が年記の時点で在世していないことをどう考えるべきかが若干の課題となろう。

以上のように考察し、また、『発心和歌集』の注釈は未だ十分なされていない現状を踏まえて、現段階においては、まずは従来の説に従って選子内親王の作とみなして注釈を試み、諸賢の批判を仰ぐことによって今後の『発心和歌集』研究に向けての里程標たらんと考えた次第である。

四、題と構成

それでは次に、『発心和歌集』計五十五首の題と配列構成を見てみたい。

歌番号・詞書	出典および引用される仏典
1～4（四弘誓願）	『往生要集』大文第四、源信『出家受戒作法』、『摩訶止観』巻第十下ほか。参考に『大乗本生心地観経』巻第七、『菩薩瓔珞本業経』、『法華文句』など。
5　般若心経	『般若波羅蜜多心経』、源信か『講演心経義』など。
6～15普賢十願	『大方広仏華厳経』（四十巻本華厳経）巻第四十・入不思議解脱境界普賢行願品、源信『普賢講作法』
16　転女成仏経	『仏説転女成仏経』（東京国立博物館蔵）
17　如意輪経	『仏説観自在菩薩如意心陀羅尼呪経』
18　阿弥陀経	『仏説阿弥陀経』
19　理趣分	『大般若波羅蜜多経』巻第五百七十八・第十般若理趣分
20～21仁王経	『仏説仁王般若波羅蜜経』
22　本願薬師経	栄花物語所引「随願薬師経」に一致
23　寿命経	『仏説一切如来金剛寿命陀羅尼経』
24　無量義経	『無量義経』（法華経の開経）
25～52法華経	『妙法蓮華経』二十八品
53　普賢経	『仏説観普賢菩薩行法経』（観普賢経、法華経の結経）
54　「涅般」	『大般涅槃経』
55　なし	『法華経』化城喩品

題とされた仏典は十四種類に及ぶ。中心は、二五番歌から五二番歌まで各品一首ずつを詠んだ『法華経』二十八品で、その前後に『無量義経』『観普賢経』（「普賢経」）の開結二経を配する。他も、『枕草子』「経は」に引かれる『仁王経』（二〇・二一）や「普賢十願」（六〜一五）があるように、『発心和歌集』の題の典拠は、みな基本的に当時広く知られていた仏典であると言っていい。

題の配列からは明確な構成意識が窺える。冒頭の一番歌から四番歌までは、「衆生無辺誓願度」「煩悩無辺誓願断」「法門無尽誓願知」「無上菩薩誓願証」のいわゆる四弘誓願である。四弘誓願とは、すべての仏や菩薩が共通して持っている誓願として重んじられたもので、源信『出家授戒作法』にも引かれ、法会の次第を記した『法則集』（信承法師撰、『天台宗全書』所収）によれば、導師が礼盤に登壇して発願ののち「四弘」を唱えるとある。[7] そして、末尾の五五番歌の題は、『法華経』化城喩品の偈の要文「願以此功徳　普及於一切　我等與衆生　皆共成仏道」である。この要文も名高く、廻向文として読誦されていたものである（拾遺往生伝など、詳細は五五番歌補説参照）。現在においても、勤行の終わりに唱えられるという（天台宗日常勤行式など、同上）。つまり『発心和歌集』は、法会の開始の所作になぞらえるかのように、四弘誓願を題の冒頭に配し、法会の勤行を締め括るかのように、廻向文を末尾の題に配するという構成になっていると言える。和歌表現に目を転じても、冒頭の一番歌「たれとなく一つのりの筏にてかなたの岸に着くよしもがな」と最後の五五番歌「いかにして知るも知らぬも世の人を蓮の上の友となしてむ」は、自身だけではなく、自身も含めたあらゆる衆生の成仏を願うという、大乗の教えにもとづく発想で首尾照応していると見ることができるだろう。

それでは、『発心和歌集』の設題では、典拠の仏典からそれぞれ、どのような部分を歌題として選んでいるのだろうか。顕著なのは、女人成仏に関わる内容の要文を題に採る傾向である。まず一六番歌の題の出典は『仏説転女成仏経』であり、三六番歌の『法華経』提婆達多品では「皆遥見彼竜女成仏……」とある竜女成仏の逸話の部分、四七番歌の『法華経』薬王菩薩本事品では「若有女人　聞是薬王菩薩本事品　能受持者　尽是女身　後不復受」の章句を題とする。詳しくは一六番歌補説でも記したが、このような題が採られたのは、詠者が女性であるからであって、女性の立場にそくした仏教への関心の姿勢を、題によって表現したものであろう。

五、勅撰和歌集への入集状況

最後に、『発心和歌集』所収歌が、のちの勅撰和歌集にどのように入集しているかについて見ておきたい。勅撰和歌集入集歌は計一二首で、部立はすべて「釈教歌」の部である。

『新古今和歌集』（元久二年〈一二〇五〉竟宴）に一首（発心・四九）をはじめとして、『新勅撰和歌集』（文暦二年〈一二三五〉清書本成立）に三首が収められた（発心・五、一二、四七）。冷泉家本『発心和歌集』には、二集への採録を示す集付「新」「勅」があり、集付と実際の入集歌は一致している。また、『新古今集』と『新勅撰集』では、詞書において「発心和歌集の歌、普門品種種諸悪趣」（新古今集・釈教歌・一九七〇、国立歴史民俗博物館蔵伝藤原為相筆本による）、「発心和歌集の歌、般若心経」（新勅撰集・釈教歌・五八六、穂久邇文庫蔵冷泉家旧蔵藤原定家手沢本による）のように、「発心和歌集」の名を明記したうえで、作者表記を「選子内親王」としていることは注意してよい。『新古今集』『新勅撰集』において詞書に歌集の名を記すのは、他に「千載集」（新古今集、新勅撰集）、「伊勢集」（新勅撰集）の例があるけれども、比較的稀なことである。

このように、勅撰和歌集に採録された最初は『新古今集』であること、そして、藤原定家の関与した勅撰和歌集に、「発心和歌集」が撰集資料であるとその名を特に明記する姿勢が見られることは、『発心和歌集』受容の一齣として確認しておいてよいのではないだろうか。どうやら『発心和歌集』が世に広まる過程においては、定家が大きな役割を果たしていたらしい。

その後は、『続後撰和歌集』（建長三年〈一二五一〉奏覧、藤原為家撰）に三首（五九七、六二四、六二五）、『続拾遺和歌集』（弘安元年〈一二七八〉奏覧、二条為氏撰）に二首（一三四二、一三四六）、『玉葉和歌集』（正和元年〈一三一二〉奏覧、京極為兼撰）に一首（一六三二）、『続後拾遺和歌集』（嘉暦元年〈一三二六〉完成、二条為藤・為定撰）に二首（一一七八、一二八五）の計八首が入集する。なお、前述の『玉葉集』に作者表記「赤染衛門」で入集する二六五三番歌を含めれば計九首となる。

右の勅撰集に入集した『発心和歌集』所収歌八首のうち、五首は『万代和歌集』（宝治二年〈一二四八〉初撰、同三年再撰、真観・衣笠家良が関与）所収歌と重なり、二首は『秋風和歌集』（建長三年〈一二五一〉以降成立か、真観撰）所収歌と重なっており、勅撰集における詞書の文言も、『万代集』『秋風集』の詞書に近い。このような『発心和歌集』所収歌の入集状況から、『続後撰集』以下の勅撰集と『万代集』『秋風集』が深い関わりを持っていたことが窺えよう。なお、『続後撰集』の採歌については、全体の約四割の歌が『万代集』と共通し、『万代集』が「最大の典拠資料」（和歌文学大系『万代和歌集』解説）であったと指摘されている。

いずれにしても、以上のような入集状況から、『新古今集』以後『続後拾遺集』に至るまでの中世勅撰和歌集において、『発心和歌集』が法文歌の先例として重要な撰歌対象と見なされていたことが知られるのである。

注

（1）佐々木孝浩「写本と版本の間―『新類題和歌集』三十冊本をめぐって―」（『二〇〇一～二〇〇二年度科学研究費補助金特定領域研究（A）「東アジア出版文化の研究」研究成果報告書　和漢の辞書・類書の書誌的研究』慶應義塾大学附属研究所斯道文庫、二〇〇三年三月）、酒井茂幸『禁裏本歌書の蔵書史的研究』（思文閣出版、二〇〇九年）、同『禁裏本と和歌御会』（新典社、二〇一四年）など。

（2）酒井茂幸『禁裏本歌書の蔵書史的研究』、同『禁裏本と和歌御会』、久保木秀夫「万治四年禁裏焼失本復元の可能性―書陵部御所本私家集に基づく―」（『禁裏本と古典学』塙書房、二〇〇九年）、同「書陵部御所本による冷泉家本の復元」（『中世の学芸と古典注釈』竹林舎、二〇一一年）、田島公「禁裏文庫の変遷と東山御文庫の蔵書―古代・中世の古典籍・古記録研究のために―」（『日本社会の史的構造　古代・中世』思文閣出版、一九九七年）、同「近世禁裏文庫の変遷と蔵書目録―東山御文庫本の史料学的・目録学的研究のために―」（『禁裏・公家文庫研究』第一輯、二〇〇三年二月）、小倉嘉夫「冷泉家本の書写（二）～（四）」（『冷泉家時雨亭叢書』月報五七～五九、二〇〇三年八月～二〇〇四年二月）ほか。

（3）『発心和歌集』選子内親王作者説存疑」（『中古文学』九七号、二〇一六年六月）。

（4）ほぼ同趣の話が『古本説話集』上「大斎院事一」にも見える。

（5）ただし、現存する『和歌現在書目録』真名序には、「或称樹下山伏之集、或曰発心悦目之抄、皆是奇才博覧之所撰、隠士処女之私集歟」と見え、この「発心」は、「選子内親王の『発心和歌集』のこと」とも解釈できると思われる（鈴木徳男・北山円正『平安後期歌書と漢文学　真名序・跋・歌合注釈』和泉書院、二〇一四年）。

（6）引用は、吉田兼右筆二十一代集（宮内庁書陵部蔵五一〇―一三）により、同本を底本とする岩佐美代子『玉葉和歌集全注釈』（笠間書院）を参照した。

（7）「導師は講座に上がってから、神分―表白―願文―四弘誓願―経典読誦―諷誦文―呪願文―仏名―教化　といった一連の言説の流れをうけてはじめて説教にいたる」（小峯和明『中世法会文芸論』笠間書院、二〇〇九年）。

〔主要文献〕書籍で刊行されているものを中心に絞って掲出した。

『私家集大成　中古Ⅱ』（和歌史研究会編、明治書院、一九七五年）
『新編国歌大観　第三巻私家集編Ⅰ』（角川書店、一九八五年）
『松平文庫影印叢書　第三巻私家集編二』（新典社、一九九三年）
『冷泉家時雨亭叢書　平安私家集　四』（朝日新聞社、一九九六年）
『新編私家集大成』（CDROM版エムワイ企画、Web配信版「日本文学Web図書館」古典ライブラリー、二〇〇八年）
石原清志『『発心和歌集』の研究』（和泉書院、一九八三年）　※注釈において「石原注」と略して引用。
所京子『斎王和歌文学の史的研究』（国書刊行会、一九八九年）
三角洋一「『発心和歌集』略注」（『東京大学教養学部人文科学科紀要（国文学漢文学）』一〇二号、一九九五年三月）
※注釈において「三角注」と略して引用。
岡﨑真紀子「『発心和歌集』の詠歌と享受」（『叙説』四〇号、二〇一三年三月）
久保木秀夫「『発心和歌集』選子内親王作者説存疑」（『中古文学』九七号、二〇一六年六月）

極楽願往生和歌

一、概　要

『極楽願往生和歌』は、平安末期の鳥羽院政期に、西念と名乗る人物が詠んだものである。歌頭と歌末に同じ字を置く沓冠歌によって、いろは四十七字を読みこんだ四十七首に、「別和歌」一首を加えた計四十八首から成る。表記は片仮名（一部は真名）書きで、詠者自筆と考えられる。歌のあとに漢文の序があり、その末尾に「康治元年壬戌六月二十一日」の年記があることから、成立は康治元年（一一四二）であることが知られる。冒頭に「敬白　極楽願往生歌」、末尾の序には「敬白　極楽願往生和歌序云」とあって、書名は極楽願往生歌または極楽願往生和歌とするのがよかろうが、本注釈では、『新編国歌大観』および『和歌文学大辞典』（古典ライブラリー）に立項される名称に準じて『極楽願往生和歌』と称することとした。

この『極楽願往生和歌』は、西念が年来にわたって多くの仏教的功徳を積んだことを記録した紺紙金泥供養目録と白紙墨書供養目録、そして青銅製の磬の破片一点とともに、明治三十九年（一九〇六）に「京都市下京區松原通大和大路東入北入小松町四百七十五番藪地内」（東京帝室博物館第三四三号文書「埋蔵物発見ノ件報告」後掲）すなわち現在の京都市東山区小松町から出土したものである。紺紙金泥供養目録には「保延六年（一一四〇）八月九日　僧西念敬白」、白紙墨書供養目録には「永治二年（一一四二）三月十七日　沙弥西念敬白」の年記がある。発見後に東京帝室博物館（現東京国立博物館）に納められ、現在も同館に所蔵する。それぞれの現存状態の概略を以下に記す。なお、原本の閲覧および図版の掲載にあたっては、東京国立博物館関係各位の御高配を賜った。記して御礼申し上げる。

・**極楽願往生和歌**（康治元年〈永治二年〉六月二十一日）東京国立博物館列品番号E―一四五七四

一巻。和歌四十八首と序。縦一三・三センチ×全長九二・七センチ。全二紙から成り、現在は第一紙と第二紙が剥離し、それぞれ裏打ち。素紙に墨書。界線なし。片仮名一首一行書。天地と末尾が一部腐食。主に天地に緑青の沁み出た跡がある。

・**紺紙金泥供養目録**（保延六年八月九日「僧西念」）東京国立博物館列品番号E―一四五七五

一巻。縦一三・三センチ×全長二六六・一センチ。全九紙から成り、現在は第一紙が第二紙以降から剥離。第一紙はかなり破損が進んでいる。裏打ちなし。紺紙に金泥で楷書。「三十日仏名」の部分に、金泥で描いた三十仏の坐像の図画がある。墨界。界高一〇・九センチ、界幅一・一センチ。一行一五～二〇字前後。真鍮製の軸端一点（長さ一・九センチ）の付いた木製の経軸（長さ一三・四センチ）が料紙から離れて現存。

・**白紙墨書供養目録**（永治二年三月十七日「沙弥西念」）東京国立博物館列品番号E―一四五七六

一巻。縦一三・三センチ×全長九〇・三センチ。全二紙から成り、現在は第一紙と第二紙が剥離し、それぞれ裏打ち。『極楽願往生和歌』より厚手の素紙に墨書。関秀夫『平安時代の埋経と写経』は当該目録の料紙について、「銀箔片を散らした二枚の白紙」と解説する。料紙の表面に、変色した銀箔片かとも思われるものが点在するのは確認できる。界線なし。目録一行二〇字前後、願文一行一六字前後。墨色が薄く褪色も進み、判読困難な箇所がある。料紙全体が灰褐色に変色しており、緑青の沁み出た跡もある。

・青銅の磬の破片　一個　東京国立博物館列品番号E－一四五七七

長辺一〇・七センチ、短辺五・〇センチの部分残存の破片。青銅製。現在は、縦一三・五センチ×横一三・三センチ×高さ三・〇センチの枡形桐箱に収められている。箱の蓋表中央に墨書で「磬　壹個／宗一一八五」とある。

本注釈では、『極楽願往生和歌』の注釈にくわえ、紺紙金泥供養目録・白紙墨書供養目録については、願文の部分の注釈と目録全文の翻刻を記した。なお、紺紙金泥供養目録・白紙墨書供養目録の翻刻は、既に『極楽願往生歌』（勉誠社文庫）[1]、『平安遺文』、『極楽願往生歌　明恵上人歌集　本文と索引』にもある。原本を実際に閲覧すると、右の既刊書で翻字が記されている箇所でも、現存状態では褪色や破損のため判読困難な箇所があった。その場合、既刊書を参考にして翻字を推定したところがある。

二、発見された場所と経緯およびその状況

右に掲げた『極楽願往生和歌』と関連する埋蔵物一式が発見されたときの経緯は、明治当時の記録によって知られる。『極楽願往生和歌』の内容や成立の背景を理解するにあたって有益なことがらも含むので、具体的な記録を引用しながら発見時の経緯を辿ってみたい。まず明治四十三年（一九一〇）三月十日付の京都府知事大森鐘一より宮内大臣岩倉具定宛に提出された「埋蔵物発見ノ件報告」（東京帝室博物館第三四三号文書）を掲げる。[2]

埋蔵物発見ノ件報告

管内松原警察署部内ニ於テ別紙目録之通リ埋蔵物発見ノ旨報告ニ接シ候処右物件ハ貴省ニ貯蔵ノ必要有之候哉何處ノ御指揮等或取調査事次ヲ失シ此段及報告候也

明治四十三年三月三日

京都府知事大森鐘一

宮内大臣公爵岩倉具定殿

調査事項

一　發見ノ年月日及場所

明治三十九年十一月日不詳京都市下京區松原通大和大路東入北入小松町四百七十五番籔地内ヨリ発見シ同四十三年二月十七日届出タルモノナリ

二　発見ノ手續

土地所有者京都市下京区本町通五條下ル十町目十九番戸平民農藤井利右ヱ門カ地所開墾ノ為メ同市同区佛具屋町通花屋町下ル四本松町二十六番戸平民土砂運搬業横江伊之助ニ土砂ヲ堀取ラシメシ際ニ地下三尺計ノ処ヨリ発見シタルモノナリ

三　場所ノ経歴其他参考事項

年代頗ル古クシテ確固タル経歴ヲ証スルコト能ハズ　只口碑ニ依レハ延喜年間愛宕寺ヲ建立セラレタル処ナリト其後荒廃ニ帰シタリシカ建仁年間建仁寺ノ創立ニヨリ其域内トナリ塔中大龍庵ノ敷地トナリ後星霜ヲ経

テ屢兵燹ニ罹リ且火災ニ犯サレ遂ニ同庵ニ廃滅《ママ》シ後籔地ト変センヲ明治七年官ニ上地シ旧膳所藩士加藤喜兵衛ガ拂下ケヲ受ケ同年同人ヨリ現在ノ所有者藤井利右ヱ門カ買得シ去ル三十七八年ヨリ開墾ニ着手センモノナリ

四　発見品目録

一　紺紙金泥経巻　　壱巻

　　但長　八尺七寸　幅四寸四分　真鍮製ノ軸付

一　白紙ニ願文ノ記シタルモノ　四巻

一　青銅ノ破片　壱個

以上ハ何レモ別紙畧図ノ通リトス

末尾の「別紙畧図ノ通リトス」に続き、出土物の様態を素描した図絵四点があり、それぞれの略図に次のような説明が付されている。

（略図1）

一、地質和紙厚紙紺色

一、長八尺七寸

　　巾四寸四分

一、書ハ凡テ金文字

一、後尾ニ保延六年八月九日僧西念云々トアリ
一、中ニ佛画モ有リ
（略図2）
一、地質厚《アツ》紙白ニシテ少シク青味ヲ持ツ
一、長一尺六寸
巾四寸四寸（ママ）
一、書ハ凡テ墨文字
一、後尾ニ西念云々トアリ
（略図3）
一、地質和紙薄紙白色
一、長一尺五寸
巾四尺四分
一、書ハ凡テ墨文字
一、後尾ニ康治元年戊戌六月廿一日云々トアリ
（略図4）
磬　青銅製ノ破片

略図1は、「紺紙金泥経巻　壱巻」すなわち紺紙金泥供養目録の図絵。略図2・3は、「白紙ニ願文ノ記シタルモ

ノ　四巻」の図絵で、略図2が白紙墨書供養目録、略図3が『極楽願往生和歌』を描く。略図4は、青銅製の磬の破片の図絵である。白紙墨書供養目録と『極楽願往生和歌』は、どちらも本来は一巻のものだが、現存状態では料紙が剥離して二紙になっている（前掲）。右に引用した「埋蔵物発見ノ報告」に「白紙ニ願文ノ記シタルモノ　四巻」（傍点引用者）と記されていることから、発見された時点で既に、『極楽願往生和歌』も白紙墨書供養目録も、二紙に離れた状態だったと察せられる。

　この「埋蔵物発見ノ件報告」が記された明治四十三年から遡ること十年余、明治三十二年十月に、内務大臣から各庁府県長官に宛てて訓令が出されていた。それによれば、「遺失物法第十三条ニ依リ学術技芸若ハ考古ノ資料ト為ルヘキ埋蔵物ヲ発見シタルトキハ其ノ品質形状発掘ノ年月日場所及口碑等徴証トナルヘキ事項ヲ詳記シ模写図ヲ添ヘ左ノ区別ニ従ヒ之ヲ通知スヘシ」とあり[3]、資料となる埋蔵物が発見された場合、石器時代の遺物は東京帝国大学に、それ以外のものは宮内省に通知すると定められていた。右の「埋蔵物発見ノ件報告」は、訓令に則って宮内大臣宛に提出されたのである。発見が明治三十九年十一月で、届出は二年以上後の明治四十三年二月十七日だったというが、報告の内容は、訓令が指示する「品質形状」「発掘ノ年月日場所」「口碑等徴証トナルヘキ事項」「模写図」との要件を忠実に満たして詳細である。

　京都府知事から宮内大臣宛の報告が提出されたのち、発見場所がもし陵墓であるならば諸陵寮の管轄となるがそうではないので、この埋蔵物は悉皆東京帝室博物館に差し出すべしとの指令が発せられた（明治四十三年三月三十一日）。遺失物法第十三条（明治三十二年三月二十三日公布）の規定に、発見された埋蔵物で、所有者が明確でないものについては、所有権は国庫に帰属し、発見者及び発見した土地の所有者には国庫から相当の対価を給するとある。とはいえ、土地の所有者「藤井利右ヱ門」は、この埋蔵物を「全部寄贈スル旨」を申し出た（明治四十三年六月十八日付京都府より東京帝室博物館宛文書）。そこで東京帝室博物館は京都府に対して、埋蔵物が埋まっていた状態を改めて詳細に調査して報告するよう要請し、京都府は次のように回答している。

一　紺紙金泥ノ経巻ニ他ノ三巻ヲ巻キ込ミ約二貫目斗ノ天然石四個ヲ以テ塚ヲ形造リ其中央ニ収容シ土ヲ以テ蔽ヘリ

二　以上ノ外経筒ノ如キモノ等更ニ無之ハ勿論他之何等ノ設備アリシヲ認メスト云フ

（明治四十三年七月京都府より東京帝室博物館宛第一一八七号文書）

紙巻は一つに巻き込まれ、約二貫目ほど（約七・五kg）の天然石四個で経塚のようなものが形造られていたという。これは、『極楽願往生和歌』および一式が、どのように埋まっていたかを想像する手がかりとして興味深い。ただし、「経筒ノ如キモノ等更ニ無之ハ勿論他之何等ノ設備アリシヲ認メスト云フ」とあるけれども、紙の巻物を土中に埋める際に、経筒等の容器が無かったとは考えにくい。事実、『極楽願往生和歌』と白紙墨書供養目録の料紙には緑青の沁み出た跡があるので、銅製の容器に納められていたと推測される。また、出土した『極楽願往生和歌』・紺紙金泥供養目録・白紙墨書供養目録の料紙は、三点それぞれ紙質が異なるが、縦長はどれも約一三糎なので、同じ一つの容器に納めることを前提に大きさを揃えて作成されたものであることも窺える。経筒等の容器はもとは存在したが、発見後の報告がなされるまでの間に、何らかの理由で佚したのだろう。

前掲の「埋蔵物発見ノ件報告」に立ち戻りたい。発見場所について「京都市下京區松原通大和大路東入北入小松町四百七十五番籔地内」とあり、現在の京都市東山区小松町にあたることは前述した。その場所をめぐって、延喜年間には珍皇寺（「愛宕寺」）が建立されていたという「口碑」があることや、珍皇寺荒廃後の建仁年間以降、建仁寺塔頭大龍庵の敷地となった所であるということが記されている。建仁寺大龍庵は、現在は存しないが室町期の歴史と記録にその名を刻む塔頭である（東寺百合文書・ち二六・明応二年評定引付など）。発見場所の住所表示とあいまって、『極楽願往生和歌』が出土した具体的な位置を想定する手がかりとなろう。発見された場所とは、そもそも西念が極楽往生を願って埋めた所にほかならない。

そこで場所について付言すれば、西念が記した白紙墨書供養目録のなかに、「一　六波羅御寺前池中嶋　奉埋如法経匣加埋年来仏経供養目録籠了」とある。六波羅蜜寺の池の中島に、如法経（一定の方式に従って書写した経文）と長年功徳を積んできたことを示す仏経供養目録を埋めたという記事である。この記事について、これは『極楽願往生和歌』と紺紙金泥供養目録・白紙墨書供養目録を西念が埋めた営みそのものを指し、従って、当時はこの発見場所まで六波羅蜜寺の寺域が及んでいたのではないかとも推測されている（『六波羅蜜寺の研究』）。寺院の池の中島に写経を埋める経塚が造られた十二世紀の類例はあるので（広隆寺旧境内南東弁天島経塚[4]）、この推測もあり得ないことではない。

いずれにしても、西念が『極楽願往生和歌』および一式を埋めた場所は、珍皇寺と六波羅蜜寺が立ち並ぶ一帯であった。六波羅蜜寺は、空也が開祖と伝えられ（六波羅蜜寺縁起）、六道を廻って衆生を救済するとされる地蔵菩薩への信仰が根ざす寺である。たとえば『今昔物語集』巻十七に、但馬前司国挙が、死後に閻魔の庁で地蔵に生前の罪を懺悔し、帰依を誓ったところ救われて蘇生した、そして六波羅蜜寺に地蔵菩薩像を供養した、という話がある（巻十七ノ二十一）。この話は、「其ノ地蔵菩薩ハ六波羅ノ寺ニ安置シテ于今在ス、ト語リ伝ヘタルトヤ」と締め括られており、六波羅蜜寺の本尊である地蔵菩薩像の縁起にもなっている。古来六波羅蜜寺は、来世での往生を希求する人の心を惹きつけたのであり、説経や講を聞くために多くの人々が集った。六波羅蜜寺での法会を聴聞した後に、和歌が詠まれる場合もあったことも知られる（和泉式部続集・三五二、続詞花集・戯咲・九七七など）。また、六波羅蜜寺にほど近い珍皇寺（六道珍皇寺）も、冥界との往来にまつわる言い伝えと結びついた寺である。地理的には、六波羅と呼ばれるその一帯は、洛中から鴨川を渡った東岸で五条大路の末端、東には清水寺があり、葬送の地鳥部野に隣接する所である。そうした地理的位置もあって、この世とあの世の境界と認識され、死後の救済と後世での往生を願う人々の信仰を集める、宗教的意味合いの濃密な地なのであった。

そして、そうした埋めた場所がもつ宗教的意味合いは、『極楽願往生和歌』に現れる発想や表現とも分かちがたく結びついているように思われる。三〇番歌に、

マドフトモ南無阿弥陀仏ト称ヘテハ命終ハラバ導ケヨ閻魔

とある。閻魔に往生への導きを冀う発想の歌であろう。「閻魔」への言及は、「極楽願往生和歌序」の末尾の「然則閻魔之庁善法□□、記札文置相違哉乎。敬白」や、白紙墨書供養目録所収願文の「為梵天帝釈閻魔之庁訴」にも見られる。閻魔は死者を裁く存在であるが、同時に、衆生を救済する地蔵菩薩が姿を変えた存在であるとも信じられていた。古くは『日本霊異記』下巻第九に、そして日本における地蔵信仰の中核をなす『地蔵十王経』（地蔵菩薩発心因縁十王経）にも、閻魔は地蔵菩薩の化身であるという認識が明記されている。『極楽願往生和歌』において、「閻魔」に救いを求める思いが、序と三〇番歌と白紙墨書供養目録に繰り返し表出されているのも、閻魔の化身たる地蔵菩薩への思いの現れではないだろうか。それは、『極楽願往生和歌』を埋めた場所である六波羅が、地蔵菩薩を介した死後の救済への願いが浸透した地であったことと無関係ではあるまい。

三、西念と『極楽願往生和歌』の埋納

それでは、西念はどのような経過を経て、『極楽願往生和歌』および一式を、その地に埋めるに至ったのだろうか。それは、紺紙金泥供養目録・白紙墨書供養目録所収の願文の記述から知られる（詳細は注釈参照）。

康和二年（一一〇〇）頃からさまざまな「供養」の行いを積み重ねた西念は、保延六年（一一四〇）三月三日に出家した（紺紙金泥供養目録）。そして同年八月九日に、供養目録を頸に懸けて天王寺の西門から入水を試みたが、極楽往生の願いは叶わずこの世にとどまることになったという（紺紙金泥供養目録所収願文・白紙墨書供養目録所収願文）。天王寺の西門は極楽の東門に通ずるとされ、極楽往生を念じて天王寺に参じて入水した例は、往生伝や説話集をひもとけば枚挙にいとまがない（拾遺往生伝・巻下ノ四など）。西念もそれを実践した者のひとりであったことになる。

そして、翌々年の永治二年（康治元年、一一四二）の三月十七日に、「仏神」の告げによって「住宅之内」に穴を掘り、そこを後世菩提往生の地と定めて、供養目録と同年六月二十一日に記した『極楽願往生和歌』を合わせて、土中に埋めたのである（白紙墨書供養目録所収願文）。この記述によれば、西念は埋めた場所のあたりに住まいを設けていたという。たとえば『六波羅蜜寺縁起』の著者三善為康は、「齢及二八旬一、始建二一廬一住二山禅念地一、以作二終焉之思一、一不レ怠可哉」（『図書寮叢刊』による）とあるように、六波羅蜜寺を悟りの地と定めて庵を設け、人生の終焉に備えたという。為康が没したのは『極楽願往生和歌』の四年前の保延五年である。また、天永三年（一一一二）八月九日「珍皇寺内諸堂注文」（平安遺文一七七〇）には、珍皇寺の敷地内に貴族や出家者の建てた私堂があったと記される。西念が住まいを設けた頃、六波羅一帯には、西念と同じように後世で救われて往生したいと願う人々の造った庵や堂が建ち並んでいたと想像される。

なお、六波羅と言えば、平清盛を中心とする平氏一門が館を連ねて政治的実権をふるう本拠地を形成した地であることが即座に思い起こされるが、『極楽願往生和歌』が詠まれたのは、その直前と言うべき時期であった。たとえば大江匡房「丹後守平正盛朝臣堂供養願文」（江都督納言願文集・巻六）は、天仁三年（一一一〇）に清盛の祖父にあたる正盛が六波羅に堂を建てた際の供養願文で、平氏が六波羅にゆかりを持ったことを示す初発的な一例として知られている。六波羅と平氏の関わりについては、高橋昌明氏などの一連の研究に詳しいが、(5) ここでは、『極楽願往生和歌』は清盛以前、父忠盛の時代のものであることのみ確認しておきたい。『続詞花集』の「平忠盛朝臣六波羅家」（雑上・七四二）や『延慶本平家物語』第三末の「六波羅殿トテ訇《ののし》ル所ハ故刑部卿忠盛出シ世一ニ吉所也」（『延慶本平家物語全注釈』）には、忠盛が六波羅に館を設けたことが記されている。六波羅蜜寺に寄り添うように堂や庵が建ち並び、平正盛の堂がその一角をなして存在感を誇り、忠盛の館の建設にはじまる平氏の基盤形成も進みつつある。『極楽願往生和歌』が埋められたときの六波羅は、おそらくそのような段階にあった。

ならば、その『極楽願往生和歌』と供養目録一式を作成して土中に埋めた西念とは、いかなる人物であったのだろうか。紺紙金泥供養目録所収願文に「非他二親尊霊曽我部氏藤原尊霊」とあるのが西念の出自に関する記述であるとすれば、曽我部氏と藤原氏に何らかの縁があることになるが、それも定かではなく、具体的な出自や生没年および経歴等は詳らかにしない。比較的近い時代の史料に西念と称する人は複数見出されるのだが、いずれも同一の人物と定めるには至らないのである。

たとえば、久寿元年（一一五四）に峰定寺を創建した信濃入道西念（兵範記・保元元年六月四日など）は治承二年（一一七八）に没したと伝え（高野山往生伝など）、活動時期からして康治元年（一一四二）の時点で極楽往生を願う『極楽願往生和歌』を埋めていた西念と同じ人とは考えにくい。また、「久安五年（一一四九）七月山路歌合」の出詠歌人に西念法師がいるが（『夫木抄』に三首掲出、『平安朝歌合大成』参照）、『極楽願往生和歌』の作者と同定する積極的な根拠は見出せない。やや下って、文治四年（一一八八）三月二十一日の年記がある経筒の銘にも「沙弥西念」と見え（京都府宮津市篭神社経塚、銅鋳製経筒筒身針書銘、奈良国立博物館編『経塚遺宝』、『経塚遺文』所収）、西方極楽浄土を念ずるとの意を連想させる「西念」という法名を名乗る例があったことは知られるが、これも時期から見て同一人物ではないだろう。『極楽願往生和歌』の作者西念について言えるのは、『極楽願往生和歌』四十八首と序および願文を自ら作るくらいの文事の素養を持っていたということと、小品ながらも紺紙に金泥で図絵も含む装飾性のある供養目録を作成し、加えて白紙墨書供養目録と『極楽願往生和歌』も作って土中に埋めるといった営みを行えるくらいの経済的基盤を持ち合わせた人であった、ということくらいだろうか。

さて、仏に対する功徳を積んだ証左である、写経した経巻や供養目録、作成した仏像・仏画・仏具といった物品を土中に埋める営みとは、それらの物品を永い時を隔てた先々まで留め置こうとする行為である。すなわち、現世における自らの生が尽きた後の世に至るまで、その功徳が永続的に持ち越されることを願う思いを動機として行われるものであろう。特に、仏教経典を書写して地中に埋めることを、埋経という。『極楽願往生和歌』および供養目録一式を書き記して土中に埋めた西念の営みも、埋経に類する行為と言える。埋経は、藤原道長が寛弘四年（一〇〇七）に行った金峯山への法華経埋納を始まりとして、その後十一～十二世紀にきわめて盛んに行われていたことが知られている。[6] たとえば、寛治六年（一〇九二）七月白河上皇金峯山詣の埋経（「江記逸文」など）は治天の君の営みである。一方、天治二年（一一二五）の粉河経塚遺物は、明経博士に至った清原信俊の埋経で、紙本墨書法華経と銅製経筒・陶製外筒が存する（奈良国立博物館現蔵）。また、永久二年（一一一四）埋納の高野山奥院経塚遺物（金峯山寺蔵）は「比丘尼法薬」が行った埋経で、紺紙金字の法華経開結二経、紺紙銀字の阿弥陀経・般若心経、紺紙銀字の供養目録、紙本墨書の願文、紙本墨書の法華経（残欠）、絹本の種子曼荼羅三種と、包紙・経帙・経筒・外筒が存する。これはかなり大がかりで、埋納された場所も『極楽願往生和歌』とは異なる。だが、供養目録と願文がある点と、紺紙に金字のものと白紙に墨書のものが共にある点は、西念が埋納した営みに通ずるところがあろう。

このように、西念という人物とその営みは、天王寺西門からの入水と言い、六波羅での住宅設営と言い、供養物の土中への埋納と言い、院政期社会に広く浸透していた、後世での救済と往生を願う信仰と行いをさながら実践しており、同時代の気運を典型的に示すごとき感がある。しかし、埋経についての記録類や現存例を見渡してみても、埋められるものは専ら経典であり供養目録である。仏具や仏像または装飾品を共に埋めた例はあっても、埋納物に和歌をしたためた紙巻が伴う例は、他に見出しがたいのである。従って、西念の『極楽願往生和歌』は、『極楽願往生和歌』という和歌を詠み、それを土中に埋めたこと自体に、時代の典型でありながらも他と異なる特色があるものと位置づけてもよいのではないだろうか。

四、『極楽願往生和歌』の和歌表現

そこで、『極楽願往生和歌』の和歌としての表現のありかたについてまとめてみたい。形式は歌頭と歌末にいろは四十七字を置く沓冠歌四十七首に、「別和歌」一首を加えた計四十八首であることは前に述べた。たとえば、

セチニタダ極楽願フ我ナレバ終ハラム時ハ仏来タラセ（四六）

は、「セ」を歌の頭と末に詠みこみ、切実に極楽往生を願って臨終の時に来迎の仏が来て欲しいと祈る思いを詠む。このように、それぞれの歌で表現される主題は総じて、まさに「極楽願往生」、極楽浄土へ往生したいという願いである。計四十八首という全体の構成は、西方極楽浄土に住する仏である阿弥陀仏が、衆生を救い浄土へ導くため

にたてた、四十八誓願の数になずらえた歌数であろう。

　また、『極楽願往生和歌』が、いろは四十七字の沓冠歌という形式である点にも改めて留意したい。いろは四十七字（いろは歌）は、我が国独自の文字である仮名を網羅した誦文である。文献上の初見は、承暦三年（一〇七九）識語の『金光明王経最勝王経音義』で、覚鑁（康治二年〈一一四三〉没）著の『密厳諸秘釈』巻八「以呂波釈」には、「諸行無常、是生滅法、生滅滅已、寂滅為楽」の偈を意味すると解する釈が明記されており、西念の当時広く浸透していたことが窺える。そして、『極楽願往生和歌』は、歌を料紙に書きつける際に、すべて一首一行の片仮名で記している。いろは四十七字を詠みこむ沓冠歌が一首一行で書かれるということは、歌の一首一首を縦に読むと極楽往生への願いが現れ、歌頭または歌末の文字を横に辿ると、仮名を網羅したいろは歌が立ち現れる、という体裁のテクストが織りなされているわけである。仮名を網羅するとは、この国の文字をすべて満たすことである。つまり『極楽願往生和歌』は、歌数は計四十八首であるが、比喩的には、極楽往生を願う歌を詠み重ね、この上ない数量を満たすという意識を暗示しているのではないだろうか。

　というのも、『極楽願往生和歌』とともに埋納された紺紙金泥供養目録・白紙墨書供養目録には、西念が夥しい数に及ぶ供養の営みを行ったことが記録されている。供養目録の内容については概略を後述するが、ここで一例をあげれば、「奉摺写法華経五十部　四百巻、無量義経五十巻、観普賢経五十巻、般若心経五十巻、阿弥陀経五十巻」（紺紙金泥供養目録「奉勤行供養逆修五十日毎日一躰一部仏経目録」）といった経典の摺写・書写や、「奉読誦経王巻数〈大法師覚誉読〉、寿命経三万巻、毗沙門経三千巻」（同右目録）といった僧侶に依頼した読誦のほかにも、造仏や図像の作成、寺社への布施や仏事などが掲げられ、いかに数多くの供養を積んだかを誇示するような体となっている。これは、たとえば『極楽願往生和歌』成立の十余年前の『中右記』大治四年（一一二九）七月十五日条に、「或人談云」として白河院が積んだ「年来御善根」を述べるなかで、「絵像五千四百七十余体、……此外秘法修善千万壇、不知其数」というように、膨大な数量が記されるのと同質の姿勢である。また、同時期に成立した往生伝にも、極楽往生を願う行いとして、「書写一切経、修一千日講経、其間数多善業」（後拾遺往生伝・藤原行盛）とあるように、数量を強調する記述がしばしば見られることとも通底する。これらの姿勢は、仏教的な功徳を積むにあたっては「その量の多さを好しとする」（平林盛得「埋経と捨身」[7]）という、院政期における浄土思想の「多善根主義」（平雅行『日本中世の社会と仏教』[8]）の風潮をものがたるものである。そして、西念が供養目録に記した営みの数々も、同じ風潮を端的に示しているわけである。従って、供養目録とともに埋納した『極楽願往生和歌』においても、いろは四十七字を網羅して詠みこんだ沓冠歌という形式によって、極楽往生を願う歌をこの上なく数多く詠み連ねるという意識を暗示したのだと考えられる。

　では、こうした『極楽願往生和歌』を和歌史のなかで捉えるならば、どのように位置づけられるだろうか。歌頭に定まった文字を置いて詠む冠字歌、歌頭と歌末に定まった文字を置いて詠む沓冠歌、およびその連作歌は、『極楽願往生和歌』以前にも以後にも作例がある。まず、仮名を網羅した誦文を詠みこんだ詠作の先例には、「あめつち」の歌を沓冠歌にした『順集』所収「あめつちの歌四十八首」や、『相模集』所収の「ある所に庚申の夜、あめつちを上下《かみしも》に詠むとて詠ませし」がある。いろは四十七字を詠みこんだ冠字歌にも、やや時代が下るが『拾遺愚草員外』所収歌や『拾玉集』所収歌がある。また、仏教的な誦文を詠みこんで、極楽往生への願いを表現した営みには、『散木奇歌集』所収の「阿弥陀の小呪」の冠字歌があり、成立時期が近く、形式と動機の類似した先例として注意される。『極楽願往生和歌』も、このような連作歌に類する一つとひとまずは位置づけられよう。

　ただ、右に掲げたような、歌人としての事績が多く伝えられる人が残した家集に収められた冠字歌・沓冠歌と、西念の『極楽願往生和歌』の表現は、些か質的に異なるところがあるように思われる。歌頭と歌末に定まった同字を置いたうえで、極楽往生への願いという一つの主題を表した歌を、いろは四十七字にわたって詠み連ねるのは、いわば言語の運用上の制約を設けたなかで歌を作ることであろう。いきおい、個々の歌を見るならば、

ノドカニハサラニ思フナ有漏ノ宿イソギテ行カム阿弥陀仏ノ身ノ（二六）

手ヲスリテ西ニ向カヘバ釈迦弥陀モイソギテヨトゾ夢ト示シテ（三五）

のように、歌末に置く字の制約から、歌の末尾が言いさしたように結ばれ、自ずから構文上の完結性が弱いと見える歌形となった詠もある。

また、「夢ニダニ見マクホシサニ極楽ノ夜昼寝レバマドロメバ見ユ」（三九）では、「夜昼寝レバマドロメバ」というように助詞「ば」が重なる言葉続きが、言い回しとしてやや据わりが悪い。作歌の巧拙というのは容易に評せるものではないけれども、『極楽願往生和歌』の歌に、和歌表現として熟さないところが見受けられるのは、単に歌頭と歌末に同じ字を用いなければならない制約のみに起因するわけではないのではないか。

加えて、同じ語句や同趣の言い回しが繰り返し用いられるのも、『極楽願往生和歌』の特徴である。たとえば、左掲の傍線部がその一例である。

音ニ聞キ心ヲ尽クス極楽ノ願ヒタガフナ露ノ我ガ身ヲ（一二）

ツレモナキ人ノ心ヲ見ルカラニイトフ我ガ身モ露ニタトヘツ（一九）

何ゴトモ言ハレザリケリ罪ノ身ハ露ノ我ガ身ヲ嘆クワザカナ（二一）

憂シヤ憂シ厭ヘヤ厭ヘカリソメノ仮ノ宿リヲイツカ別レウ（二四）

アヂキナキ世トハ知ラズヤ仮ノ宿長キスミカトアダニ思フア（三六）

目モ合ハズ仮ノ宿リヲウチ捨テテイヅチヘ行カム告ゲヨカシ夢（四〇）

「我ガ身」をはかない「露」に喩えたり、世の中を「仮ノ宿」「仮ノ宿リ」と表現する言い回しが何度も現れる。ほかにも、「釈迦弥陀」（五・二七・三五）、「弥陀ノ浄土」（七・八・三二）、「夜昼」（五・一五・三九）、「イソグ」（二二・二六・三五・四八）、「夢」に「見ル」（一〇・一一・一七・三九）、「身」ヲ「捨ツ」（六・二五・四一）など、反復される語句は複数ある。このような歌の作りは、多様性のある表現を生み出そうと意識する姿勢からはおそらく生じないものであろう。むしろ反復を厭わず、三十一字の和歌でもって、まるで念仏のように極楽往生を願う唱え事を繰り返しているかのような体である。

以上のように見てくると、『極楽願往生和歌』は、一首一首について和歌表現を彫琢することを追求して詠むというよりも、歌頭と歌末に同字を置くきまりに則りつつ、極楽往生を願う歌を詠み連ね、いろは四十七字を満たす、という行為自体を完遂することが重要だったものではないかと思われるのである。その背景には、このような歌を詠み遂げることこそが、切実に極楽を希求する願いの表現となり得る、と信ずる意識があったのではないだろうか。(9)

こうした『極楽願往生和歌』のあり方は、たとえば次のような歌のあり方に質的に近いと言えるかもしれない。鎌倉後期の狛朝葛撰『続教訓鈔』（巻首に文永七年〈一二七〇〉の年記）に、左に掲げる連作歌が記されている。やや長くなるが、参考として引用する。

南無阿弥陀仏〳〵
阿弥陀仏観音勢至モロトモニ　我ヲイザナヘチカヒタガヘデ
イタヅラニカキヲク事ヲヒルガヘシ　ノリヲホメタルコトバトモナセ

モロ〳〵ノシユ生ト、モニヲナジクハ　ハチスノウヘニノル身トモガナ
チ、ヤハ、ヲウヲヤウバヤワレヤコヤ　ヒヾクメグリテ極楽ニヰム
六道ニユキテハカヘル衆生ラヲ　西方ノ土ニトヾメヲカバヤ

始終伊呂波并念仏

イカニシテシルモシラヌモアミダ仏　ワタシテモミムウヰノコノカイ
ロウカクノルリノトボソニアミダ仏　ウツロヒサケルハナノイロイロ
ハカナシトイトイコソマセアミダ仏　コノヨハツヒノスミカナラネバ
ニシニノミコ、ロヲカクスアミダ仏　タエナルクニヘユカマホシサニ
ホノカニモキクゾカナシキアミダ仏　トキガタカリシ法花経ノヒボ
ヘナガラモハカナキモノハアミダ仏　カゼフクヨヒニツユムスブノベ
トマルベキヒトモナキヨヲアミダ仏　ナニナゲクラムカリソメノヤド
チギリヲキシネガヒタガヘズアミダ仏　ワレマヨハスナノチノヨノミチ
リヤウサムニクマナキ月ヲアミダ仏　ミノウキクモノカクスナリケリ
ヌギヲイテタケニゾカケシアミダ仏　トラノマヘニシ身ヲステシキヌ
ルリノチヘユカマホシサニアミダ仏　ニシニムカイテ名ヲゾトナフル
ヲシヘヲクノリナカリセバアミダ仏　イカデカシラムフカキチカヒヲ
ワシノ山タガネヲイデ、アミダ仏　ウキヨノヤミヲテラス月ノワ
カシコキモハカナキモナヲアミダ仏　トマルベシトハミエヌヨノナカ

ヨシサラバコノヨハステムアミダ仏　チカヒタガヘズムカヘタマヘヨ
タマサカノミノリニアヒテアミダ仏　ムナシクテナヲカヘルナヨマタ
レイヲトリヨヲフリステ、アミダ仏　コレヲバフカクネガフトヲシレ
ソノムカシイトヒモステズアミダ仏　ナニトウキヨニマドウワガミゾ
ツネナラヌヨヲイトヒステアミダ仏　フカキチカヒノムカヘヲゾマツ
ネガフ人ノリテゾアソブアミダ仏　ハチスノイケニウカブナルフネ
ナニトナクナゲクモクルシアミダ仏　ウキヨヲイトウコ、ロトモガナ
ライセニハハチスノウヘニアミダ仏　スマムスマジハワガコ、ロカラ
ムナシクテスグルモノユヘアミダ仏　ナニトウキヨヲイトハザルラン(ム)
ウキヨヲバイトヒステツ、アミダ仏　心ニカケテネガウサイハウ
ヰナガラモネガフ心ハアミダ仏　ソコニコソスメルリノ玉ノ井
ノコルベキ人モナキヨヲアミダ仏　ハカナシトナヲイトヘヲノ〳〵
オモヒヤレコノヨヲステ、アミダ仏　ハチスノミトモナラムソノヒヲ
クラキヨニマヨフコノミヲアミダ仏　テラスハノリノヒカリトゾキク
ヤマノハニイル月ミテモアミダ仏　コ、ロハニシヘユクトシラズヤ
マヂカクテミルヨシモガナアミダ仏　ノリノナミタツクドクチノハマ
ゲホムニモウマル、人ハアミダ仏　タヘナルノリヲツネニコソキケ
フクカゼニチルハナミテモアミダ仏　ツネナラヌヨヲイトヘトゾヲモフ

コノヨヲモイトハヌ人ノアミダ仏　ツイノスミカハナラクカノソコ
エモイハヌノリヲトノブルアミダ仏　ウヘキノ風ニナミノヲトサヘ《エ》
テニトラバケガレモゾスルアミダ仏　ヲラデタムケムハナハノベニテ
アリシナルモノハサナガラアミダ仏　トナフルミナノソノハジメノア
サダメナキコノヨノナカノアミダ仏　ヲモヒモシラデスグルハカナサ
キ、ガタキミノリニアヒテアミダ仏　タヾムナシクテスグルミゾウキ
ユメトノミヲモヒトクヨニアミダ仏　ナヲハカナキハクサノハノツユ
メデタシトネガフ人コソアミダ仏　ハチスノハナノミトモナルラメ
ミナトナヘコ、ロカクレバアミダ仏　キユルトゾキクミノウチノツミ
シナ〳〵ニチカヒヲカヌルアミダ仏　ウカブヨモナキミトゾナラマシ
ヱニカキテスガタハミテモアミダ仏　イカデカキカムノリヲトクコヘ《エ》
ヒトスヂニコ、ロヲカケテアミダ仏　タエナルクニヘユカムコノタビ
モロ人ヲミナタナビキテアミダ仏　ノリテユカバヤムラサキノクモ
セヾフトモウカミガタシトアミダ仏　キケバウキヨヲイトヒコソマセ
スミナガラユメニゾヲモフアミダ仏　ハカナキヨヲバタノミシモセズ
京ハアマタコノヨニアレドアミダ仏　ステ、ホシキハナヲム井ノ京
　アケユケバアダニゾミユルミダホトケ　アサヒサスマノアサガホノハナ
ミナ人ヲミノリノサトヘミダホトケ　ミチビキテナヲシルヨシモガナ

タマサカニタエナルノリヲミダホトケ　タユムマモナクタモテモロ人
フルサトヘフタ、ビコシトミダホトケ　フカクゾイトフフシヲクルニモ
ツクリヲクツミモサナガラミダ仏　ツトメテミレバツユトキユナリ

『続教訓鈔』巻二十二下の末尾に掲出される歌である。(10) 右に引用した歌を列挙する部分は、「万事ヲ抛テ、一身ニ念仏シテ無有衆苦ノ極楽ニ生レ給フベキナリ」とある本文の後に記されている。まず「南無阿弥陀仏〱」の六字名号の念仏、次に、西方極楽浄土へ導かれることを念じた歌五首のあと、「始終伊呂波并念仏」として、いろは四十七字（「京」を含む）を歌頭と歌末に置き第三句に「アミダ仏」と詠みこんだ沓冠歌四十八首が続く。そして最後に、「アミダブツ」の五字を歌頭に置き第三句に「ミダホトケ」と詠みこんだ冠字歌五首が配されている。極楽往生を願うという詠歌の動機、いろは四十七字の沓冠歌という形態、そしてまるで唱え事のような同語反復の表現、いずれも『続教訓鈔』所掲歌は、『極楽願往生和歌』に通うところが多い。『極楽願往生和歌』の和歌表現も、後代に現れるこのような歌のあり方に類するものと位置づけてみてもよいのではないだろうか。

五、『極楽願往生和歌』の表記と語彙

『極楽願往生和歌』は、院政期の成立で、かつ筆記年代が明らかな片仮名書きの和歌であることから、国語史の資料としての重要性がつとに注目されてきた。特に、仮名遣いの面で注意すべき例があることが、築島裕『平安時代語新論』、遠藤邦基『国語表記史と解釈音韻論』などによって指摘されている。以下、底本の表記のままの翻刻本文によって、参照する歌を掲出する。

ロクロクニメクリアフトモノリノミチタエテオコナヘサカノコノコロ（二）

ニハカニモヲコナヒタツトアタナラシタ、コクラクノコトヲオモフニ（四）

二番歌に「オコナへ」、四番歌に「ヲコナヒ」とあってオとヲの使用が一定しないのは、平安期においてア行音のオとワ行音のヲの発音上の区別がなくなっていたことを反映する。『極楽願往生和歌』では、こうしたオとヲの混用が見られるが、同様の表記の混同は、平安期の諸文献に見られるものである（四番歌補説参照）。

一方、二七番歌には次のような表記が見られる。

オモヒテモナキフルサトソサカミタモコタヒナミセソフルノスミカオ（二七）

「フルノスミカオ」（古のすみかを）で、助詞「を」を「オ」と表記する。助詞「を」を「オ」と表記する例は、平安期の文献でも稀で、『極楽願往生和歌』の例は、沓冠歌で「オ」を歌末に置くための「あくまでも修辞上の要請に基づいた例外的表記と位置づけられる」という（遠藤前掲書）。また、二五番歌の「ミチヲノミトヰ」では、「問ひ」をハ行音をワ行音で発音するハ行転呼音に従って「トヰ」と表記している。これも、沓冠歌の制約がある歌末に用いる語に、特殊な仮名遣いの表記が現れた事例である。

表記だけではなく、用いられた語彙においても、興味深いものが散見する。たとえば、二番歌の初句「ロクロクニ」では「録録」という漢語が見える。和歌は通常和語で詠むもので、漢語を用いないのが原則であるが、和語には語頭にラ行音を持つ語彙が基本的に存しないために、ラ行音の字を歌頭に詠みこんで歌を作る場合には、漢語を用いることを要した。ただ、同じいろは四十七字の冠字歌・沓冠歌で「ロ」字を詠みこむといっても、「鹿野苑照らす朝日に雪消えて春の光もまづや道びく」（拾遺愚草員外・二四九）や、「ロウカクノルリノトボソニアミダ仏ウツロヒサケルハナノイロイロ（楼閣の瑠璃の扉に阿弥陀仏うつろひ咲ける花のいろいろ）」（続教訓鈔）では、仏典に由来する事物を表す名詞の漢語「鹿野苑」「楼閣」を用いている。一方、『極楽願往生和歌』では畳字の漢語「録録」を用いたわけで、歌に使用する語彙を選ぶ際の作者の発想が異なると見ることができよう。

次に、四四番歌「ヒスカシノコ、ロヲロカノヒトハミナタ、コクラクヲノチノヨニコヒ」では、初句に「ひずかし」とある。これは専ら漢文訓読の文献に現れ、和歌・和文には見出しがたい語である（当該歌語釈参照）。また、

アチキナキヨトハシラスヤカリノヤトナカキスミカトアタニオモフア（三六）

セチニタ、コクラクネカフワレナレハヲハラムトキハホトケキタラセ（四六）

における「あだに思ふあ」、「仏来たらせ」、そして前掲二番歌の「釈迦のこのころ」のように、歌末の部分に、平安和歌には用いられることが稀な語や言い回しが見られ、解釈が定めがたいところもある。

『極楽願往生和歌』におけるこのような特異な表現は、定まった文字を歌頭と歌末に置く沓冠歌という表現上の制約があるからこそもたらされた場合が多いと言えるだろう。だがそればかりではなく、作者西念の発想や使用語彙の特徴を、ここから窺い知ることもできるように思われる。

六、紺紙金泥供養目録と白紙墨書供養目録の概略

最後に、『極楽願往生和歌』とともに埋納された、紺紙金泥供養目録と白紙墨書供養目録について、概略をまとめておきたい。両目録は願文をそれぞれ有する。二つの願文は、類似した語句が用いられており、内容の主眼も概ね同じだが、年記と具体的記述は異なっており、目録の成立と埋納に至った経緯が窺える。その年記に従えば、紺紙金泥供養目録は、保延六年（一一四〇）八月に天王寺西門からの入水を試みる際に記したもの。白紙墨書供養目

録は、永治二年（一一四二）三月に記したもので、同年（改元して康治元年）六月に記した『極楽願往生和歌』とともに埋納されたという経緯だったと考えられる。

目録の本文は別途翻刻を掲げたとおりであるが、どちらの目録も一つ書きの形式で記されている。内容を見ると、紺紙金泥供養目録は七つの段落と願文に、白紙墨書供養目録は三つの段落と願文に整理できると思われる。そして、一つ書きの項目は、段落の大見出しにあたる項目と、段落内の細目にあたる項目があると読みとれるのである。そこで以下、両目録について、大見出しにあたる項目を掲げ、段落ごとに、目録に記載された内容の概略および解説を記すこととする。項目には便宜算用数字を記した。

紺紙金泥供養目録は、記載が多く、書かれている事柄が具体的で詳しいのに対して、白紙墨書供養目録は、それより記載が少なく、概括的な書き方になっている。白紙墨書供養目録の記載が、紺紙金泥供養目録の記載とどのような関係にあるのか未だ十全に解しきれていない。ただ、おそらく紺紙金泥供養目録は、天王寺西門からの入水を試みるにあたって、保延六年八月までに積み重ねた供養の行いを詳細に列挙して記録し、紺紙に金字で端正な楷書で仕上げるという意識で作られたもの。それから約一年半後の白紙墨書供養目録は、それまで自らが行ってきた供養の営みを改めて総括し、整理してまとめるという意識で作られたものではないかと思われる。

紺紙金泥供養目録

1 「奉安置妙法蓮華経□名目録」

『妙法蓮華経』二十八品と、『無量義経』『観普賢経』の開結二経、『般若心経』、『阿弥陀経』の供養を行ったことを記す。

2「奉安置随身三十日仏名目録」

三十日仏名の供養を行ったことを記す。三十日仏名とは、一日にひとつの仏をあて、一ヶ月三十日間に配することで、その日にその仏を供養すれば功徳があるという信仰に基づくもの。三十日秘仏ともいう。「一日　定光仏」に始まり、最後は「卅日　釈迦牟尼仏」を配する。三善為康撰『後拾遺往生伝』巻中・十八に、「兼自二月朔日一至二于晦卅日一。定光仏乃至釈迦牟尼仏。依次礼拝。敢無二懈怠一」とあることから、一日に定光仏をあてて三十日に釈迦牟尼仏を配する同様の三十日仏名が、院政期に浸透していたことが知られる。

この紺紙金泥供養目録では、三十日仏名の三十仏のあとに、不動明王・梵天・帝釈・毘沙門天の四王が記される。また、それぞれの仏と四王を表す坐像の図画が、仏名の左に金泥で描かれている。

3「奉安置□(随)身年来勤行供養仏経惣目録」

年来にわたって勤行を重ねてきた供養の総目録。紺紙金泥供養目録のなかで最も多くを占める部分である。「大法師快智」による「千部法華経」の読誦を熊野に供養したことに始まり、「紺紙金字小字法花経一部」の書写に至るまで、夥しい数量の勤行が記される。供養の行いの種類には、

読誦（声を出して経文をよむこと。僧侶に読誦を依頼することも含む）

造立・図絵（仏像や仏具および仏画を作成すること）

写経（経典を写すこと。手書きで写す書写と、版木に掘って印刷する摺写がある）

講演（僧侶の講話を聴聞すること）

引・施入（寺社に財物を寄進すること）がある。

読誦等を依頼した僧侶の人名が記されており、「大法師快智」「大法師覚誉」「大法師□□聖人」「同□弁聖人」「大法師智□」「隆範大徳」「覚禅大徳」「延徳大徳」の名が見える。これらの人々と交流があったと想定することが、『極楽願往生和歌』の作者西念の人物像を考える際の手がかりとなるかもしれない。橋本進吉は、「大法師覚誉」「覚禅大徳」「隆範大徳」について考証し、覚誉は『金葉集』に「衆罪如霜露といへる文をよめる」の法文歌（補遺歌・七〇八）が入集する興福寺別当法印大僧都覚誉法師かとする。(11)

また、読誦や写経の奉納先として、「熊野」、「天台山東塔」（比叡山延暦寺）、「鞍馬御寺」の名が見える。

4「奉年来日別勤行仏経目録」

日ごとに重ねた勤行について、いつからいつまで何を行ったかを記した目録。はじめに、康和二年（一一〇〇）から保延六年（一一四〇）まで、摺写の毘沙門天王像を、四十一年分都合一万五千百八十体の供養したことが記されている。また、西念は保延六年三月三日に出家しているが、同月九日から十九日まで行った「大般若経」の読誦（転読も含む）は、「長門国」、「越前国気比宮」、「日吉七社宮」に奉納したとある。

5「奉死後料儲仏経目録」

死後の準備のために行った供養の目録。保延五年十二月五日から、一尺六寸の金色阿弥陀如来像九体を造立し、摺写の『法華経』九部を作成し、そのうち一体・一部を出家の日（保延六年三月三日）に供養したとある。

6「始自芳縁至于一犯二犯女人往生極楽成仏料」
在俗時に縁あって親しくなった女性が極楽浄土へ成仏できるよう念じて行った供養について記す。五千本の卒塔婆を造立供養したとある。

7（願文）
注釈参照。

8「都合仏経目録」
右の1から7までに記した供養を総計してまとめた目録。

白紙墨書供養目録

1「奉安置供養前畢年来仏経物目録」
これまで行ってきた供養を、概括して改めてまとめた目録。仏像の造立・図絵が都合「二万八千八百十躰」、経典の書写・読誦等の供養が都合「三千六百八十八部」と記す。

2「奉斯仏経内□所堂寺籠目録」
諸寺に奉納・寄進したものをまとめた目録。「加賀国白山妙理権現」「鞍馬御寺」「天王寺御舎利堂」「天台山東塔三昧堂」には写経・造仏、「六波羅御寺」（六波羅蜜寺）には埋経（前掲）、「天台山比叡山」には供米と袈裟の施入を行ったと記す。天王寺というのは、紺紙金泥供養目録に記される入水を試みた際に、供養を行ったということを指すのだろう。六波羅蜜寺の埋経というのは、『極楽願往生和歌』と紺紙金泥供養目録・白紙墨書供養目録を土中に埋めたこと自体を指すのではないかと考えられる。

3「奉伝読供養大般若経目録」

『大般若経』の転読を都合十七部行ったことを記す目録。底本「傳讀」(伝読)は転読のことであろう。

4(願文)

注釈参照。

注

(1)三宅米吉・津田敬武「院政時代の供養目録」(『帝室博物館学報』第四冊、一九二四年一二月)の複製。

(2)東京国立博物館文書館蔵マイクロフィルム埋蔵物録2(明治43年)館資726、NO.171。以下出土時の記録の引用は同マイクロフィルムによる。漢字の旧字体・新字体等の表記の別および濁点の有無はもとのままとした。

(3)『東京国立博物館百年史』(東京国立博物館、一九七三年)参照。

(4)京都市埋蔵文化財研究所調査報告第一四冊『京都嵯峨野の遺跡』一九九七年、東洋一「太秦・嵯峨野地域の遺跡6―都の時代―」(第二二八回京都市考古資料館文化財講座、二〇一一年七月二三日)など参照。また、関秀夫『平安時代の埋経と写経』にも言及がある。

(5)高橋昌明『[増補改訂]清盛以前』(平凡社ライブラリー、二〇一一年、初版一九八四年)、同『平家と六波羅幕府』(東京大学出版会、二〇一三年)、高橋慎一朗『中世の都市と武士』(吉川弘文館、一九九六年)ほか。また、忠盛の和歌活動については井上宗雄『平安後期歌人伝の研究　増補版』（笠間書院、一九八八年、初版一九七八年）に詳しい。

（6）埋経に関する資料は、奈良国立博物館編『経塚遺宝』（東京美術、一九七七年）、『京都国立博物館蔵　経塚遺宝』（臨川書店、一九八六年）、『経塚遺文』（東京堂出版、一九八五年）、関前掲書などにまとめられている。

（7）橋本義彦編『古文書の語る日本史　2平安』第五章密教と浄土教（筑摩書房、一九九一年）。

（8）塙書房、一九九二年。

（9）浅田徹「書くことの呪術」（『和歌をひらく』第二巻、岩波書店、二〇〇五年）、拙稿「『極楽願往生和歌』の一首」（後掲主要文献参照）。

（10）引用は日本古典全集により、濁点を付した。

（11）橋本進吉「僧西念の仏経供養総目録中に見える僧名の二三について」（後掲主要文献参照）。

〔主要文献〕

吉澤義則「極楽願往生和歌」（『禅宗』一八三号、一九一〇年六月）

橋本進吉「極楽願往生歌」（『禅宗』一八四号、一九一〇年七月、橋本進吉著作集『伝記・典籍研究』岩波書店、一九七二年所収）

橋本進吉「僧西念の仏経供養総目録中に見える僧名の二三について」（初出一九一一年六月、橋本進吉著作集『伝記・典籍研究』所収）

高羽五郎「極楽願往生歌の拗音の表記―漢字音考察の一ba―」（『国語学』四八集、一九六二年三月）

元興寺仏教民俗資料研究所編『六波羅蜜寺の研究』（綜芸舎、一九七五年）

三宅米吉解説『極楽願往生歌』（勉誠社文庫、一九七六年）

山田巌・木村晟『極楽願往生歌　明恵上人歌集　本文と索引』（笠間書院、一九七七年）

前田富祺「『極楽願往生歌』の片仮名の体系」（大阪大学『語文』五三・五四号、一九九〇年三月）

笹田教彰「『極楽願往生歌』の浄土観」（『国文学解釈と観賞』五五巻八号、一九九〇年八月）

『新編国歌大観　第十巻　定数歌編Ⅱ・歌合編Ⅱ・補遺編』（角川書店、一九九二年）

関秀夫『平安時代の埋経と写経』（東京堂出版、一九九九年）

遠藤和夫「「極楽願往生歌」をめぐりて―コンピュータ研究の陥穽とその語彙」（『國學院雑誌』一〇〇巻八号、一九九九年八月）
遠藤邦基『国語表記史と解釈音韻論』（和泉書院、二〇一〇年）
岡﨑真紀子「『極楽願往生和歌』の一首」（『叙説』四二号、二〇一五年三月）
岡﨑真紀子「『極楽願往生歌』と院政期の六波羅」（『中世文学』六一号、二〇一六年六月）

和歌初句索引

注記

・『発心和歌集』を「発」、『極楽願往生和歌』を「極」の略号で示し、歌番号を算用数字で示した。初句が同一である場合は第二句まで掲出する。
・『発心和歌集』において、底本本文に不審があり、注釈で校訂をほどこしたり、句の順序を入れ替える校訂案を提示した歌がある。その歌の初句については、＊を付けたうえで、もとの句形と校訂後の句形の双方を掲げた。
・『極楽願往生和歌』において、底本の表記が歴史的仮名遣いと異なる場合がある。その歌の初句については、※を付けたうえで、底本の表記による句形と、歴史的仮名遣いに改めた句形の双方を掲げた。

あ行

か行

さ行

あとがき

ずいぶん長い時間をかけてしまった。

あとがきを書いている今、『新注和歌文学叢書』の執筆要領に同封されていた書面を久しぶりに見ている。青簡舎の設立と共にこの叢書が改めてスタートしたことを機に、二〇〇七年六月二十五日付で送られたものであった。注釈をやってみないかという話をいただいたのはそれよりも前であるから、十年以上経っていることになる。

これほど長い時間をかけてしまったのは、ひとえに、他のことに追われて後回しにしていた自らの怠惰のためである。怠惰とはつまるところ逃避なのであろう。細々と下調べは続けていたものの、対象の難しさゆえに尻ごみして、なかなか本腰を入れてとりかかれなかった。ようやく具体的に着手してからも、すんなりと進んだわけではない。

しかし、難しさとはすなわち面白さなのであった。『発心和歌集』にしても『極楽願往生和歌』にしても、所収歌数は少ないけれども、文学史ないしは言語史のうえで重要な位置を占めるものである。これらを読み解くために要した苦闘に比して、できあがった注釈があまりにもちっぽけで拙いことはいかんともしがたいが、少なくともこの二つが内包するもの自体はすこぶる奥深いということだけは、自信を持って言える。

『発心和歌集』と『極楽願往生和歌』の注釈を担当してみないかと薦めてくださったのは、この叢書の編集委員のおひとりである浅田徹氏である。また、注釈を刊行するにあたって、底本あるいは対校本として所蔵資料を使用することをお認めくださった諸機関にも、この場を借りて御礼申し上げる。とくに『極楽願往生和歌』と紺紙金泥供養目録・白紙墨書供養目録・磬の破片の図版を口絵に掲載するにあたっては、東京国立博物館の御高配を賜った。両目録はかなり破損と褪色が進んでいて判読できないところも多いのだが、そのような現存状態を窺い知るためにも、全体の図版を載せられたことには意義があると考えている。そして末筆になったが、さんざんお待たせした挙句に、最後の最後になって慌てる執筆者を見捨てることなく、刊行までお導きくださった青簡舎の大貫祥子氏に、心からの感謝を申し上げたい。

なお、本書は平成二十五～二十八年度科学研究費助成事業基盤研究C（課題番号25370218）による研究成果の一部である。

二〇一七年二月末日

岡﨑　真紀子

岡﨑真紀子（おかざき・まきこ）

1971年生まれ。

成城大学大学院文学研究科博士課程後期単位取得退学。博士（文学）。

静岡大学人文学部准教授を経て、現在、奈良女子大学研究院人文科学系准教授。

著書『やまとことば表現論－源俊頼へ』（笠間書院、2008年）、共著『高校生からの古典読本』（平凡社ライブラリー、2012年）

論文「『極楽願往生歌』と院政期の六波羅」（『中世文学』61号、2016年）ほか。

新注和歌文学叢書 22

発心《ほっしん》和《わ》歌集《かしゅう》 極楽《ごくらく》願《がん》往生《おうじょう》和歌《わか》 新注

二〇一七年三月三一日 初版第一刷発行

著 者 岡﨑真紀子
発行者 大貫祥子
発行所 株式会社青簡舎
〒一〇一-〇〇五一
東京都千代田区神田神保町二-一四
電 話 〇三-五二一三-四八八一
振 替 〇〇一七〇-九-四六五四五二

印刷・製本 株式会社太平印刷社

ISBN978-4-909181-00-8 C3092